"十四五"职业教育国家规划教材

国家精品在线开放课程配套教材
职业教育国家在线精品课程配套教材
浙江省普通高校"十三五"新形态教材

MARKET RESEARCH
AND DATA ANALYSIS

市场调研与数据分析
（第二版）

主　编　张西华

副主编　潘茜茜　柴妍冬　杨伶俐
　　　　彭金燕　邱宏亮　王文钰
　　　　李　闯　林　钗　陈希莹
　　　　蓝丽燕　钟尧君

参　编　唐贵珍　李宏英　吴紫寒
　　　　郭雅洁　颜　青　张　勤
　　　　肖　燕　沈朴远

ZHEJIANG UNIVERSITY PRESS
浙江大学出版社
·杭州·

图书在版编目（CIP）数据

市场调研与数据分析 / 张西华主编. —2 版. —杭州：浙江大学出版社，2022.4（2024.7 重印）
ISBN 978-7-308-22356-0

Ⅰ.①市… Ⅱ.①张… Ⅲ.①市场调研—数据处理
Ⅳ.①F713.52-39

中国版本图书馆 CIP 数据核字（2022）第 028264 号

市场调研与数据分析（第二版）

张西华　主编

责任编辑　朱　辉
责任校对　陈丽勋
封面设计　春天书装
出版发行　浙江大学出版社
　　　　　（杭州市天目山路 148 号　邮政编码 310007）
　　　　　（网址：http://www.zjupress.com）
排　　版　杭州青翊图文设计有限公司
印　　刷　杭州钱江彩色印务有限公司
开　　本　787mm×1092mm　1/16
印　　张　18
字　　数　450 千
版 印 次　2022 年 4 月第 2 版　2024 年 7 月第 5 次印刷
书　　号　ISBN 978-7-308-22356-0
定　　价　56.00 元

前　言
（第二版）

在数字化变革大势趋动下，随着市场竞争的加剧以及多样化、个性化、体验化、数字化的消费升级，企业如何在激烈的竞争中及时有效地收集、处理和分析有用的信息，为营销决策服务赢得主动权，变得越来越重要。市场调研和数据分析是企业了解市场、掌握客户需求的重要手段。同时，在新经济、新业态、新零售、新职业大变革背景下，数据已成为社会经济发展的关键要素、企业竞争的核心资源，数字营销成为企业赢得市场的关键。对于企业营销管理者而言，掌握市场调研、大数据分析等的方法和工具是进行营销战略决策的必要基础。

数字经济已成为全球未来的发展方向，世界正进入数字经济快速发展的时期，数字技术已经并将深度渗透和广泛融合社会经济生活的方方面面。中国数字经济产业规模稳居世界第二，建设数字中国成为国家的战略选择。数据的容量、速率、多样性呈爆发式增长，图片、视频、短信息等各种各样的数据不断产出，更多的设备、更多的网络、更多的技术被广泛和频繁使用，共同促进了数字领域的繁荣发展。2011年，麦肯锡发布了全球报告，提出了大数据是具有大规模、分布式、多样性、时效性的数据，这些特点决定了必须采取新的技术架构和分析方法才能有效地挖掘这些新资源的商业价值。挖掘利用数据有效地实现数字赋能，可以为企业经营业务带来差异化竞争、实现精准营销，有助于提升企业整个供应链、价值链效率以及自身触达客户、响应市场的能力和管理效率，并给企业带来更多的收入、更高的利润率。因此，大数据分析技术以及数字化的市场营销调研对于企业来说越来越有价值。

进入数字化时代，数字技术快速迭代，在生活、学习、工作中扮演着越来越重要的角色，对劳动者所需掌握的数字技能也提出了新的更高要求，数字素养和数字化技能已经成为人才的基本职业能力。为了更好地适应社会环境的变化，推动"岗课赛证融通"综合育人，突出高职学生实践能力培养，增强职业岗位适应能力，由具有丰富的市场调研和数据分析教学、实践工作经验的张西华老师牵头，组织了全国一批长期从事调研、数据分析工作以及理论研究的专家学者和企业营销管理者，通过对大型合作企业相关的市场调研岗位以及互联网营销师、连锁经营管理师、数据分析师、数字化管理师等新职业进行深入调研分析,在第一版的基础上对市场调研和数据分析职业过程中所需要的知识、技能内容进行重新修订,从编写体例、知识内容、技术手段、思政目标等角度进行创新优化,在每个任务中增加了思政目标和思政案例,也增加了大量的、最新的行业企业真实案例等相关拓展资料,以实现课程标准与职业标准、教学内容与职业岗位、教学环境与职业环境三个方面有效对接。

1.体例创新性

本书整合大数据挖掘和分析技术,将传统调研分析方法与大数据挖掘分析方法有机融合在一起,从以营销调研过程为逻辑主线、以调查对象为项目设计导向、以调查方法为项目设计重点、以真实产品为项目训练载体四个维度设计了典型学习项目,在编写体系设计上充分注重理论与实践、教授与自学、过程与结果的有机结合,在任务前设置"素养目标""知识目标""能力目标",任务中设置"导入案例""成语典故""思政案例""微课视频""问题思考""知识拓展",任务后设置"能力训练""在线测试"等多个相应的栏目,构建了完整的课程内容体系和开放式的教学环境,有助于形成学生线上线下自主学习为主、教师线下授课为辅的混合式学习模式,更加符合高职教育以及其他相关人员选读的需要。

2.内容系统性

本书内容组织结构打破了传统的按营销调研过程进行编排的模式,在遵循营销调研和数据分析过程的基础上,以职业岗位为逻辑起点,以工作过程系统化开发为理念,以市场调研和大数据分析有机融合为主要内容,通过对企业市场营销职业活动的深入分析和对市场调研员、市场专员、数据分析师等多个职业岗位任务的总结归纳,并参照数据分析师、互联网营销师、连锁经营管理师等职业标准,最后确立了具有职业代表性的典型工作任务,科学合理地设计出学习领域,具体划分为职业岗位认知、调研方案制定、调研方式确定、调查方法选择、调查问卷设计、调研组织实施、数据回收处理、数据分析预测和调研报告撰写共9个典型学习项目,将市场调研技术、数据分析技术相关知识系统地融于职业活动全过程,结合合作企业需要完成的对消费者、商圈、零售终端、竞品等调研分析的实际项目,把上述学习项目转换成相对独立的工作任务交予学生独立完成。

3.素材前沿性

案例素材是为达成教学目标服务的,因此,本书的配套素材选用坚持以学生为本,遵循"贴近学生、贴近生活、贴近实际"原则,及时关注各行业企业和区域经济发展的最新动态,确保素材资源具有前沿性。本书共引用了近3年国内外优秀调查研究报告6000余份,涵盖服装、房地产、教育、通信、化妆品、食品、旅游、餐饮、交通、环境等行业企业,涉及国际国内宏观环境、产业中观环境以及企业微观环境。选用典型素材资源有助于学生更好地进行自我学习,也有助于提高教师课堂教学效率。

4.思政耦合化

本书结合调研与数据分析职业岗位特点和教材具体内容,通过对每个任务课程教学中的思政元素进行充分挖掘,以成语典故的形式,形成了"三意识、三精神、三思维"——高瞻远瞩的大局意识、胸有成竹的规划意识、审时度势的明辨意识、明廉暗察的法治精神、丝丝入扣的工匠精神、下马看花的实践精神、鞭辟入里的科学思维、见微知著的逻辑思维、春华秋实的发展思维，在每个任务中设置思政育人目标，并制作课程思政案例微课，将与时俱进的数据思维、求真务实的严谨态度、融会贯通的创新意识和真诚友善的合作精神四个核心思政元素与专业知识点全程有机融合，培养学生的爱国情怀和爱岗敬业的素养，真正实现价值塑造、能力培养和知识传授三位一体的育人目标。

5.资源数字化

本书顺应"互联网＋"的发展趋势，融合信息化技术手段，运用最新的微课、慕课等方法，有效整合不同学科教学内容和不同行业企业的调研和数据分析案例，以国家智慧教育公共服务平台（http://www.smartedu.cn）、智慧树（http://www.smartedu.cn）、浙江省高等学校在线开放课程共享平台（http://www.zjooc.cn）、学堂在线（http://xuetangx.com）、百校千课共享联盟（http://www.courshare.cn）、浙江大学出版社立方书等为平台，实现了国家精品在线开放课程和新形态教材一体化，以丰富的图片、视频、课件等为资源，共制作总时长近600分钟的63节微课、6000余个非视频资源、1300多道习题，实践线上线下融合的翻转课堂教学，组建了"市场调研与数据分析全国共建共享"微信群，实现教师在线备课、学生在线学习，通过课程视频讲解、知识拓展、问题思考、在线测试等形式，实行高效实时互动的线上线下相结合的教学模式，便于学生理解课程内容、检测知识掌握程度，全面提升学生自主学习能力。

《市场调研与数据分析》一书作为"十三五""十四五"职业教育国家规划教材、浙江省普通高校"十三五"新形态教材，国家精品在线开放课程、职业教育国家在线精品课程配套教材，由浙江经贸职业技术学院、浙江旅游职业学院、浙江农业商贸职业学院、浙江邮电职业技术学院、上海肇亿商贸有限公司等高校和单位联合编写，并得到了浙江大学出版社的大力支持。浙江经贸职业技术学院张西华老师负责本书的框架构建、统稿、定稿以及修订等工作，具体由张西华、潘茜茜、柴妍冬、杨伶俐、彭金燕、邱宏亮、王文钰、唐贵珍、李宏英、吴紫寒、郭雅洁、颜青、张勤、肖燕、沈朴远等人员共同参与编写、修订。

本书在编写、修订过程中，参阅了大量国内外有关调研和大数据分析的研究成果和文献，并得到了星巴克企业管理（中国）有限公司、北京小罐茶业有限公司、杭州联华华商集团有限公司、杭州市统计局等有关单位领导的支持和帮助，在此表示衷心的感谢！

限于编者的水平与能力，本书中不足之处在所难免，敬请批评赐教。

编　者
2023 年 6 月

市场调研与数据分析

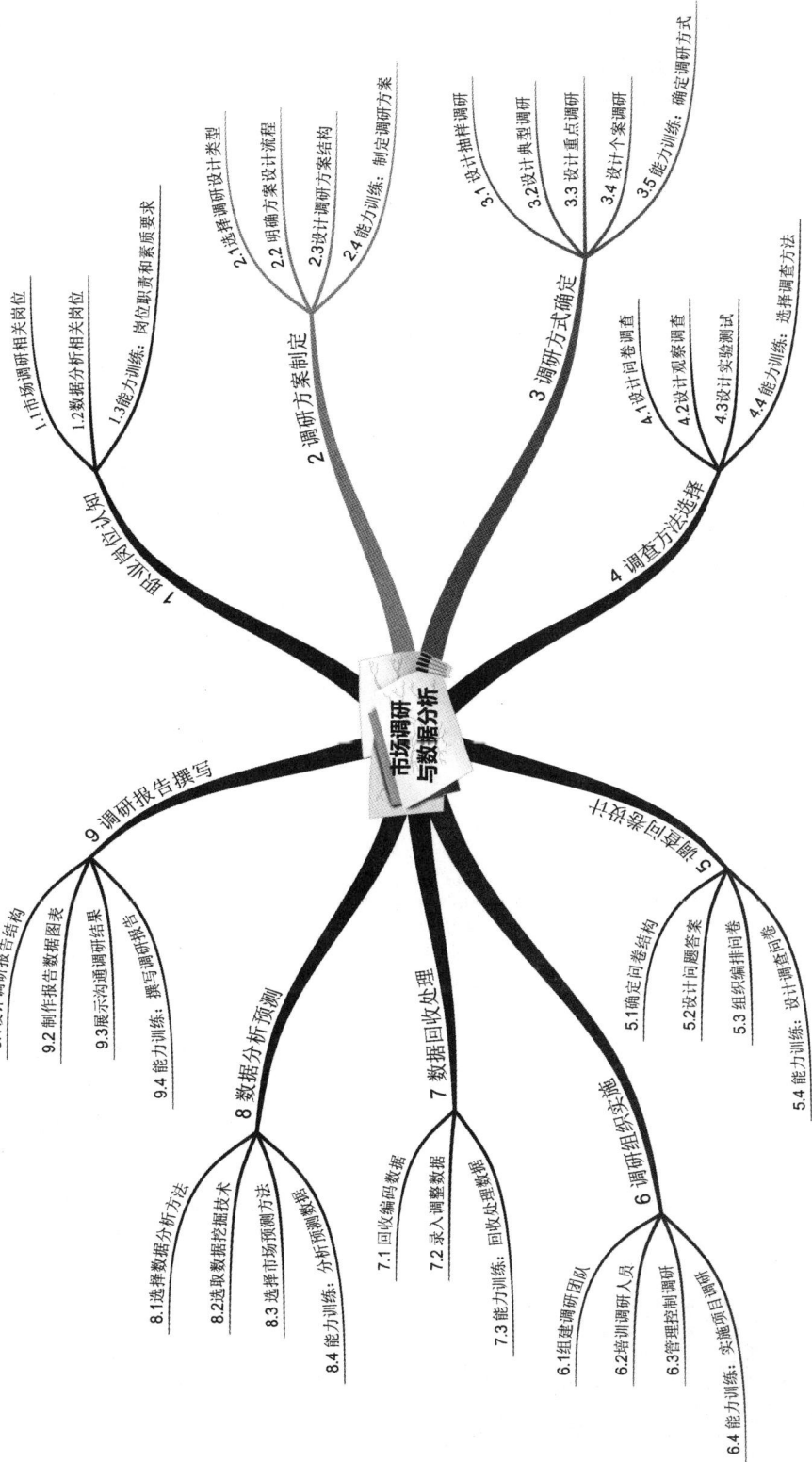

1 岗位认知
- 1.1 市场调研相关岗位
- 1.2 数据分析相关岗位
- 1.3 能力训练：岗位职责和素质要求

2 调研方案制定
- 2.1 选择调研设计类型
- 2.2 明确方案设计流程
- 2.3 设计调研方案结构
- 2.4 能力训练：制定调研方案

3 调研方式确定
- 3.1 设计抽样调研
- 3.2 设计典型调研
- 3.3 设计重点调研
- 3.4 设计个案调研
- 3.5 能力训练：确定调研方式

4 调查方法选择
- 4.1 设计问卷调查
- 4.2 设计观察调查
- 4.3 设计实验测试
- 4.4 能力训练：选择调查方法

5 调查问卷设计
- 5.1 确定问卷结构
- 5.2 设计问题答案
- 5.3 组织编排问卷
- 5.4 能力训练：设计调查问卷

6 调研组织实施
- 6.1 组建调研团队
- 6.2 培训调研人员
- 6.3 管理控制调研
- 6.4 能力训练：实施项目调研

7 数据回收处理
- 7.1 回收编码数据
- 7.2 录入调整数据
- 7.3 能力训练：回收处理数据

8 数据分析预测
- 8.1 选择数据分析方法
- 8.2 选取数据挖掘技术
- 8.3 选择市场预测方法
- 8.4 能力训练：分析预测数据

9 调研报告撰写
- 9.1 设计调研报告结构
- 9.2 制作报告数据图表
- 9.3 展示沟通调研结果
- 9.4 能力训练：撰写调研报告

目　录

职业岗位认知

任务一目录

学习目标

知识目标

通过本任务学习,你应该:

◆1.理解市场调研在企业组织架构中的地位和功能
◆2.理解市场调研主要研究分析的内容
◆3.掌握做出市场调研决策需要的主要因素
◆4.掌握市场调研的基本流程
◆5.了解市场调研相关职业岗位的工作职责和任职要求
◆6.了解大数据的发展历程和基本特征
◆7.理解大数据的营销价值和思维方式
◆8.理解大数据挖掘的功能和规范流程
◆9.了解数据分析相关职业岗位的工作职责和任职要求

技能目标

通过本任务学习,你应该:

◆1.能根据具体问题准确地把握市场调研需要研究分析的主要内容
◆2.能够有效判断何时需要进行市场调研
◆3.熟悉市场调研的基本流程
◆4.能够清晰知晓市场调研职业的岗位职责
◆5.能够准确地区分数据挖掘与传统的数据分析
◆6.熟悉数据挖掘的基本规范流程
◆7.能够清晰知晓数据分析师、数据挖掘工程师等职业的岗位职责

素养目标

通过本任务学习,你应该:

◆1.形成严谨的逻辑思维、批判性思维

◆2.树立良好的市场调查人员职业道德

◆3.具有良好的数据敏感度和精准营销意识,养成大数据思维方式,形成数字化思维

◆4.学会人际交往与沟通,具有爱岗敬业的职业精神

◆5.形成脚踏实地、立足长远的职业规划意识

案例导入

大数据时代催生新职业:数据分析师

与传统商业大为不同的是,随着互联网的快速发展,大数据时代已经悄然降临。据统计,在互联网的世界里,2020年Facebook(脸书)每日活跃用户为18.2亿,每月活跃用户超过27亿,用户日均使用63分钟;2021年Amazon(亚马逊)每月拥有超过1.5亿次的移动端访问,每天有6.38亿美元的销售额,每秒销售额超过7300美元;2022年全球IP流量约是2017年的3倍,将达到396EB/月。数据分析师这个新兴职业需求量逐渐增多,大众对于数据分析的认识加深,数据分析3.0时代已经来临。虽然目前我国的数据分析行业已经粗具规模,但是数据分析师作为一种人才,仍然属于稀缺品种。根据中国商业联合会数据分析专业委员会统计,未来中国基础性数据分析人才缺口将达到1400万。

电影数据分析师:读懂观众,才能读懂市场。随着信息化、智能化浪潮的蓬勃兴起,电影行业也纷纷进入数据蓝海,各种应用层出不穷,大量数据喷薄涌现。电影数据分析师就是透过浩瀚的数据,洞察用户的需求,为人们提供观影服务。例如,大家去看电影,可能会疑惑:为什么有些电影场次多?如何安排电影放映时间?其实,这里面就有数据分析的功劳。观众看完电影后会在平台上打分、留言,每部影片的预售、排片、上座率等,这些都是数据,通过数据分析就可以预判电影票房,帮助片方和院线精准营销,为观众推荐优质影片。

网络数据分析师:"数"中"淘金"秒懂用户。目前各大电商网站展开的"互联网营销大战"正改变着我们的生活,但其核心和根本是数据分析,网络数据分析师也就成了一个新职业。网络数据分析师的工作更像是海量信息中的"淘金者",即通过大数据分析,寻找最有价值的信息。在电商企业,网络数据分析师通过分析用户搜索趋势、人气变化趋势、投放广告的收益等,为电商企业有效地推广产品以及精准投放广告,从而为企业带来巨大的经济效益。例如一件某品牌的运动上衣,生产厂家通过互联网电子商务进行销售。通过对该产品的搜索关键词、销量、评价、评分等数据的分析,数据分析师可以生成报告:例如每天有大约12万用户搜索"儿童运动上衣",有10万用户搜索"透气速干运动上衣",有17万用户搜

索"韩版运动上衣"。这些数据每天都会整理成简报发给服装企业的负责人,由公司高层以真实数据为参考推进产品设计改进,甚至可以通过数据分析优化增加热门款式和降低库存。

(资料来源:人民网、今晚网,经作者整理改编)

自2000年以来,国内外企业开始重视市场调查与分析工作,随着互联网、云计算和人工智能的快速发展,数据迅速膨胀和变大,开启了大数据的时代。大数据将为人类的生活创造前所未有的可量化的维度,对人类的数据驾驭能力提出了新的挑战,也为人们获得更为深刻、全面的洞察能力提供了前所未有的空间与潜力。越来越多的人意识到市场调研和数据分析挖掘对企业的重要性,仅仅依靠企业家个人的能力,凭其经验和主观判断及对市场的直觉而做出决策,将会严重影响企业的生存和发展。因此,企业只有通过严密的市场调查和数据分析,才能快速、及时、有效地调整战略和策略。明确职业岗位的工作内容、工作职责和要求是有效开展相关工作的前提,因此我们必须对市场调研相关的职业和数据分析相关的职业有清晰的认知。

成语典故

高瞻远瞩

高瞻远瞩是指站得高,看得远,比喻眼光远大。出自东汉王充的《论衡》:"夫闭户塞意,不高瞻览者,死人之徒也哉。"

在进行职业定位及发展规划时,我们应该保持高瞻远瞩的姿态,但切忌好高骛远。对所在行业的整体认知、行业发展的了解和把握及岗位工作内容的详细分析,能使我们更好地认清形势、规划未来。

在本任务学习中,我们需要保持高瞻远瞩的视角。对市场调研与数据分析岗位的认识,对大数据思维的把握,对数字经济发展形势的了解,都将使我们收获更好的学习效果。

1.1　市场调研相关岗位

1.1.1　市场调研的含义和地位

思考题　古代有哪些情报系统?又是如何开展信息收集的?

1.含义

微课视频:市场调研的含义和地位

市场调研是指在一个特定的市场系统地收集、记录和分析数据的过程。其含义具体包含以下四个基本要点。

(1)特定的市场。这个市场是指特定地理区域的特定顾客群体,比如高教园区的在校

大学生这一特定消费群体。

（2）系统的过程。市场调研是一个系统的过程,从设计调研方案开始,到设计调查问卷、设计调研方法、设计数据分析方法等一系列设计,然后开展数据资料的收集,再对收集的资料进行整理分析,最后形成一个完整的调研报告。因此,简单而言,市场调研就是一个设计、收集、分析及报告可以用于解决特定问题的信息的过程。

中国古代调查研究的内涵

在中国古代典籍中,"调查"通常是"调"与"查"分开使用。"调"具有"计算""算度"等意。如《汉书·晁错传》:"要害之处,通川之道,调立城邑,毋下千家。"颜师古注曰:"调,谓算度之也。总计城邑之中令有千家以上也。"再如《资治通鉴·齐纪十》:"敕太官办樵、米为百日调而已。""查"则有"考察""查究""稽考"之意。如明代焦竑在《焦氏笔乘·公移字》中将"查"字释为"音义与槎同,水中浮木也,今云查理、查勘,有稽考之义"。与此相似,《正字通·木部》将"查"字释为"俗以查为考察义,官司文移曰查"。虽然中国古代"调"与"查"分开使用,但其含义与现代"调查"较为相似。而且作为人类一项社会活动,调查古已有之,是统治者掌握国情、实现统治的重要方法和工具。

（资料来源:许江,王建华.概念形塑:中共革命语境中的"调查研究".福建论坛,
2023 年第 3 期）

（3）调研的重心。调研的重心在于获取可以用来制定决策的信息这一过程,为存在的特定问题提供信息。比如某旅行社准备拓展旅游市场,想通过调研掌握旅游者的消费能力、消费偏好、消费行为等方面的信息。尼尔森调研数据显示,除参观景点外,半数左右的受访者表示放松、陪伴、增长见识、美食、购物等为其主要出行目的(见图 1-1)。在旅行中乐享生活,已成为消费者外出旅行的主要驱动力。

（4）主要任务。调研的主要任务就是提供明确的资料,以此来减少决策制定时的不确定因素。

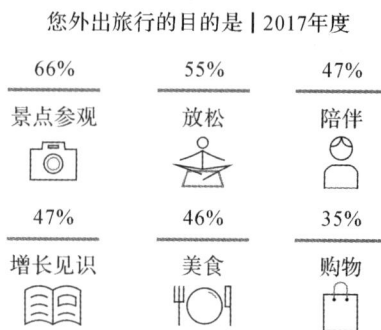

您外出旅行的目的是 | 2017年度

66%	55%	47%
景点参观	放松	陪伴
47%	46%	35%
增长见识	美食	购物

图 1-1　旅行消费者行为

2018 年优惠券报告:现代消费者

根据 Valassis 的年度调查"2018 年优惠券情报:现代消费者",约半数美国成年人(48％)更愿意通过邮件得到优惠券,这个指数在过去 2 年有所上升,更愿意从报纸上得到优惠券的消费者比例也从 2017 年的 37％上升到 42％。这两种情况说明成人消费者更偏爱纸质优惠券。约 39％的消费者更喜欢从网上获取电子优惠券,还有 36％的消费者更喜欢在智能手机和移动设备上获取电子优惠券。正如人们所预料的那样,过去 2 年越来越多的消费者爱上了电子优惠券。

（资料来源:Valassis,经作者整理改编）

2.功能

思考题　营销调研在企业管理中扮演何种角色？

市场调研在企业管理中主要是两个基本功能：首先是管理决策的基本工具，同时也是营销运营的起点。

市场调研作为管理决策的工具，可以提供相关信息，帮助管理人员做出营销战略及策略方面的正确决定（见图1-2）。如艾媒咨询通过调研发现，中国冰雪运动行业规模整体保持稳定增长态势，预计市场规模将从2021年的594.9亿元上升到2022年的713.9亿元，冰雪产业开始跨界融合，"冰雪＋"模式成为行业发展新方向。

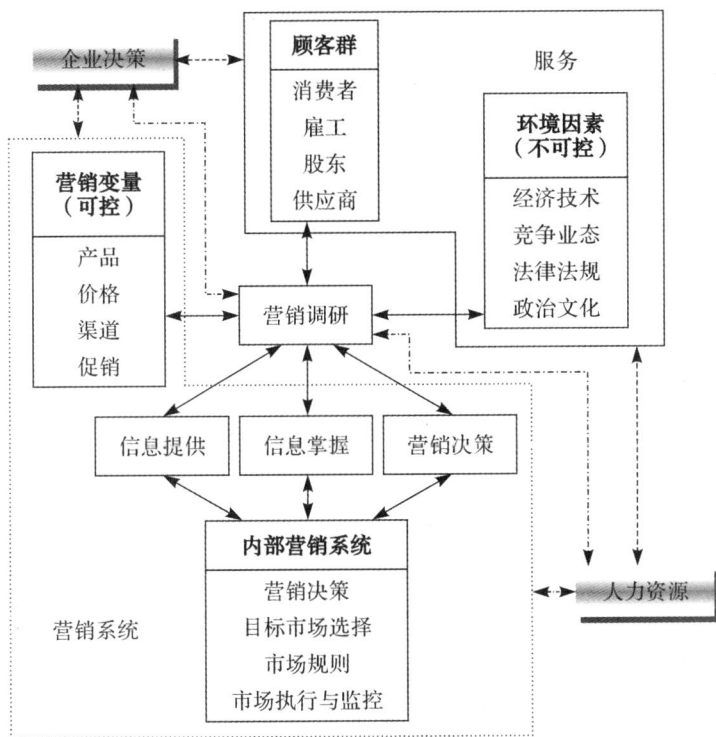

图 1-2　营销调研在整个营销体系中的作用

市场调研也是市场营销运营的起点，产品策略、价格策略、促销策略、渠道策略必须以市场调研为出发点（见图1-3）。而市场调研员/经理是指通过调查、统计分析等方法获得全面、准确的市场信息和分析结论，为企业管理决策提供强有力的支持的专业人员。具体而言，他们主要负责拟定调研方案或评估调研公司提供的方案，制定市场调研计划，组织、实施市场调研项目，对宏观环境及行业状况、企业内部营销环境、消费者及用户进行调查分析。经理级从业者还要负责监控调研流程和数据、信息质量，以确保调研工作符合公司要求。

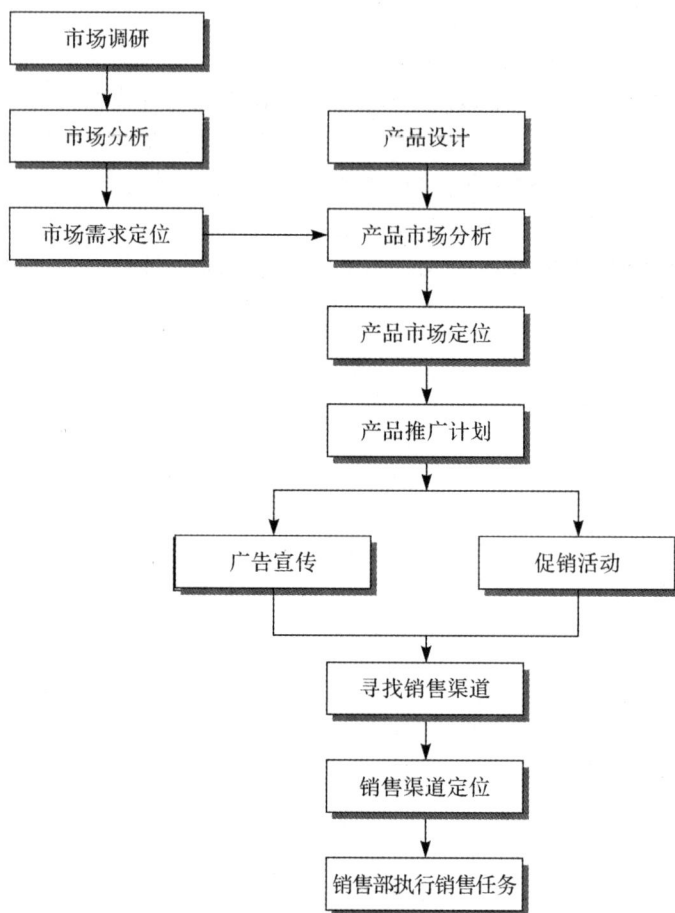

图 1-3　市场调研作为市场营销运营的起点

3.地位

在大多数企业组织架构中，市场调研岗位一般设置在企业市场部，市场调研员归市场部经理分管，与营销策划员、广告专员、促销专员、产品推广员同一层级（见图 1-4）。但由于企业所属行业、规模等因素差异，市场调研员在企业所属部门以及位置不尽相同，如比较注重销售渠道的企业在进行组织架构设置时既要考虑终端，又要考虑渠道（见图 1-5）。

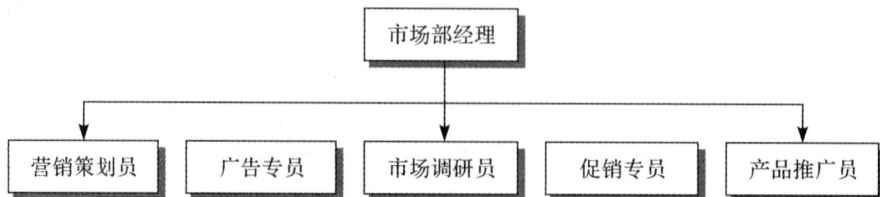

图 1-4　市场调研员在组织架构中所处的位置

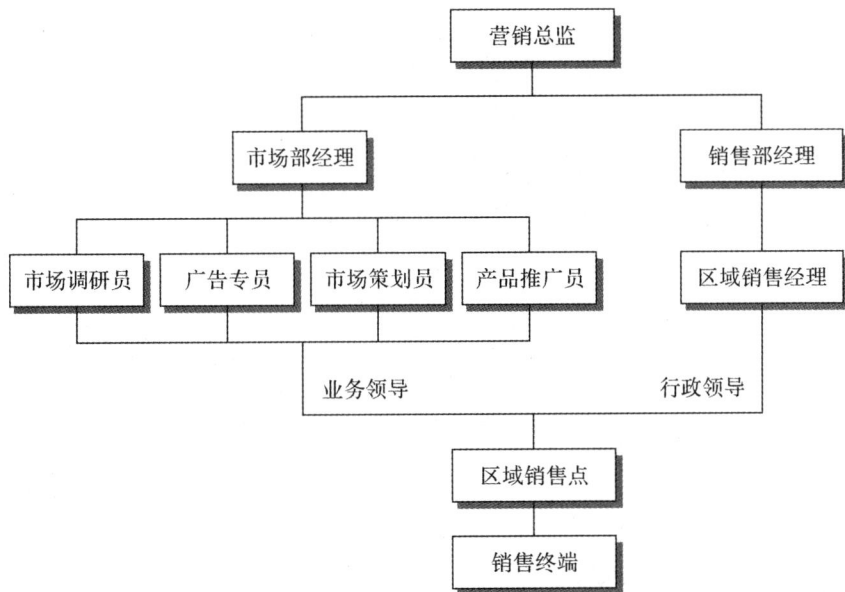

图 1-5　重销售渠道的市场部组织架构

1.1.2　市场调研的研究内容

思考题　*在市场调研中，哪些是企业调研重点关注的方向和内容？*

市场调研和分析是企业了解和掌握市场现状，判断发展趋势，制定营销战略和策略的基础和有效工具。调研内容是收集资料的依据，是为实现调研目标服务的，可根据市场调研的目的确定具体的调研内容。市场调研与分析的内容涉及市场营销活动的整个过程，十分广泛，但归纳一下，主要是市场构造把握、区域市场分析、市场营销组合分析及市场营销活动的监测与评价四个方面（见表 1-1）。

微课视频：市场调研的研究内容

表 1-1　企业市场营销问题与市场调查的关系

市场营销研究	分析内容	对应的市场调查与分析项目
1.市场构造把握：对市场机会的分析和对市场的详细分析		
①把握产品的生命周期	①需求预测、市场占有率分析	①销售量、普及率等的资料收集和预测
②商品、服务的购买渠道和对满意、不满意内容的把握	②店铺形象与购买行为的关联性	②消费者的购买、实际使用情况及购买行为
③市场细分	③顾客分群与目标顾客的选定	③顾客的购买行为、购买动机、购买意图

续表

市场营销研究	分析内容	对应的市场调查与分析项目
④对销售动向的把握	④分析市场占有率,按区域或流通渠道划分来预测销售状况	④零售店等不同流通渠道的销售状况
⑤对宏观环境动向的把握	⑤国内外的政治、经济、社会、文化、技术、自然、生活形态等的倾向	⑤收集关于政治、经济、社会、文化、技术、自然环境、生活形态等的资料

2.商圈分析:区域市场

①对商圈购买能力的把握	①对商圈市场的预测	①收集人口、家庭、零售额等资料
②竞争分析、对自身企业的分析	②对市场占有率的分析	②商圈内消费者对不同商品、服务的购买行为
③对顾客来店、购买行为的把握	③对店铺形象的分析	③顾客的生活形态、来店行为、来店理由
④对顾客购买动向的把握	④对销售状况的预测	④收集零售额、商场面积等资料

3.市场营销组合分析:资源的合理配置

①新产品计划	①新产品测试、需求预测	①用户满意度（功能、设计、性能、价格、服务等）、新产品与旧产品的销路情况
②价格	②对价格的研究（竞争产品价格促销费用、价格与需求的关系等）	②自身企业及竞争企业不同渠道的销售价格、价格与需求的关联性
③促销	③对广告媒体、促销活动效果的分析	③知名度、收视率、阅读率和促销效果
④流通	④对最合适的流通渠道的分析	④不同区域、流通渠道的销售状况

4.市场营销活动的监测与评价

①对销售动向的把握	①对市场占有率、按区域和流通渠道来划分的分析	①不同制造商不同流通渠道的销售状况
②对顾客满意度的把握	②与目标顾客的匹配程度	②对顾客满意、不满意内容的把握
③对广告效果的把握	③对广告费与广告效果等的分析	③知名度、收视率、阅读率和广告效果

1.把握市场构造的调研与分析

　　把握市场构造的调研与分析简单而言就是对市场机会的分析和对市场的详细分析,比如确定市场需求、识别细分市场、营销 SWOT 分析（态势分析）、宏观或微观环境分析等几个方面。一般来讲,调研是用来评估各种选择机遇的。现在我们详细分析五个方面的具体调研内容。

（1）把握产品生命周期的调研。产品生命周期是产品的市场寿命，即一种新产品从开始进入市场到被市场淘汰的整个过程。就产品而言，要经历一个开发、引进、成长、成熟、衰退的阶段。它和企业制定产品策略以及营销策略有着直接的联系。管理者要想使他的产品有一个较长的销售周期，以便赚取足够的利润来补偿在推出该产品时所做出的一切努力和经受的一切风险，就必须认真研究和运用产品的生命周期理论。此外，产品生命周期也是营销人员用来描述产品和市场运作方法的有力工具。这部分的具体调研项目为销售量、普及率等资料的收集和预测，具体研究内容为对需求进行预测、对市场占有率进行分析。例如植物肉市场。2020年全球植物基人造肉市场规模约139亿美元，预计以每年15％的复合增长率增长，到2025年或将达279亿美元。中国是全球第一大肉类消费市场，但其植物肉市场尚属方兴未艾。2020年是中国的"植物肉元年"，据Euromonitor（欧睿信息咨询公司）预测，2023年中国人造肉市场规模将达到130亿美元。消费需求是驱动创新的首要因素。近年在关注食品安全和国民健康的趋势下，从国家层面至年轻一代都更加提倡环保和负责任的消费方式。

（2）商品或服务的购买渠道和满意度调研。可按消费者购买、使用、使用后评价三个方面列出消费者行为调研的具体内容，如消费者的购买、实际使用情况及购买行为等调研。这部分研究分析的具体内容为店铺形象与购买行为的关联性。

面膜发展趋势洞察

根据Persistence Market Research的数据预测，全球面膜市场未来十年将维持8.5％的复合年增长率，从目前的63.78亿美元增长至2033年的157.897亿美元。东亚面膜市场则将以9％的复合年增长率稳定进取，其中中国将会是主要驱动力。随着消费者需求的日渐升级，冻干面膜、医美面膜、油敷膜、乳敷膜等面膜概念受到瞩目，与产品绑定成为市场的主流面膜概念。人群分布中，面膜相关兴趣消费者仍以女性、年轻用户为主，50岁以上快速增长；类目偏好中安瓶、睡眠面膜倍受关注，补水保湿为主流诉求；品牌偏好，国产品牌消费者心智稳步增长，互动高粘性强；用户评价中，质地贴肤、成分安全、敏感肌好物等成分功效为好评主要方向，同时也是消费者最在意维度，消费者负面情绪主要集中在产品、使用和物流方面，例如改进效果差、过敏、假滑、不服帖等等，保证产品质量同时也要照顾消费者使用感受。

（资料来源：诺斯贝尔、用户说，《2023面膜趋势洞察白皮书》）

（3）细分市场识别的调研。此项目主要是对顾客的购买行为、购买动机、购买意图等进行调研。此部分研究分析的内容为顾客分群与目标顾客的选定。比如奢侈品消费中，"90后"消费群体已逐渐成为轻奢品的重要消费群体。他们注重的不仅仅是物质上的满足，更看重产品或服务的文化韵味，追求一种精神层面的体验。

（4）产品销售动向的调研。此项目主要是对零售店等不同流通渠道的销售状况调研，此部分研究分析的内容为按市场占有率、区域或流通渠道划分来预测销售状况。比如我国快消品流通领域基本形成了以线下渠道为主体、线上渠

道快速发展的格局。线上渠道能占到社会消费品零售总额的12%～15%;线下渠道是快消品的流通主渠道,占社会消费品零售总额85%以上的份额。

(5)宏观环境动向的调研。此项目主要收集关于政治、经济、社会、文化、技术、自然环境、生活形态等的资料,主要研究分析内容为国内外的政治、经济、社会、文化、技术、自然、生活形态等的倾向。新商业是数据赋能的跨产业生态系统革新,它将重塑商业模式与消费者体验,而新零售是新商业生态体系内的一个构成部分(见图1-6)。

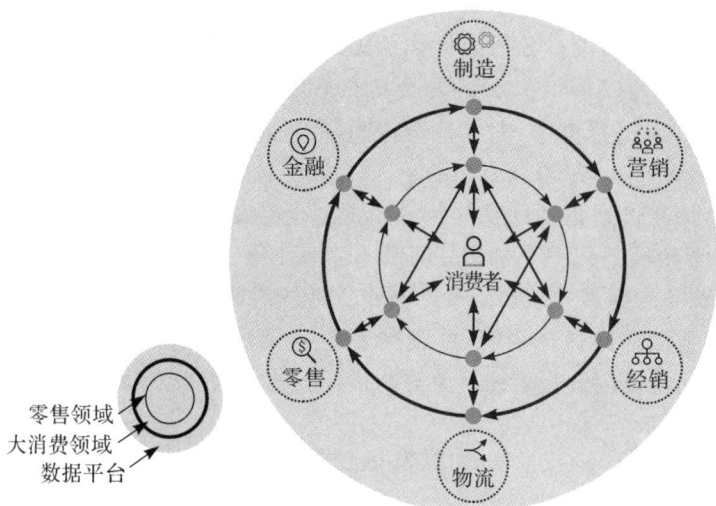

图 1-6　新商业生态系统

2.区域市场/商圈的调研与分析

区域市场/商圈的调研与分析,主要是调研分析区域市场的购买能力、竞争环境、购买行为、购买动机等,具体分为以下四个方面的调研内容。

(1)购买能力调研。调研项目主要是收集人口、家庭、零售额等资料。其研究分析内容为对区域市场的预测。

(2)竞争环境调研。调研项目是区域市场内消费者对不同商品、服务的购买行为。此部分研究分析内容为对市场占有率的分析。比如随着技术进步、政策引导、消费观念变化等因素影响,我国新能源汽车市场销量持续大幅增长,其中智能电动汽车入局者众多。根据亿欧智库的调研,特斯拉、蔚来、小鹏、广汽埃安在中国智能电动汽车企业综合实力中较为领先,处于第一梯队。第一梯队车企的核心技术自研能力较强,并且具备成熟的研发及量产的能力,同时已形成强大的生态体系,在用户运营方面也走在行业前列。根据艾瑞咨询《2023年辣条行业发展趋势报告》对辣条行业品牌竞争态势分析,辣条市场由本土企业主导,2021年中国辣条市场CR5仅为19.3%,市场本身相对分散,但有望孕育本土大规模零食龙头。头部企业如卫龙凭借甜辣味、麻辣王子凭借麻辣味遥遥领先,综合零

食品牌如百草味和良品铺子旗下的辣条品类表现不俗,也有一些地域品牌实现反超和逆袭。根据 2022 年 4 月至 2023 年 3 月期间该品类天猫成交金额,辣条品牌梯度分为四个层次(见图1-7)。

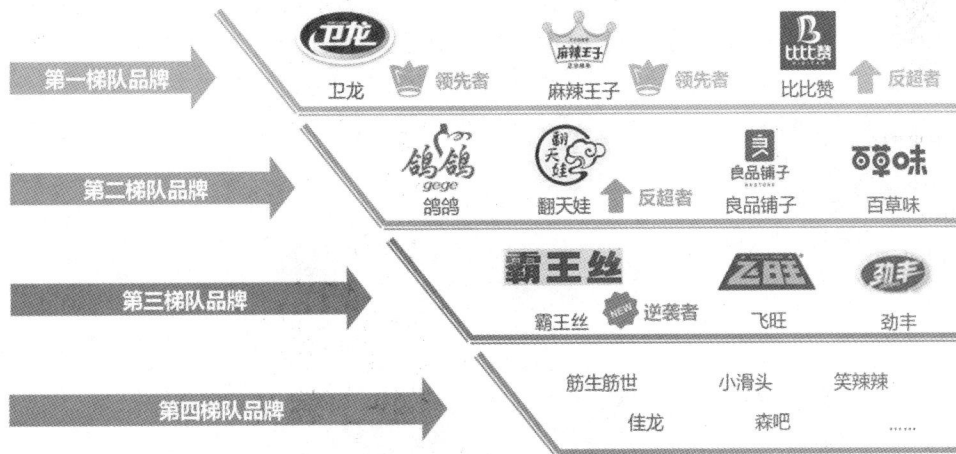

图 1-7　辣条品牌竞争态势

(3)顾客购买行为调研。调研项目主要是对顾客来店、购买行为的把握,具体市场调研项目为顾客的生活形态、来店行为、来店理由,此部分研究分析内容为对店铺形象的分析。例如通过对会员消费数据进行分析,根据客户信息和消费情况等数据,使陌生的顾客形象具体化,描绘出每一位消费者的画像,精准了解每位会员的消费需求,为进行有针对性的精准会员维护提供强大的数据支撑。数字消费在中国市场的发展如火如荼,据尼尔森对中国数字化技术发展现状调查,移动购物渗透率高达 84%,领衔全球市场的发展(见图1-8);人工智能、虚拟现实和人脸识别支付等前沿高科技正在走向规模效应的新阶段,其将对零售和整个消费市场带来颠覆性的影响。

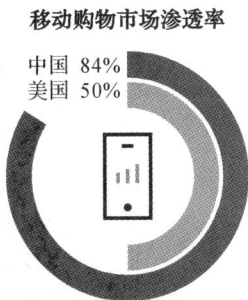

拓展知识:
Z世代"潮力量"
洞察报告(2021)

移动购物市场渗透率

中国 84%
美国 50%

图 1-8　中国数字化技术发展现状

拓展知识:
国民头皮护理
消费白皮书(2021)

(4)顾客购买动向调研。调研项目主要是收集零售额、商场面积等资料,研究分析内容为对销售状况的预测,如现在市场中呈现出的只试不买的现象。在酒市场中,具有解压、社交、低度属性的苏打酒成为了满足年轻一代对于高品质口感饮品需求的理想选择。由于随着健康意识的兴起,消费者越来越注重所饮用产品的营养成分和健康价值。苏打酒倡导更健康、更适度的饮酒方式,低糖、无糖的配方满足了消费者对健康饮品的追求。当代年轻人对饮酒的观念发生了显著的转变,更注重社交的场景、饮酒的口感和口味。天猫新品创新中心发布的《2022 低度潮饮趋势报告》显示,苏打酒在2021 年低度潮饮细分品类电商销售额同比增幅达到 100%,以三位数的增速领跑低度酒市场,或将成为高增速品类。艾媒咨询《2024 中国苏打酒行业发展及消费需求洞察报告》数据显示,白桃、柠檬、荔枝口味苏打酒最受消费者欢迎(见图 1-9)。苏打酒多样的口味选择可以让消费者根据个人口味喜好和场合选择合适的苏打酒。

白桃 46.2%   柠檬 46.0%   荔枝 42.6%   葡萄 40.6%   西柚 36.8%

草莓 27.8%   菠萝 25.4%   混合果味 20.3%   其他 2.8%

图 1-9　苏打酒口味偏好

新商业下销售环节模式升级

随着新零售概念在 2016 年底提出,线下渠道不断升级改造,呈现回暖趋势。产品陈列是线下门店线下销售的关键。根据尼尔森脑神经科学研究,58% 的消费者店内购买决策都发生在货架端。然而随着产品多样性的不断发展,对于货架位置的争夺愈演愈烈。根据尼尔森研究,以食品品类为例,全部食品单品数超过 3.6 万个,而即使是货架容纳面积最大的大卖场,平均一家超市能够上架的食品单品也仅仅有 1789 个,上架率仅为 4.9%,而面积较小的便利店食品单品上架率只有 0.7%。

(资料来源:尼尔森,经作者整理改编)

3.营销组合的调研与分析

营销组合的调研与分析,主要是对产品、价格、促销和渠道四大策略的研究分析。如产品调研有很多形式,主要用来评估和推出新产品,测评商品和服务的质量,以及学会如何将其融入现存的生产线。

(1)新产品调研。主要是用户满意度(功能、设计、性能、价格、服务等)、新产品与旧产品的销路情况调研,此部分研究分析内容为概念测试、新产品测试、包装测评、需求预测。概念测试就是让顾客对新产品提出建议,由此得出该产品的可接受度和可行性。产品测试会得出产品模型的优点和弱点,决定制成品能否与其他品牌竞争,或者能否达到预期效果。包装测评主要评估大小、颜色、形状、方便性及其包装的其他功能。比如农夫山泉植物酸奶的口味测试。

农夫山泉植物酸奶口味测试

植物酸奶是以植物蛋白为主要原料发酵而成,区别于用牛奶发酵的传统酸奶。由于植物酸奶往往带有较为强烈的淀粉感、豆腥味或苦味,这些都会直接影响到消费者的饮用体验。因此,口味研发是植物酸奶研发中的难点。为了让植物酸奶能够符合中国人的口味,农夫山泉在 3 年间尝试了 1000 多个配方,做了 4017 人的口味测试及产品功能实验,最终在2019 年选定了巴旦木、椰子、核桃这三种口味上市。

（资料来源:网络资料,经作者改编）

(2)价格调研。对自身企业及竞争企业不同渠道的销售价格、价格与需求的关联性进行调研。大部分企业会进行定价调研,研究竞争对手的价格是营销调研的重要组成部分,同时研究何时进行打折(季节性、数量折扣)或赠优惠券,顾客如何看待产品主要品质,还要决定一个产品系列是否在国内品牌、地区品牌中存在价格差距,以及价格与需求的关系,等等。比如对"双十一"的"剁手党"一族进行事后调研发现,65.3％的人是考虑商品价格便宜又可以解决眼下急需,26％的人是因为便宜而为日后生活消费准备的,但有 4.5％和 4.2％的人分别是受周围人影响未考虑自己实际需求和被价格诱惑没有考虑实用性。

(3)促销调研。主要是对知名度、收视率、阅读率和促销效果进行调研。对优惠券、有奖销售、样品交易及其他促销问题,媒体及广告的效率研究都是促销调研的内容。在现代企业中,大部分时间、金钱和精力主要用于广告调研方面。此部分主要研究分析内容为对广告媒体、促销活动效果的分析。

(4)流通调研。主要是对不同区域、流通渠道的销售状况进行调研。此部分研究分析内容为对最合适的流通渠道的分析。分销领域的研究主要用来选择零售点和仓库地址。调查零售商或批发商主要是因为一个渠道的行动很可能影响其他渠道的运转。自 2016 年底新零售的大幕拉开,新业态、新物种不断崛起,带来全新的购物场景和购物体验,快消品线下市场呈现强势反弹(见图 1-10)。

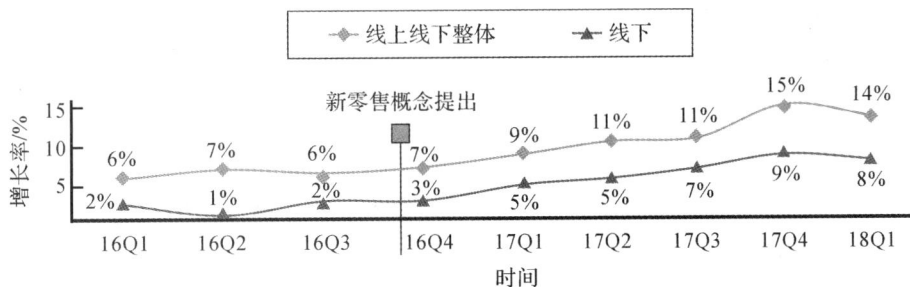

图 1-10　快消品线上线下销售增长率

注:16Q1为2016年第一季度,以此类推。

4.营销活动的监测与评价

营销活动的监测与评价主要是对销售动向、顾客满意度以及广告效果的把握。

(1)对销售动向把握的调研。主要是对不同制造商在不同流通渠道的销售状况进行调研,其研究分析内容为对市场占有率、按区域和流通渠道来划分的分析。现实生活中普通马桶和纸巾是一对互补产品,但科技引起生活方式的改变,传统上厕所需要纸巾擦屁股,智能化时代的到来将改变这样的生活习惯,就像一句广告词说的:"现代人流行:洗屁股比洗脸还重要。"2017年8月14日,小米正式发布第一款智能马桶盖,虽然它不是世界首创,但它的进军将真正加速中国的马桶进入智能时代。智能马桶盖就是往马桶里植入芯片、机械设备以及各类感应器,最后再接入互联网,实现马桶的智能自动化。整个过程,没有纸巾、没有擦拭、没有污染。这意味着千百年来的"擦屁股"宣告结束。但每一场颠覆的背后,有人笑,也必然有人哭——纸巾需求下降,销售面临危机。

(2)对顾客满意度把握的调研。主要是对顾客满意、不满意的把握,其研究分析内容为产品与目标顾客的匹配程度。比如苹果公司的产品往往会有重大的突破创新,不过在苹果公司众多新产品中,哪一项产品是顾客买回去后满意度最高的呢? 根据 Tech.pinions 的调查,对于苹果公司2016年推出的无线耳机 AirPods,顾客满意度高达98%,成为苹果公司所有新产品中顾客满意度最高的产品。分析顾客感到满意的具体原因,大多是外形设计使其佩戴起来非常舒适,而且其音质及电池续航力的部分也受到大多数人的肯定。

(3)对广告效果把握的调研。主要是对知名度、收视率、阅读率和广告效果的把握,其研究分析内容为对广告费与广告效果等的分析。根据艾瑞研究院发布的《2021年中国网络广告年度洞察报告》,超过6成的广告主在最新一年对营销新技术的投入占总预算的比例在10%及以上,同时,超过7成的广告主对营销新技术的预算投入较疫情前有明显增长,并且有2成左右的广告主此项投入的增长幅度在30%以上,仅有20.3%的广告主保持疫情前的投入水平及5.9%的广告主选择减少对营销新技术的投入。76.6%的广告主表示,增长的主要动力来自网络平台营销预算,包括搜索引擎、门户资讯、社交、短视频、电商等。

值得注意的是,作为调研人员,在确定调研内容时既要全面、具体,又要条理清晰、简练,避免内容过多、过于烦琐,避免把与调研目的无关的内容列入其中。

1.1.3　市场调研需要的确定

微课视频:市场调研需要的确定

思考题　企业如何确定是否需要开展市场调研活动?

市场调研被广泛地应用于制造业、广告业、流通服务业等行业的企业,新闻机构,政府机关,医疗机构,教育机构,政治、宗教团体等各种各样的组织。调研项目是否立项是各种组织常见的问题。当调研经理面对两个及更多的选择机会时,就要做出是否进行市场调研的初始决定。该决定主要取决于时间限制性、数据可得性、所做决定的实质以及成本效益比等四个方面的因素。

1.时间限制性

全面系统的调研是需要充足的时间作为保障的。很多情况下,在缺乏足够资料或者对市场形势认识不足的时候,企业的决策也需要立即做出决断,没有时间进行详细调研。尽管缺少调研的决策不够理想,但由于时间紧迫,调研是不可能进行的。制定决策时,时机起到了非常重要的作用。例如当某产品已经上市很多年,并到产品生命周期的下降阶段时,调研可能很难再产生有价值的结果。

2.数据可得性

很多情况下,即使不进行调研,经理们也具备足够的资料来做正确决策,因为这些决策是常规性的,可以根据经验来判断决定。但当缺少足够资料时,或者制定这些决策需要额外资料而又不可获得时,就有必要考虑进行调研。调研人员要考虑调研能否提供做出决策所需要的基础资料,同时确实存在潜在的资料,并考虑获取这些资料的经济成本。如果不可能得到数据资料,就没有必要进行调研。

3.所做决定的实质

调研的价值取决于企业所做管理决策的实质。惯例性或常规性决策就不需要大量调研,所以其调研也不必花费过多时间和精力。所做出的决策越具有战略上的重要性,就越有必要进行调研。

4.成本效益比

企业做出任何决策之前,首先要确定各种行动方案,然后比较各方案的成本和能带来的价值。进行调研需要投入一定的时间、精力和资金,同时也能带来一定的效益。因此,调研经理要考虑调研成本和期待从调研中所得到的价值,也就是调研获得的资料提高营销决策质量的有效程度能否抵过调研支出。同时企业要考虑是否能获得调研所需的资金。小企业可能不会进行大规模的调研,因为调研费用是很高昂的。因此,可以将调研看作一项投资,调研经理要考虑以下三个问题:

(1)从收益率看,该投资是否值得?

(2)调研价值是否能抵过调研成本?

(3)现有资金用于调研,是否是其最佳用途?

可以从以下角度整体考虑是否需要进行调研的四个决定因素(见图 1-11):首先考虑时间限制因素。在必须做出管理决策前是否有足够的时间? 如果没有则不进行调研,如果有则考虑第二因素,即数据的可得性。手头资料对于做决策是否不够充分? 如果充分则不用调研,不够充分则需要考虑第三个决定因素,就是所做决策的实质。该决策是否具有可观的战略性或战略上很重要? 如果不具有战略性作用,则不进行调研;如果有战略性意义,那么需要考虑第四个因素,即成本效益比。调研信息的价值是否高于进行调研的成本? 如果调研的价值低于调研成本,那么放弃调研;如果高于,则需要进行调研。

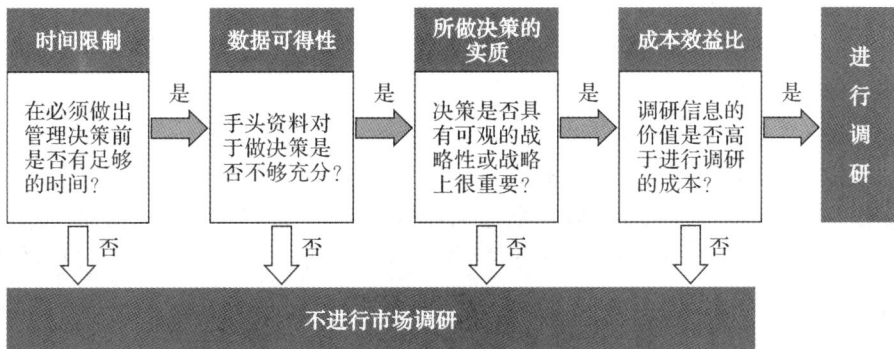

图 1-11　市场调研需要确定的主要因素

1.1.4　市场调研的基本流程

思考题　*在市场调研活动中，调研具体包括哪些步骤和阶段？*

　　对于不同的营销研究项目，市场调研的流程会有所区别，但标准化流程是基本一致的，大致分为界定、设计、实施和结果形成等四个阶段（见图1-12）。界定阶段包括了解调研需求、定义需要解决的问题、明确调研目标三个主要步骤；设计阶段包括设计调查方案、识别信息类型及可能来源、确定信息收集方法、设计信息及数据获得工具、设计抽样方案、确定样本量调查进度及费用等主要步骤；实施阶段包括挑选访问员、培训访问员、运作实施、复核验收等步骤；结果形成阶段包括数据编码、数据录入、数据查错、数据分析等数据处理和分析以及撰写报告和结果展示步骤。因此，在进行正式调研前必须确定营销调研的需要，但有些项目可以简化调研过程，只要制定调研方案、收集和分析数据以及报告结果，能达到调研目标就可。

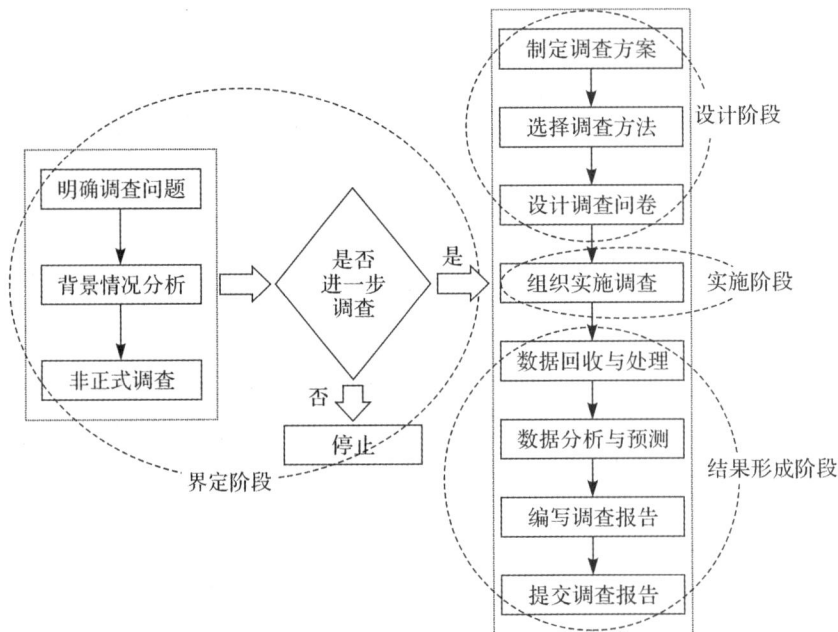

图 1-12　市场调研的基本流程

1.界定阶段

　　(1)确定调研需要。在界定阶段，首先要明确是否有开展调研的需要。结合时间限制性、数据可得性、所做决定的实质以及成本效益化等四个方面的因素进行综合考虑。

　　(2)定义问题。调研过程从发现问题入手，确定问题是找到解决方案的第一步。因此，调研人员首先要界定需要解决什么问题，只有当问题得到清晰而准确的定义时，才能进行恰当的调研设计。而问题主要来源于两大变化或改变：一是应该发生的和实际发生的情形之间的差距，即未能达到目标，比如销售拜访低于目标值、销售量低于配给量、投资回报率低于目标值等；二是实际发生的和本可以发生的情形之间的差距，即机会识别，比如若我们改变产品特性,销量将会增长。因此,确认问题必须在决定调研目的之前进行。

（3）明确调研目标。调研人员要把营销问题转化成具体要求,阐明调研要解决的各种模糊问题,明确调研中的疑问,并建立系统化的假设。营销问题或假设一旦确立,调研项目的目标就可以从问题定义中引申出来,其最佳表达方式必须措辞恰当,而且是可以测试的调研假设。例如,若问题是确定顾客对 A 产品的满意度水平,调研目标可能是调查 400 个 A 产品的使用者,并测量他们对六个不同属性的满意度,以及再次购买该产品的可能性。因此,在设定调研目标时,调研人员必须记住调研目标的四个重要特质:精确、详尽、清楚和可操作。调研目标的数量不易太多,以便进行管理操作。

2. 设计阶段

（1）决定调研设计。调研设计是开展某一营销研究项目时所要遵循的一个主要的计划或方案,详细描述获取、分析解决营销研究问题所需要信息的方法和程序,是调研行动计划的基本框架。市场调研方案的设计实际上是研究方法的选择,通常有三种典型的调研设计类型:探索性调研、描述性调研和因果调研。当需要更加准确地定义问题时,就需要进行探索性调研,可以加深对概念的理解,或使某一问题更加具体化,而不是提供精确的衡量标准,或定量某个问题。描述性调研是用来描述感兴趣的现象调研,如判断消费者对产品特征的感知、新产品的购买意愿等。因果调研试图揭示项目不同要素之间的关系以及导致产生一定现象的原因,如洗涤剂包装大小的改变是否会影响销售。市场调研项目的差异化十分显著,不同企业面临的市场问题是不同的,选择哪种具体适合的方法取决于研究目标、数据的现有来源、决定的紧急程度以及获取数据的成本等因素。

（2）确定数据收集方法。

思考题　我们如何识别信息类型和来源？又如何收集数据呢？哪种或哪几种调研方法较恰当呢？

因为调研为解决问题提供信息,调研人员必须识别将使用的信息类型和信息源。信息源有两类:原始数据和二手数据。在开展调研时,首先会考虑使用二手数据,尤其在大数据时代,数据库中有海量的数据可以直接被使用,而当二手数据不够时,就需要为当前调研项目专门收集原始数据。从数据来源看,二手数据相对容易获取,而原始数据的获得更为复杂。

一旦市场研究的数据类型确定之后,就需要明确数据获得的方法。如果市场研究所需的数据是二手数据,则主要采取查阅和购买等方式收集现有的数据资源（分析调查）。如果市场研究所需的数据是原始数据,则必须通过市场调查现场实施所需信息的收集。原始数据收集的方法主要有入户访问、拦截访问、电话调查、邮寄调查、观察法、实验法等定量方法,以及小组座谈会、深度访谈等定性方法,一般两者结合使用。同时,针对不同调查对象开展市场调查的组织方式有个案调查、重点调查、典型调查、固定样本连续调查和抽样调查等。因此,在选择数据收集的具体方法时,要综合考虑调查目的、数据来源、调查对象、样本数量、调研成本等多项指标。

（3）设计数据收集工具和样本。接下来要考虑借助哪些数据获取工具、收集多少样本数量的调查对象等问题。如果与应答者沟通,询问具体问题,那么这种工具就是问卷;如果对应答者进行观察,则这种工具就是观察表。在任何一种情况下,都必须仔细、合理地设计数据收集工具,确保能够得到满足调研目标的答案。而问卷又分为结构式和非结构式两种形式。问卷或访问提纲是市场调研获得信息的重要工具。如果市场调研已明确研究目标及调研方法，但缺少一个好的问卷或访问提纲，则会导致研究成效的下降或失去调研意义。

在样本设计中，调研人员必须明确抽样框、样本选择过程和样本容量大小三个问题。首先，要根据研究的问题确定研究总体。营销调研是通过选取总体的一个样本来了解总体情况，比如从5000名职工中抽出200名组成一个样本，则5000名职工的名册就是抽样框。其次，确定样本选择过程。就是怎样在样本框中抽出需要的样本，要采取何种抽样方式，既可以是随机抽样，也可以是非随机抽样。最后，要明确研究需要的样本容量，即这次调研中需要多少调查对象。

到此阶段为止，调研人员可以形成一份相对完整的营销调研建议书或调研计划书，它是调研人员准备的正式文件，即调研设计的书面陈述，具体包括引言、背景、调研目标、调研框架(调研内容)、调研方法、时间表和预算等几部分内容，主要满足三个重要的功能：一是描述问题所在；二是详细阐述调研目标；三是详细描述由调研人员提出的完成调研目标的调研方法。

3.实施阶段

现场实施是数据收集过程，此阶段分为挑选访问员、培训访问员、运作实施、复核验收等步骤。在收集数据时涉及对访问员的挑选、培训和控制等问题，这些问题必须在研究设计中提前予以考虑。大部分现场实施访问是由经过培训的访问员进行的，有时研究者也会进行一些难度较大、研究问题较深的访问。在访问过程中，由于访问员、研究者或受访对象的原因，经常会出现非抽样误差，造成调研结果的准确性降低。任何调研都无法避免非抽样误差，但调研人员要知道误差的来源，如应答者的误解、填写错误和漏答，访问记录人员的观点不够准确等，在现场实施过程中采取有效方式尽可能控制，从而提高调研结果的可信度。

4.结果形成阶段

思考题　在对数据进行整理分析时，数据应如何编码？又要使用何种分析技术？

(1)数据整理分析。现场实施调查所获得的数据为初始数据，必须将数据转化成可以回答营销经理问题的格式。一般来说，数据处理开始于编辑数据和编码过程。编辑过程具体包括检查数据收集形式，查看有没有纰漏、字迹是否清晰以及分类是否一致等问题，并修改其中的错误，如答案记录在问卷的错误地方等。然后按照编码规则将问卷的问题及答案转化为计算机可以识别的数字或符号。对多数研究项目而言，编辑、编码、列表这些功能是最普通的。最后通过数据分析软件对数据进行分析。数据分析技术具体包括趋势分布分析、异常分析、因素分析、关联分析、聚类分析、马尔柯夫预测等。数据分析中选择的分析技术是否恰当，将由以下三个因素决定：管理的信息要求、调研设计的特点和所收集数据的属性。

(2)调研报告撰写展示。在撰写调研报告前，首先要搞清楚"分析结果能说明什么？""明白了什么？""能否达到调研目的？""谁将阅读研究报告？"等问题。

此阶段的任务就是在数据分析的基础上，形成调研分析报告，并通过书面、口头等形式对研究结论进行展示。调研报告是管理人员获得调研结果的最主要形式，因而调研报告必须清晰准确，既要充分解决管理人员在调研初期提出的需求，而且还应适时加入市场研究人员的专业判断。撰写调研报告时要遵循一种相对规范统一的报告写作格式，必须注意要写得清楚明白,使用最合适的图表来准确地陈述数据。

衡量调研报告最重要的标准是它是否向管理人员详细地传达了调研结果。阅读者的兴趣、能力、背景决定了这个报告应该写什么、不应该写什么以及报告中所包含的信息如何表述。一般来讲,管理人员不愿看到只是关于调研设计和统计性发现的细节报告,他们所需要的是对发现的总结。

书面调研报告完成后,报告结果的口头陈述是市场调研项目结果展示的另外一种形式,这种形式需要在书面调研报告的基础上进行内容提炼,并可以用图片辅助展示结果。

调研报告的形成也非一成不变。很多管理人员会提出,要在现场部分工作完成后、数据处理前先提交中期报告;有的管理人员则会要求调研人员做解释讲演,那就需要一份讲演稿。这些形式的报告与我们传统意义上的最终报告均有较大区别。

1.1.5　市场调研职业岗位

1. 岗位层级

岗位层级表示一个岗位在组织结构中的相对位置。市场调研员的岗位层级分为市场调研专员、市场调研主管、市场调研经理和市场总监四个层级(见图1-13)。市场调研员是指通过调查、统计分析等方法获得全面、准确的市场信息和分析结论,为企业管理决策提供强有力的支持的专业人员。具体而言,他们主要负责拟定调研方案或评估调研公司提供的方案,制定市场调研计划,组织、实施市场调研项目,对宏观环境及行业状况、企业内部营销环境、消费者及用户进行调查分析。而经理级从业者还要负责监控调研流程和数据、信息质量,以确保调研工作符合公司要求。

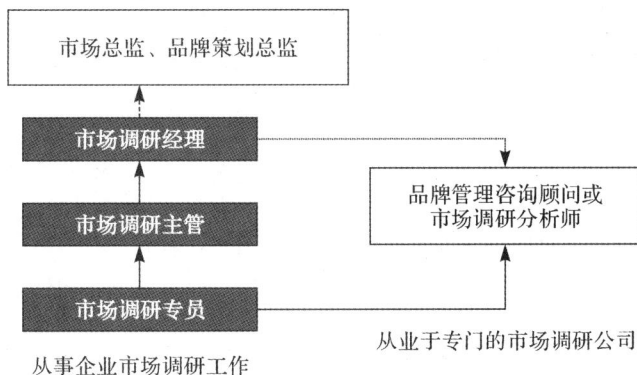

图 1-13　市场调研岗位层级

一般而言,市场调研员的成长路径可以有以下两种:一是从事企业的市场调研工作,积累了一定的经验之后,可以发展为市场调研经理或市场经理;二是从业于专门的市场调研公司,对各种产品的市场需求规律有了一定的把握之后,可以发展为品牌管理咨询顾问或市场调研分析师。积累了一定管理经验且具备企业营销活动整体规划与组织实施能力的市场调研经理可以考虑向市场总监、品牌策划总监发展。

拓展知识:"市场、
民意和社会调查"
国家标准

2.岗位工作内容

市场调研是个人或组织根据特定的决策问题而系统地设计、搜集、记录、整理、分析及研究市场各类信息资料、报告调研结果的工作过程,是市场预测和经营决策过程中必不可少的组成部分。其工作内容主要是对市场、产品、销售、消费者购买行为、广告及促销、营销环境进行研究,对销售和发展趋势进行预测。如市场研究主要包括市场潜在需求量研究、消费者分布及消费特征研究、市场占有率研究和市场营销效益分析等方面;产品研究主要是对产品设计、开发及实验研究,产品的改良与创新,消费者对产品形状、包装、品位等喜好的研究,同类产品或竞争产品的比较,产品成本分析等;销售研究主要包括销售政策分析、当前销售方法的评价、销售网点与销售人员效果分析、总体营销活动的设计与改进等。

3.岗位职责

岗位职责用来描述一个岗位所要求的需要完成的工作内容以及应当承担的责任范围。而任职条件是用来规定胜任某一岗位或职务所需要的能力要求,一般包括基本素质、文化程度、语言文字能力、专业知识、工作经验或经历以及其他要求。市场调研经理和市场调研员的职责及任职条件如表 1-2 和表 1-3 所示。

表 1-2　市场调研经理的职责及任职条件

职位名称	市场调研经理	直接上级	市场部经理/市场总监/企业分管市场的副总经理
		直接下级	调研专员/调研主管

(一)岗位职责

1.工作内容

◆结合产品运作计划及企业战略,组织重点调研项目,利用内外部资源有效地进行专项调研,提供项目执行报告和调研报告

◆负责市场调研计划的制定和实施

◆确定企业产品或服务的市场定位以及相对于竞争产品的进展及成功因素

◆跟随市场整体环境变化,推进企业产品或服务的市场开拓

◆组织对宏观环境、行业状况和企业内部营销环境的调研,以及对消费者及用户、配销渠道的调研

◆收集竞争对手的市场情报,以及各级政府、业界团体、学会发布的行业政策和信息

◆提出新产品开发提案

◆建立并维护企业营销信息系统,收集有关行业、政策、竞品、市场等外部信息,结合企业内部各数据项目,在整理分析的基础上,建立常规信息平台

2.责任范围

◆建立健全营销信息系统,制定内部信息和市场信息的收集、整理、分析、交流及保密制度

◆与销售经理合作,建立与相关产业、政府部门及研究机构的关系

◆协助销售经理就以上问题进行支持,以达成企业产品或服务的发展要求

◆协助市场部经理制定各项市场营销计划

3.权力范围

◆对本部门为其他部门提供的信息有监督管理权

续表

职位名称	市场调研经理	直接上级	市场部经理/市场总监/企业分管市场的副总经理
		直接下级	调研专员/调研主管

(二)任职条件

1.基本条件

◆营销及相关专业本科以上学历,4年以上相关工作经验及相关背景

◆熟悉掌握外语及电脑操作技能

◆具有前瞻性眼光

◆具有良好的人际交往能力及团队协作精神

◆具备较强的领导技能

2.专业要求

◆受过调查研究工具与方法、市场营销、产品知识、消费心理、产业经济等方面的培训

◆熟练掌握对调研结果进行分析所需的方法及工具

◆能独立完成市场调研工作

表 1-3　市场调研员的职责及任职条件

职位名称	市场调研员	直接上级	市场调研经理
		直接下级	无

(一)岗位职责

1.工作内容

◆对区域、国内乃至国际范围内的市场环境进行调研,分析某种产品或服务的潜在市场

◆确定调研方法,制作数据统计表

◆收集顾客需求、购买习惯等方面的信息,以及竞争对手的相关信息,分析其产品价格、销量、营销手段等

◆审核、分析相关数据,预测市场发展趋势和市场潜力

◆撰写和递交调研报告,向管理层提出建议

2.责任范围

◆认真完成工作项目所界定的内容

3.权力范围

◆以工作制度为标准,在市场调研方面有请求协助权

续表

职位名称	市场调研员	直接上级	市场调研经理
		直接下级	无

（二）任职条件

1.基本条件

◆管理、统计、营销相关专业本科以上学历,1年以上相关工作经验

◆具有出色的思维分析能力和团队协作精神

◆对市场有敏锐的嗅觉,逻辑思维严谨,有实事求是的态度

2.专业要求

◆受过调查研究工具与方法、市场分析方法、市场营销、产品知识等方面的培训

◆熟练使用办公软件,具备较强的外语能力

◆熟悉市场分析工具

◆有市场营销经验或市场调研公司工作经验

拓展知识:市场
调研工作考核方案

4.岗位工作绩效考核指标

市场调研工作的质量、调研结果的真实性等在很大程度上影响着营销决策的科学性。因此,针对市场调研工作的组织开展情况和调研报告的提交情况设计考核方案,将有助于推动企业各级市场调研人员不断地提高自己在岗位上的实际工作能力,以适应管理工作和企业发展的需要。

1.2　数据分析相关岗位

拓展知识:
大数据时代如何
赋能市场调研

大数据可以帮助企业从最宝贵的信息资产中挖掘到新的商机,从而创造新的价值并形成优势,同时有助于企业提高生产效率、提升产品质量和提供个性化的产品和服务,从而帮助改进客户满意度并提升企业利润率。我国大数据行业呈快速发展态势,赛迪顾问统计数据显示,2020年中国大数据产业规模达6388亿元,同比增长18.6%,预计未来三年保持15%以上的年均增速,到2023年产业规模超过10000亿元。而与大数据相关的如数据工程师、数据分析师、数字化管理师等新职业成为宠儿。

1.2.1　大数据的营销价值

微课视频:
大数据的营销价值

尽管大数据时代已经到来,大数据概念已经开始应用到各个行业,大数据价值通过各行各业的不断创新呈现了井喷式的发展,但依然有很大部分人并不能够真正理解大数据的含义。

1.大数据的前世今生

思考题　*大数据和 BI 商业智能有何区别？有何相关？*

拓展知识：
大数据和 BI 商业
智能有何区别

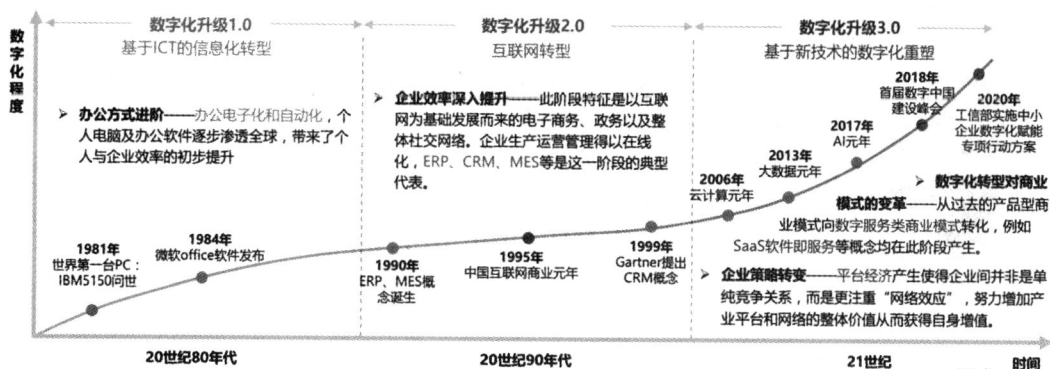

当前"大数据"成了一个时髦词语，先简单回顾一下大数据的发展历史。可以说大数据最早起源于我国古代的周易八卦，王建编著的《易经：中国古代的大数据》一书指出，《易经》是由象含数引出理，即通过象、数展现自然规律，从而指导人类社会的建设和发展，是中国文化的集大成者，是整个宇宙的"大数据"。王建说："不读易你永远也不能真正了解大数据是什么意思。"1980 年，未来学家阿尔文·托夫勒在《第三次浪潮》一书中，将大数据热情地赞颂为"第三次浪潮的华彩乐章"。到 2008 年末，"大数据"得到部分美国知名计算机科学研究人员的认可，业界组织计算社区联盟发表了一份有影响力的白皮书《大数据计算：在商务、科学和社会领域创建革命性突破》，此组织可以说是最早提出大数据概念的机构。大约从 2009 年开始，"大数据"才成为互联网信息技术行业的流行词汇。2011 年 5 月，全球知名咨询公司麦肯锡的麦肯锡全球研究院（MGI）发布了《大数据：创新、竞争和生产力的下一个新领域》报告，这是专业机构第一次全方面地介绍和展望大数据，麦肯锡成为最早提出"大数据时代"到来的机构，大数据开始备受关注。2014 年 5 月，美国白宫发布了 2014 年全球"大数据"白皮书研究报告《大数据：抓住机遇、守护价值》。2015 年 9 月，我国国务院印发《促进大数据发展行动纲要》，同年 11 月，我国首次提出推行国家大数据战略。

大数据如今已成为决定未来数字化生活方式的重点技术命题，开始渗透到各个领域。据工信部最新数据显示，从 2012 年至 2021 年，我国数字经济规模从 11 万亿元增长到超 45 万亿元，数字经济占国内生产总值比重由 21.6％提升至 39.8％。

图 1-14　中国数字化升级发展历程

大数据时代建立在数字时代的基础之上，而数字化升级现已成为全球企业的共识。在三次数字化升级浪潮中，IT 行业、互联网行业、第三方支付行业都根据自身所长，从不同角度为各类企业提供专业的数字化升级服务，大力推动各行业的数字化转型进程，而数字化转型更加突出地强调大数据和人工智能的应用。我国数字化发展历程与国际数字化发展轨迹基本吻合，可分为信息化转型、互联网转型、数字化重塑三个阶段（见图 1-14）。

拓展知识：
"数字中国"的由来、
发展与未来

2.大数据的含义和特征

思考题 大数据与传统数据相比有哪些典型特征呢？

视频：5分钟
看懂大数据

业界相对认可的大数据定义为：需要新处理模式才能具有更强的决策力、洞察力和流程优化能力的海量、高增长率和多样化的信息资产，或称巨量资料。大数据技术是海量数据的获取、存储、管理、计算分析、挖掘等关键处理技术及在各个领域的应用，也是一种从各种组织形式和类型的数据中挖掘有价值的信息的能力。如京东APP通过更好的购物和物流体验来吸引流量，从而产生更多的数据来优化自身的购物推荐和物流等算法。

大数据是帮助企业利用海量数据资产，实时、精确地洞察未知逻辑领域的动态变化，并快速重塑业务流程、组织和行业的新兴数据管理技术。通常用四个"V"来概括大数据的基本特征。

（1）数据体量巨大（Volume）。这是大数据的基本属性，伴随着各种随身设备、物联网和云计算、云存储等技术的发展，人和物的所有轨迹都可以被记录，数据因此被大量生产出来。大量自动或人工产生的数据通过互联网聚集到特定地点，包括电信运营商、互联网运营商、政府、银行、商场、企业、交通枢纽等机构，形成了大数据之海。随着物联网、电子商务、社会化网络的快速发展，全球大数据储量迅猛增长，成为大数据产业发展的基础。IDC（国际数据公司）的监测数据显示，2013年全球大数据储量为4.3ZB（相当于47.24亿个1TB容量的移动硬盘），2019年全球大数据储量达到41ZB。从大数据储量分布情况来看，全球大数据中心主要集中在美国、中国及日本。根据数据分析公司Statista发布的统计数据，截至2020年末，美国大数据中心数量占全球的比例达到39%，中国占比达到10%，日本为6%。同时，由2017—2020年全球大数据中心数量的分布变化趋势来看，中国的份额越来越大，说明中国大数据产业的潜在空间巨大。

拓展知识：
流数据

（2）数据类型繁多（Variety）。数据来源、数据形式和数据内容等多样性导致数据被分为结构化数据和非结构化数据。相对于传统便于存储的以文本为主的结构化数据，绝大多数的大数据天生是非结构化或半结构化的数据，网络日志、音视频、图片、地理位置信息等非结构化数据越来越多。如高德、百度等电子地图的出现，产生了大量的流数据，这些数据代表着一种行为、一种习惯，多样性的数据对数据的处理能力提出了更高要求。

（3）价值密度低（Value）。价值密度的高低与数据总量的大小成反比。以视频为例，一部1小时的视频，在连续不间断的监控中，有用数据可能仅有一两秒。如何通过强大的机器算法更迅速地完成数据的价值"提纯"已成为目前大数据背景下亟待解决的难题。

（4）处理速度快（Velocity）。海量数据能被快速获取、整理和实时分析，这是大数据区分于传统数据挖掘的最显著特征。根据IDC（国际数据公司）的"数字宇宙"的报告，预计到2020年，全球数据使用量将达到35.2ZB（1ZB=1024EB，1EB=1024PB，1PB=1024TB，1TB=1024GB，1GB=1024MB）。在数据处理速度方面，有一个著名的"1秒定律"，即要在秒级时间范围内给出分析结果，超出这个时间，数据就失去价值了。如谷歌统计，网页加载时间超过4秒，25%的人会放弃。在如此海量的数据面前，处理数据的效率就是企业的生命。

大数据时代下,数据是永远在线的(online),是随时能调用和计算的,这是大数据区别于传统数据最大的特征,具体区别如表1-4所示。

表1-4　大数据与传统数据的区别

特征	传统数据	大数据
体积	有限的量	数据庞大
彻底性	样本	整个群体(全体)
分辨率和索引性	粗糙、弱	精致、强
关联性	弱	强
速度	慢、定格	快
多样性	窄	宽
灵活性和可扩展性	中等	高

3.大数据的营销价值

思考题　大数据到底能给我们带来哪些营销价值呢?

随着大数据时代的到来,越来越多的行业企业认识到数据对于营销的重要性,对大数据商业价值的挖掘和利用逐渐成为各行业企业争相追捧的利润焦点。企业从庞杂的数据背后挖掘、分析用户的行为习惯和偏好,找出更符合用户口味的产品和服务,并结合用户需求有针对性地调整和优化自身策略,就是大数据的价值。大数据意味着一套完整的解决方案,包括数据、业务、需求三个部分,明确"什么样的数据"可以支撑"什么业务形式",满足客户的"什么需求"。因此,基于大数据分析的结果,进行资源优化配置,才是大数据应用的落地点和真正价值。大数据最大的价值不是事后分析,而是预测和推荐。大数据的营销价值具体体现在精准营销、市场预测等多个方面,但最核心的价值就是商业价值。在如今的大消费背景下,对于消费者数据的收集与分析突破了产业边界,只有跨场景跨行业的数据交付才能得到全面多维度的消费者数据,实现精准的商业分析。先来看一个坐姿与汽车防盗系统的案例。当一个人坐着的时候,他的身形、姿势和重量分布都可以量化和数据化。

拓展知识:如何让市场调研数据发挥最大价值

日本先进工业技术研究所的越水重臣和他的工程师团队做了一个关于人的坐姿的研究。他们在汽车座椅下部安装总共360个压力传感器,用以测量人对椅子施加压力的方式,把人体屁股特征转化成了数据,并且用0~256这个数值范围对其进行量化,这样就会产生独属于每个乘坐者的精确数据资料。在实验中,系统能根据人体对座位的压力差异识别出乘坐者的身份,准确率高达98%。这个系统不但可以发现车辆被盗,而且可以通过收集到的数据识别出盗贼的身份。

（1）精准营销。大数据分析背后的逻辑就是先找到人，然后利用大数据，按年龄、职业、学历、收入等维度分析用户的偏好和习惯，了解用户的购买习惯和行为，按照认知、认可和认购标准将用户进行标签化（用户画像），并划分为受众、顾客和粉丝三个细分群体，从而有效地筛选目标群体，做到精准定位，在合适的时间、合适的地点、将合适的产品以合适的方式提供给合适的客户群体，保证广告与营销信息的精准推送，实现精准营销的目的。例如银泰在 2017 年 8 月推出付费会员卡，线上线下全面收集顾客数据，根据用户在银泰 APP 和淘宝、天猫等平台的购物记录，掌握更准确的消费者数据，识别顾客的需求，提供更个性化的商品推荐和服务，从而实现对会员的精准营销（见图 1-15）。

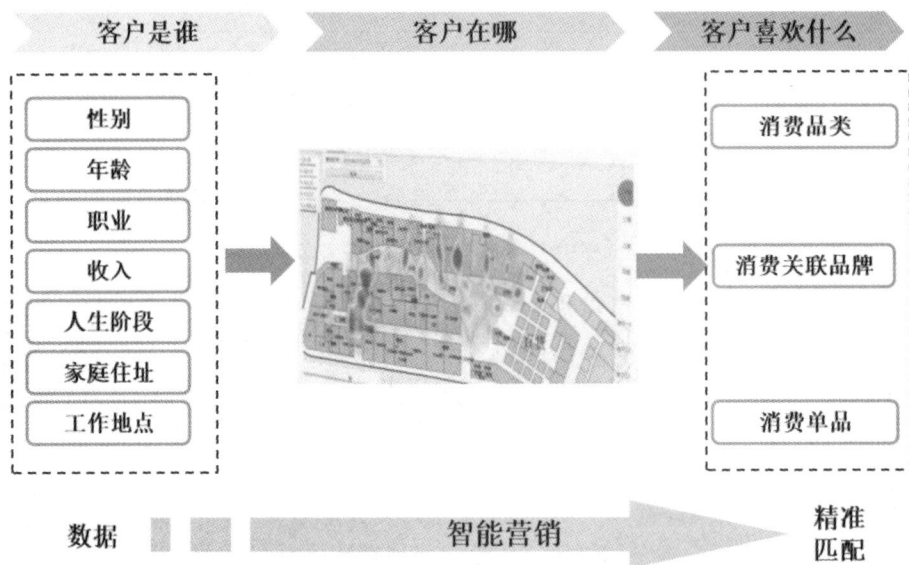

图 1-15　基于用户画像的智能营销

那么，如何提升营销的精准性并实现效果的准确评估？由于数字媒体的分散化和传统评估方法的不适用性，数字媒体有效性被厂商认为是最缺乏数据支持的环节，61％的厂商认为数字媒体很重要但无法被有效评估，直接影响营销的精准触达。尼尔森认为，关键在于打通全链路生态（见图 1-16），量化每个真实触点，精准还原站内外从"看"到"买"的数据。全链路的关键之一在于线上线下购物行为的交互和融通，从而找到最有效的营销触点，打造极致用户体验，最终助力销售转化。因此，真正的精准营销是：正确的内容营销＋正确的渠道。有数据显示，在淘宝，每一天的上网高峰期主要集中在中午 12 点之后和晚上 12 点之前。分析发现，出现这种"怪现象"的原因是现代人普遍在睡觉前有上网的习惯。于是，有些淘宝商家就利用消费者这种"强迫症"，在晚上 12 点进行促销秒杀活动，带动销量的倍增。

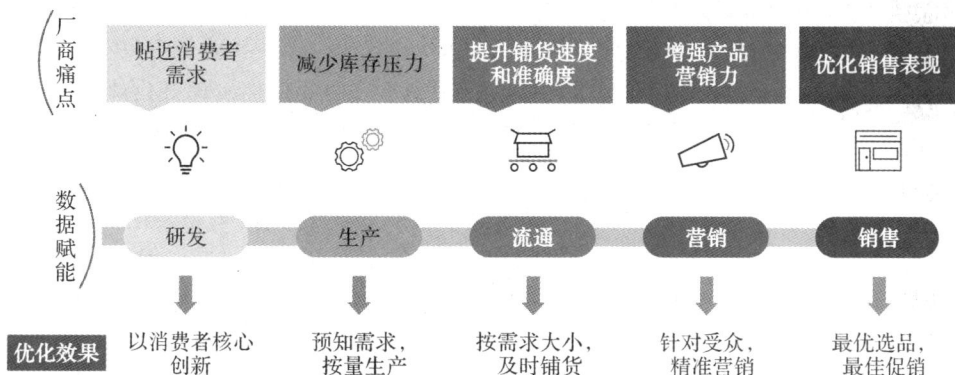

图 1-16　新商业环境下快消品企业的制胜之道

(2)市场预测。对未来事态的预测和对未知事物的预估是目前业界对大数据最看重的价值之一。随着越来越多的数据被记录和整理,未来预测分析必定会成为所有领域的关键技术。基于大数据的分析与预测已得到广泛应用,对于企业家提供洞察新市场与把握经济走向予以极大的支持。例如,微软研究院的 David Rothschild 通过大数据分析,对第 85 届奥斯卡各奖项的归属进行了预测,除最佳导演外,其他各项奖预测全部命中。

4.大数据思维方式

思考题　**大数据时代我们应该具有怎样的思维方式?**

"大数据之父"舍恩伯格认为,世界的本质就是大数据,大数据正在开启重大的时代转型。大数据正在改变人们的生活以及理解世界的方式,正在成为新发明和新服务的源泉。大数据思维是新的思维观,用大数据思维方式思考问题、解决问题是当下企业潮流。大数据思维最关键的转变在于从自然思维转向智能思维,使得大数据像具有生命力一样,获得类似于"人脑"的智能,甚至智慧。

拓展知识:
建立数据思维
3 个有效的方法

(1)总体思维。在大数据时代,随着数据收集、存储、分析技术的突破性发展,人们可以更加方便、快捷、动态地获得与分析更多的数据,甚至是与之相关的所有数据,而不再因诸多限制不得不采用样本研究方法,从而可以获得更全面的认识,可以更清楚地发现样本无法揭示的细节信息。因此,人的思维方式也应该从样本思维转向总体思维,从而能够更加全面、立体、系统地认识总体状况。

(2)容错思维。以前由于收集的样本信息量比较少,必须确保记录下来的数据尽量结构化、精确化,否则,分析得出的结论在推断总体上就会"南辕北辙",因此,就必须十分注重精确思维。在大数据时代,得益于大数据技术的突破,大量的非结构化、异构化的数据能够得到储存和分析,既提升了从数据中获取知识和洞察力的能力,又对传统的精确思维造成了挑战。舍恩伯格指出,"执迷于精确性是信息缺乏时代和模拟时代的产物。大数据时代,只有 5% 的数据是结构化且能适用于传统数据库的,如果不接受混乱,剩下 95% 的非结构化数据都无法利用。只有接受不精确性,我们才能打开一扇从未涉足的世界的窗户"。因此,思维方式要从精确思维转向容错思维。当拥有海量即时数据时,绝对的精准不再是追求的主要目标,适当忽略微观层面上的精确度,容许一定程度的错误与混杂,反而可以在宏观层面拥有更好的知识和洞察力。

（3）相关思维。在小数据世界中，人们往往执着于现象背后的因果关系，试图通过有限的样本数据来剖析其中的内在机理，但有限的样本数据无法反映出事物之间的普遍性的相关关系。而大数据的出现让人们放弃了对因果关系的渴求，转而关注相关关系，只需知道"是什么"，而不用知道"为什么"。人们可以通过大数据技术挖掘出事物之间隐蔽的相关关系，获得更多的认知与洞察力，捕捉现在和预测未来。因此，思维方式要从因果思维转向相关思维。只有努力颠覆千百年来人类形成的传统思维模式和固有偏见，才能更好地分享大数据带来的深刻洞察力。

拓展知识：
数读二十大：KPI
见证非凡十年

（4）智能思维。随着物联网、云计算、社会计算、可视技术等的突破发展，大数据系统能够自动地搜索所有相关的数据信息，并进而类似"人脑"一样主动、立体、逻辑地分析数据、做出判断、提供洞察力。那么，其无疑也就具有了类似人类的智能思维能力和预测未来的能力。因此，人的思维方式也要求从自然思维转向智能思维，这才是大数据思维转变的关键所在、核心内容。

5.大数据应用场景

拓展知识：
亚洲数字经济
报告（2023）

目前，大数据在营销、医疗、影视娱乐、金融、教育、体育、安防等领域均有大量应用，随着云计算、物联网、移动互联网等支撑行业快速发展，未来大数据将拥有更为广阔的应用市场空间。2020年中国大数据产业规模超过1万亿元，年均复合增长率超过30%。从企业业务布局来看，大数据产业主要集中在华北、华东、华中、华南地区。大数据产业由硬件设施、基础服务、数据来源、技术开发、融合应用及产业支撑构建等六个层次构成（见图1-17）。随着社会经济数字化转型，大数据的产业支撑得到强化，应用范围加速拓展，产业规模实现快速增长，其中应用场景最广泛的是医疗、营销、公安和工业领域。

图 1-17　大数据产业全景图

（1）医疗大数据。云计算、大数据、人工智能等新兴技术成熟，加速了传统医疗行业改革,其中以健康医疗大数据为代表的医疗新业态,不断激发着医疗行业的发展。大数据医疗的应用场景主要包括临床决策支持、健康及慢病管理、支付和定价、医药研发、医疗管理,服务对象涵盖居民、医疗服务机构、科研机构、医疗保险机构、公共健康管理部门等,其应用有助于提高医疗服务质量、减少资源浪费、优化资源配置、控制骗保行为、改善自我健康管理,具有巨大潜在价值。近年来,健康医疗大数据应用市场规模快速增长,2019 年我国医疗大数据解决方案市场规模达 105 亿元,预计到 2024 年将增加至 577 亿元。

(2)营销大数据(见图 1-18)。大数据应用服务主要为客户提供大数据在各个商业应用场景的解决方案,主要包括大数据营销和运营、数字媒体投放、电商运营等种类。其中,大数据营销主要为客户提供数据采集、数据分析、潜在市场挖掘、会员管理、资产构建等服务;数字媒体投放服务利用大数据算法和技术实现精准投放,同时实现投放前中后数量及效果监测,优化投放方案。例如程序化广告依托大数据实现精准投放。程序化广告是指通过改造广告主、代理公司、媒体平台,将其与程序化对接,从而实现目标人群匹配、竞价购买、广告投放、投放监测反馈等一系列自动化过程的广告投放技术。它主要基于大数据的用户画像来定位目标客户群体,从而实现广告的精准投放,同时广告位的选择、竞价投放全部依赖机器完成。相比于传统广告,程序化广告投放更加准确高效,同时节约资源成本。2018 年我国程序化广告市场规模达到 471.9 亿元,同比增长 35.9%。

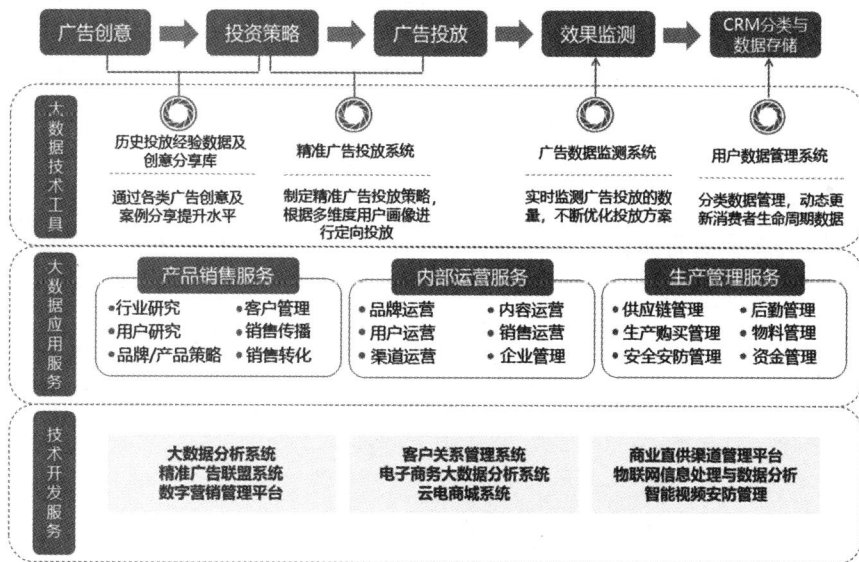

图 1-18　大数据营销产业链

(3)公安大数据。基于大数据的挖掘分析,有助于公共安全治理机制由"事后处理"转变为"事前预测"。大数据技术支持下,"(客观)事实驱动"的决策取代"(主观)经验驱动"的决策,将成为大数据时代智慧治理过程的关键特征。公安大数据应用于不同警种,由于其实际应用需求的区别,解决的问题也有所区别。如智能交通领域,目前大数据主要应用于车辆的疏导,比如基于不同道路、路口车流量的统计(时、日、月统计等),分析不同时段某条道路实时的车流密度、发展方向和趋势等。我国目前公安大数据行业市场规模大约为350 亿元,较有影响力的企业主要有美亚柏科、烽火星空、锐安科技、天源迪科、太极股份等。

(4)工业大数据。工业大数据是制造业升级转型的重要战略资源,它的产生贯穿于整个生产制造过程,包括了设计、研发、订单、采购、制造、供应、库存、发货、交付、售后、运维、报废回收等整个产品生命周期所产生的各类数据及相关技术和应用。现阶段,我国工业大数据主要包括企业运营管理相关的业务数据、制造过程数据和企业外部数据三类。其中,企业运营管理相关的业务数据和制造过程中产生的海量数据是工业大数据的主要来源。2019年我国工业大数据市场规模约为146.9亿元,同比增长28.6%。商务大数据与工业大数据的区别如图1-19所示。

环节和应用	商务大数据	工业大数据
采集	对数据采集的时效性要求不高,一般通过门户网站、购物网站、论坛等交互渠道采集浏览、交易、偏好等数据	对数据采集实时性要求很高,通过传感器与感知技术,采集物联网数据、生产经营过程业务数据、外部联网数据等
处理	通过数据清洗、数据归约去除大量无关、不重要的数据	以工业软件为基础,强调数据格式的转化;数据信噪比低,要求数据具有真实性、完整性和可靠性,更加关注处理后的数据质量
存储	存储自由,数据之间关联性不大	数据关联性较强,存储复杂
分析	利用通用的大数据分析算法进行相关性分析,对分析结果不要求绝对精确	需要数据建模和专业领域的算法,分析更加复杂,对分析结果的精度和可靠度要求高
可视化	数据结果展示可视化	数据分析结果可视化即3D工业场景可视化
反馈控制	一般不需要闭环反馈	强调闭环性,实现过程调整和自动化控制

图 1-19　商务大数据与工业大数据的区别

6.数据分析模式

数据分析师最重要的技能是将数据转化为非定量的、清晰的、有意义的见解的能力。在数据科学领域中根据价值和复杂性两个维度,将数据分析划分为四种模式(见图1-20):描述型(Descriptive)、诊断型(Diagnostic)、预测型(Predictive)和指导型(Prescriptive)。四种数据分析模式应用的比较如表1-5所示。

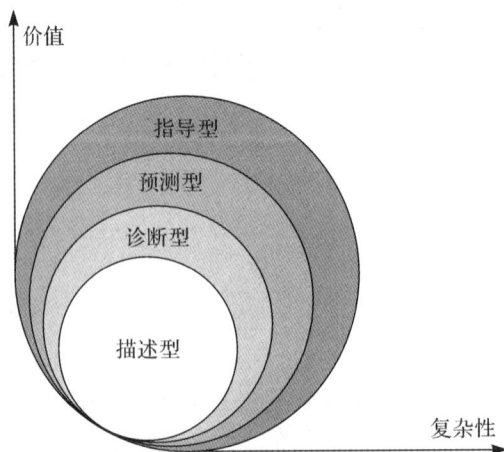

图 1-20　四种数据分析模式

表 1-5　四种数据分析模式应用比较

类型	特点	功能	应用实例
描述型分析： 发生了什么	1.广泛的、精确的实时数据 2.有效的可视化	提供重要指标和业务衡量标准	每月利润和损失账单分析：获取大量的客户数据、了解客户的地理信息
诊断型分析： 为什么会发生	1.能够钻入数据的核心 2.能够对混乱的信息进行分离	通过评估描述型数据，诊断分析工具让数据分析师深入分析问题的核心	设计良好的商业信息，整合了时间序列数据的读入、特征的过滤和钻入功能
预测型分析： 可能发生什么	1.使用算法确保历史模型能够用于预测特定的结果 2.使用算法和技术确保自动生成决定	预测模型通常运用各种可变数据来做出预测：某事件在将来发生的可能性、预测一个可量化的值、估计事情可能发生的某个时间点	数据成员的多样化与可能预测的目标是相关联的，如人的年龄越大，越可能发生心脏病，可以说年龄与心脏病风险是线性相关的。随后，这些数据被放在一起，产生分数或预测
指导型分析： 需要做什么	1.依据测试结果来选定最佳的行为和策略 2.应用先进的分析技术帮助做出决策	基于发生了什么、为什么会发生以及一系列"可能发生什么"的分析，帮助用户确定要采取的最好的措施	交通规划分析帮助人们选择最好的回家路线，考量每条路线的距离、在每条路上的速度以及目前的交通限制

1.2.2　数据挖掘的功能

思考题　*什么是数据挖掘？它有哪些具体功能，能在哪些领域得到广泛应用？*

生活中每天都会产生海量数据，企业想要将大数据变成资产并获取商业价值，就需要学会运用数据挖掘技术对大数据进行挖掘分析。大数据技术应用的经典案例就是"啤酒＋尿布"。美国沃尔玛连锁超市通过大数据分析发现了一个特别有趣的现象——尿布与啤酒这两种风马牛不相及的商品的销售数据曲线竟然出奇的相似，于是就将尿布与啤酒摆在一起。没想到这一举措居然使尿布和啤酒的销量大幅增加了。这就是真实的大数据案例：购物篮分析。

微课视频：
数据挖掘的功能

1.数据挖掘的定义

数据挖掘是指从数据库的大量数据中揭示出隐含的、先前未知的并有潜在价值的信息的过程。它是一种决策支持过程，主要基于人工智能、机器学习、模式识别、统计学、数据库、可视化技术等，高度自动化地分析企业的数据，做出归纳性的推理，从中挖掘出潜在的模式，帮助决策者调整市场策略，减少风险，做出正确的决策。可以从技术和商业两个角度来理解数据挖掘。

（1）技术角度的定义。数据挖掘就是从大量的、不完全的、有噪声的、模糊的、随机的实际应用数据中，通过算法搜索提取隐含在其中的、人们事先不知道的但又是潜在有用的信息和知识的过程。这个定义包括好几层含义：数据源必须是真实的、大量的、含噪声的；发现的是用户感兴趣的知识；发现的知识要可接受、可理解、可运用；并不要求发现放之四海皆准的知识，仅支持特定的发现问题。

（2）商业角度的定义。数据挖掘是一种新的商业信息处理技术，其主要特点是对商业数据库中的大量业务数据进行抽取、转换、分析和其他模型化处理，从中提取辅助商业决策的关键性数据。简而言之，数据挖掘其实是一类深层次的数据分析方法。因此，数据挖掘可以描述为：按企业既定业务目标，对大量的企业数据进行探索和分析，揭示隐藏的、未知的规律或验证已知的规律，并进一步将其模型化的先进有效的方法。

思考题　*数据挖掘与传统的数据分析有什么区别呢*？

2. 与数据分析的关系

（1）联系。数据分析是把数据变成信息的工具，数据挖掘是把信息变成认知的工具，具有循环递归的关系。数据分析结果需要进一步进行数据挖掘才能指导决策，而数据挖掘进行价值评估的过程也需要调整先验约束而再次进行数据分析。如果想要从数据中提取一定的规律（或认知），往往需要数据分析和数据挖掘结合使用，这样才能将数据的有用性发挥到极致。

（2）区别。本质区别是数据挖掘是在没有明确假设的前提下去挖掘信息、发现知识，数据挖掘所得到的信息应具有先前未知、有效和可实用三个特征。先前未知的信息是指该信息是预先未曾预料到的，即数据挖掘是要发现那些不能靠直觉发现的信息或知识，甚至是违背直觉的信息或知识，挖掘出的信息越是出乎意料，就可能越有价值。

①数据量：数据分析的数据量可能并不大，而数据挖掘的数据量极大。进行数据挖掘时，采用人工智能、机器学习、统计学和数据库等方法应用于较大型数据集。

②条件约束：数据分析是从一个假设出发，需要自行建立方程或模型来与假设吻合，针对先验的约束，对数据进行整理、筛选、加工，由此得到信息。数据挖掘不需要假设，可以自动建立方程，对经过数据分析的信息进行价值化的分析。

③数据对象：数据分析往往是针对数字化的数据，而数据挖掘能够采用不同类型的数据，如声音、文本等。

④侧重点：数据分析更侧重业务，数据挖掘更侧重技术。数据分析强调基于新的发现支持业务决策，最关键的是转换到业务行动中发挥数据价值，重点在于数据的有效性、真实性和先验约束的正确性。而数据挖掘关注的焦点在于技术创新而非业务含义，从实验室完成模型孵化，到模型管理、模型部署等严谨的工程化过程，重点在于对信息的价值化的获取，不考虑数据本身，而是考虑数据是否有价值。

⑤使用方法：数据分析主要采用对比分析、分组分析、交叉分析、回归分析等常用分析方法。数据挖掘主要采用决策树、神经网络、关联规则、聚类分析等统计学、人工智能、机器学习等方法。

⑥目标设定：数据分析的目标比较明确、分析条件清楚，对历史成绩的相关数据进行多维度的描述，分析哪方面做得好和哪方面需要改进。数据挖掘的目标却不是很清晰，要依靠挖掘算法来找出隐藏在大量数据中的规律和模式，目的是从数据中提取出隐含的、未知

的有价值的信息,发现知识规则。

⑦结果使用:数据分析对结果进行解释,发现有用信息、建设性结论以及辅助决策,呈现出有效信息,可以实现现状分析、原因分析、预测分析(定量)等作用。数据挖掘的结果不容易解释,主要是对信息进行价值评估,着眼于预测未来并提出决策性建议,侧重解决分类、聚类、关联和预测(定量、定性)等四类问题,如电信客户分类、客户流失预测、购物篮分析等。例如针对啤酒与尿布的历史销售数据,数据分析是分析购买各种商品的消费者的具体特征,数据挖掘是使用关联规则挖掘分析购买啤酒的消费者还会购买其他什么产品。

3. 数据挖掘的功能

数据挖掘的目标是从数据库中发现隐含的、有意义的知识,通过数据挖掘预测未来的趋势及行为,并自动探测以前未发现的模式,做出前摄的、基于知识的决策。具体有以下五大功能:

(1)自动预测。数据挖掘自动在大型数据库中寻找变化规律,建立模型,并以此来预测未来数据的种类和特征以及未来的趋势和行为。简单而言,就是从大数据中获取信息以便对未来结果进行预测和估计的过程。通常来说,对营销类的预测应用,预测分析的目标是购买行为。一个典型的例子就是采用数据挖掘技术通过过去有关促销的数据来寻找未来投资中回报最大的用户。2010年,预测专家安德鲁·波尔提出了预测消费者怀孕的案例,讲述了目标超市通过对消费者的购买记录做大数据预测分析,就可以比较准确地预测哪些女性消费者会在未来数月里生孩子。

(2)关联分析。关联分析的目的是找出数据库中隐藏的关联网,可分为简单关联、时序关联、因果关联。若两个或多个数据项的取值重复出现且概率很高时,它就存在着某种关联,可以建立起这些数据项的关联规则。在大型数据库中,这种关联规则是很多的,一般用"支持度""可信度"两个阈值来淘汰那些无用的关联规则。在一些商业交易中,如在超市里,有些商品会被同时购买,很多顾客在购买牛奶的同时也会购买面包,这样经常一起出现的事物就是一种频繁项集。另外有些事物可能是相继出现的,例如很多消费者先买了一台笔记本电脑,然后会买数码相机,再接着他们会买内存卡,这就是一种频繁(顺序)模式。对频繁模式的挖掘有利于发现数据之中的一些有趣的关联。

(3)聚类分析。聚类是指数据库中的数据可分为一系列有意义的子集,而聚类分析就是对未知类别标号的数据进行直接处理。在很多情况下,类别标号已知的训练数据可能在最开始是无法获得的。在聚类过程中,聚类的原则是使类内数据的相似性最大,而使类间数据的相似性最小。每一个聚类可以看成是一个类别,从中可以导出分类的规则。聚类增强了人们对客观现实的认识,通过聚类建立宏观概念是概念描述和偏差分析的先决条件,可以应用到客户群体分类、客户背景分析、客户购买趋势预测、市场细分等方面。

拓展知识:
咖啡行业细分
人群洞察(2020)

(4)概念描述。概念描述就是对某类对象的内涵进行描述,并概括这类对象的有关特征,分为特征性描述和区别性描述。

特征性描述是对某类数据的一般特征或属性的总结,描述某类对象的共同特征,只涉及该类对象中所有对象的共性,其结果可以以饼图、条形图、曲线、多维数据立方体、多维表等多种方式进行展现。例如,Mob研究院发布《2021年"夜猫"人群洞察报告》,将"夜猫"人群定义为在 24 点之后使用手机的活跃用户群体。根据调查数据显示，"夜猫"人群性别分布，男性占比较高，为 64.8%；人群年龄分布中，18—24 岁的"95 后"人群占比最高为 36.1%，45 岁以上人群占比最低仅为 1.4%；人群城市等级分布中，一线城市占比最高，为 32.2%，其次是新一线城市，占比为 22.4%；人群城市分布中，北京和上海占据前两位，分别为 3.69%、3.09%；人群学历分布中，本科学历占比最高，超 4 成；未婚人群占比较高，为 62.1%；人群职业分布中，学生占比最高，为 35.5%，其次为 IT 从业人员和消费品制造业人员。

区别性描述是将某类数据的一般特征与另一个或多个类别数据的一般特征进行比较，描述不同类对象之间的区别，具体方法有决策树方法、遗传算法等。以电影《私人订制》和《小时代》为例，百度视频的数据显示，《私人订制》的观看人群主要集中在 20—39 岁的男性，《小时代》的观看人群主要集中在 29 岁以下的女性。

（5）偏差检测。在数据挖掘中，偏差检测又称为离群点诊断，其目的是寻找观测结果与参照值之间有意义的差别，诊断对象是离群点（或称为孤立点）。数据库中的数据常有一些异常记录，包括很大一类潜在有趣的知识，如分类中的反常实例、不满足规则的特例、观测结果与模型预测值的偏差、量值随时间变化的偏差等。离群点诊断能用于欺诈监测，如探测不寻常的信用卡使用或电信服务，也可以在市场分析中用于确定极低或极高收入客户的消费行为。在企业危机管理及其预警中，管理者更感兴趣的是那些意外规则，因为对意外规则的挖掘可以应用到各种异常信息的发现、分析、识别、评价和预警等方面。

拓展知识：全球最严个人数据保护法 GDPR 的实施生效

4.数据挖掘的应用领域

数据挖掘应用的领域非常广泛，我们每天都可以看到大数据的一些新颖的应用。只要有分析价值与需求的数据，都可以利用挖掘工具进行发掘分析。目前，数据挖掘应用最集中的行业领域包括金融、医疗、零售、交通、通信、社交网络等，而且每个领域都有特定的应用问题和应用背景（见图 1-21）。

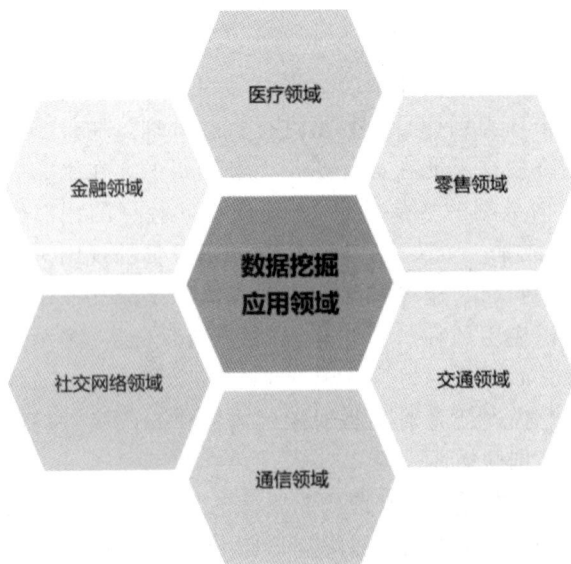

图 1-21　数据挖掘应用领域

（1）金融领域。金融数据具有可靠性、完整性和高质量等特点，这些数据的特点在很大程度上有利于开展数据挖掘工作以及挖掘技术的应用。数据挖掘在金融领域的具体应用有：分析多维数据，以把握金融市场的变化趋势；运用孤立点分析等方法，研究洗黑钱等犯罪活动；应用分类技术，对顾客信用进行分类，为维持与客户的关系以及为客户提供相关服务等决策提供参考；等等。

（2）医疗领域。在人类的遗传密码、遗传史、疾病史以及医疗方法等医疗领域中，都隐藏着海量的数据信息。另外，在对医院内部结构、医药器具、病人档案及其他资料等的管理过程中也产生了巨量的数据。运用数据挖掘相关技术对这些巨量的数据进行处理，从而发现疾病的相关知识规律，提高诊断的准确率和治疗的有效性，将有利于医疗机构工作的开展。大数据技术现在已经在医院应用于监视早产婴儿和患病婴儿的情况，通过记录和剖析婴儿的心跳，医生针对婴儿的身体可能会出现的不适症状做出预测，以更好地救助婴儿。

（3）零售领域。运用聚类、分类等数据挖掘算法对这些海量的销售数据进行分析，可以有效地识别顾客的购买行为和发现新的客户群，从而把握好顾客购买的趋势，并用来区分和优化营销活动，使得精准营销变得可能。例如 TalkingData《2019 年新零售人群洞察报告》数据显示，年龄上，25—34 岁人群是新零售的主力军，40—44 岁人群对新零售有着高倾向性；18—24 岁注重个人护理、不关注性价比，25—29 岁喜欢音乐手机，30—34 岁属于母婴受众，35—39 岁属于育儿受众、开始注重性价比，40—44 岁以家庭为导向购物、注重性价比，45—49 岁注重性价比、偏好老人机及千元机；城市分布上，新零售人群主要集中在一线及新一线城市，占比 66.6%，北京新零售人群分布较分散，重庆与杭州呈现较集中的趋势；时间上，新零售人群在晚餐时间段内最活跃（见图 1-22）。因此，企业可以根据数据挖掘结果有针对性地采取有效措施，比如改进服务质量、优化运输路线等。

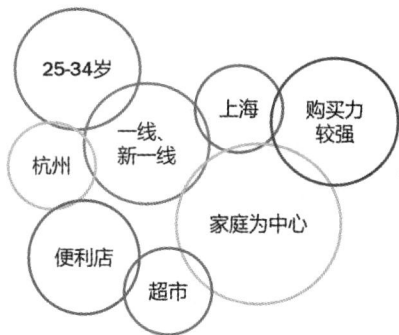

图 1-22 新零售人群

（4）交通领域。该领域积累了大量的数据，比如出租公司积累的乘客出行数据、公交公司的运营数据、航空公司的乘客数据。通过对乘客数据和运营数据进行分析和挖掘，能够为公交、出租公司的运营和交通部门的决策提供依据。比如合理规划公交线路、实时为出租车的行驶线路提供建议等，可以有效减少交通拥堵问题，提升城市运力和幸福指数；航空公司也可依据历史记录来寻找乘客的旅行模式，以便提供更加个性化的服务，合理设置航线。

（5）通信领域。通信运营商已逐渐发展成为融合语音、图像、视频等增值服务的全方位立体化的综合服务商。通信运营商运用多维分析等数据挖掘技术，对用户行为、利润率、通信速率和容量、系统负载等数据进行分析；运用聚类或孤立点分析等方法来发现异常模式；运用关联或序列等方法对通信发展的影响因素进行分析；等等。如中国电信的弹窗广告营销，就是以电信全国绝大部分用户的大数据为基础、通过云技术平台实现的全国范围的电信互联网用户的全面行为数据的采集分析及信息推送服务。

（6）社交网络领域。移动互联网时代，社交网络已经不断普及并深入人心，用户可以随时随地在网络上分享内容，形成了用户与用户、用户与主题、用户与活动的关系网，由此产生了一种图结构的海量的用户数据。社交网络分析就是从关系和结构两个方面来了解、度量和预测行为。例如通过对社交网络数据进行爬取和分析，图形化地帮助企业展示其在社交网络中的用户口碑和用户对各种产品的意见，及时动态地显示某个重点事件在网络中传播的路径和范围，帮助企业监测热点事件，及时响应网络上的用户意见，及时准确地改善服务质量，提升企业的品牌形象。

1.2.3　数据挖掘的流程

微课视频：
数据挖掘的流程

大数据时代，数据挖掘是最关键的工作。如果只是把数据拉到 Excel 表格中计算一下，那只是数据分析，不是数据挖掘。数据挖掘流程就是一个从大量数据中提取或挖掘出有价值的知识的过程。而 CRISP-DM 和 SEMMA 是两种常用的数据挖掘流程。其中 CRISP-DM（cross-industry standard process for data mining，跨行业数据挖掘标准流程）模型于 1999 年由欧盟机构联合起草，是目前业界主流的数据挖掘流程，在各种 KDD （Knowledge Discovery in Database，知识发现）过程模型中占据领先位置，2014 年统计表明，其采用量达到 43%。CRISP-DM 模型提供了开放的、可自由使用的数据挖掘标准过程，使数据挖掘适合于商业或研究单位的问题求解策略。

现以 CRISP-DM 为例介绍跨行业数据挖掘标准流程，一个数据挖掘项目的生命周期包含商业理解、数据理解、数据准备、模型构建、模型评估和模型部署六个阶段（见图 1-23）。每个阶段的顺序是不固定的，经常需要前后调整，这取决于每个阶段或是阶段中特定任务的产出物是否是下一个阶段必需的输入。在数据挖掘中，至少 60% 的费用可能要花在信息收集阶段，而至少 60% 以上的精力和时间是花在数据预处理上。

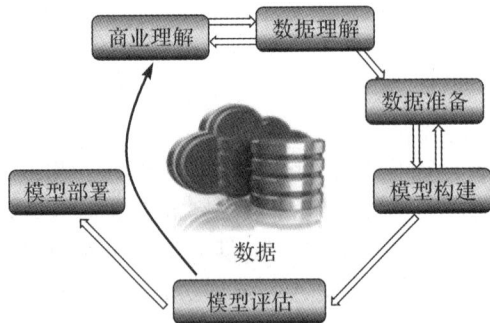

图 1-23　跨行业数据挖掘标准流程

1. 商业理解 (business understanding)

在这个阶段,我们的精力集中在从商业的角度了解项目的要求和最终目的是什么,并将这些目的转化为数据挖掘问题的定义和完成目标的初步计划。其主要工作任务包括分析业务需求、定义问题的范围、定义计算模型所使用的度量以及定义数据挖掘项目的特定目标。

将这些工作任务转换为下列问题:

您在查找什么? 您要尝试找到什么类型的关系? 您要尝试解决的问题是否反映了业务策略或流程? 您要通过数据挖掘模型进行预测,还是仅仅查找受关注的模式和关联? 您要尝试预测哪个结果或属性?

您具有什么类型的数据以及每列中包含什么类型的信息? 或者如果有多个表,则表如何关联? 您是否需要执行清除、聚合或处理以使数据可用?

数据如何分布? 数据是否具有季节性性质? 数据是否可以准确反映业务流程?

若要回答这些问题,可能必须进行数据可用性研究,必须调查业务用户对可用数据的需求。如果数据不支持用户的需求,则还必须重新定义项目。

此外,还需要考虑如何将模型结果纳入用于度量业务进度的KPI(关键绩效指标)。

可以通过四步走来完成上述工作:

(1)确定业务目标。从业务角度全面理解挖掘的真正意图和需求,除此之外还应包括一个对数据挖掘项目结果进行评价的标准以及整个项目预算和理性的解释。输出结果:背景、业务目标、项目成功标准。

(2)评估环境。对所有的资源、约束、假设和其他应考虑的因素进行详细的分析和评估,以便下一步确定数据分析目标和项目计划。输出结果:资源清单、需求、假设和约束、风险和所有费用、术语表、成本、收益。

(3)确定数据挖掘目标。与业务目标不同,数据挖掘目标是从技术的角度描述项目的目的。输出结果:数据挖掘目标、数据挖掘成功标准。

(4)产生项目计划。计划应列出将要执行的阶段,以及每个阶段的详细计划(包括每个阶段的时间、所需资源、输入、输出和依赖)。输出结果:项目计划、工具和技术的初步评价。

2. 数据理解 (data understanding)

此阶段的工作目的就是基于对业务问题的梳理分析,筛选所需数据,校验数据质量,了解数据含义及特性,找到合适的分析方法指导模型指标设计,确保指标体系化、全面性。此阶段的工作首先从初始的数据收集开始,然后通过对数据进行装载、描绘,探索数据特征并进行简单的特征统计等活动熟悉数据,识别数据的质量问题,如数据的完整性和正确性、缺失值的填补等,首次发现数据的内部属性,或是探测数据中比较有趣的数据子集去形成隐含信息的假设。探索数据是对数据进行初步研究,以便更好地了解数据的特征,为建模的变量和算法选择提供依据,具有启发式、开放式等特点。

3.数据准备(data preparation)

数据准备阶段是数据挖掘中耗时最多的环节,涵盖了从原始粗糙数据中构建最终数据集(将作为建模工具的分析对象)的全部工作。数据准备工作有可能被实施多次,而且其实施顺序并不是预先规定好的。这些数据将是模型工具的输入值,涉及初始数据、原始数据和脏数据。数据可以分散在公司的各个部门并以不同的格式存储,或者可能包含错误项或缺少项之类的不一致性。例如,数据可能显示客户在产品推向市场之前购买该产品,或者客户在距离她家3000米远的商店定期购物。

这一阶段的任务是根据与数据挖掘目标的相关性、数据质量以及技术限制,选择作为分析使用的数据,并进一步对数据进行清理转换,构造衍生变量,整合数据,并根据工具的要求格式化数据。通过数据选择、数据清洗、数据审核和数据集成完成上述所有工作。

(1)数据选择。在选择数据时要确保建模数据的完整性和可用性,我们从数据源中搜索所有与业务对象有关的内部和外部数据信息,并选择适合数据挖掘应用的数据。从选择的数据类型看,大多数商业应用中都会包含交易数据、关系数据和人口统计数据这三类数据。

(2)数据清洗。数据清洗是对数据进行重新审查和校验的过程,目的在于删除重复信息、纠正存在的错误,并提供数据一致性。不符合要求的数据主要是有不完整的数据、错误的数据、重复的数据三大类。数据清洗不仅仅是删除错误数据或插入缺失值,还包括查找数据中的隐含相关性、标识最准确的数据源并确定哪些列最适合用于分析。例如,应当使用发货日期还是订购日期? 最佳销售影响因素是数量、总价格,还是打折价格? 不完整数据、错误数据和输入看似独立,但实际上都有很强的关联性,它们可以以意想不到的方式影响模型的结果。

(3)数据审核。通过对数据统计错误、数据源错误和数据统计口径进行审核,能有效地解决极值、离群值和缺失值问题,是数据准备中不可或缺的一步。进行完数据审核后,就可以生成数据了。

(4)数据集成。最后一步就是集成并转换数据,以便协调不同系统在定义各种数据元素并使之结构化的方式上存在的差异。例如,对于"客户盈利",营销系统和财务系统可能具有完全不同的业务定义和数据格式,这些差异必须得到解决。将不同来源、格式、特点性质的数据在逻辑上或物理上有机地集中,从而为企业提供全面的数据共享。

4.模型构建(modeling)

模型的构建是数据挖掘的核心。在这一阶段,根据建模场景,结合数值特征、数据量大小和建模方法自身特点,选择和使用具体建模方法,通过建造模型,将评估模型的参数校准为最为理想的值,进行效果比较后选择最优方法或组合。比较典型的情况是,对于同一个数据挖掘的问题类型,可以有多种方法供选择使用,如描述类有分类、聚类分析,可应用于客户细分、客户行为分群、市场细分等场景;预测类有时间序列、回归分析、关联分析、偏差检测,可应用于风险预测、产品交叉销售、潜在客户挖掘、客户流失预测、客户欺诈分析等场景;评估类有因子分析、主成分分析、数学公式,可应用于客户价值评估、客户满意度评估、客户稳定度评估、渠道价值评估等场景。如果有多重技术要使用,那么对于每一个要使用的技术要分别对待。同时一些建模方法对数据的形式有具体的要求,因此,需要经常跳回到数据准备阶段。

5. 模型评估(evaluation)

到项目的这个阶段,已从数据分析的角度建立了一个或多个高质量显示的模型。但在进行最终的模型部署之前,要更加彻底地评估模型,就需要全面回顾在构建模型过程中所执行的每一个步骤,确保模型可以完成业务目标。这个阶段的关键目的是确定是否有重要业务问题仍未被充分地加以注意和考虑。在这一阶段结束之时,有关数据挖掘结果的使用应达成一致的决定。

评估模型首先是看模型是否有效。一个良好的数据挖掘模型,在投入实际应用之前,需要经过多方面的评估,从而确定它能完全达到商业目标。评估数据挖掘模型优劣的指标很多,比如精确度、提升、增益等,其中精确度是最基本和最简单的指标。其次是看模型的实际应用效果如何,即模型到底能带来什么业务上的价值,就是数据挖掘模型的可解释性。在对模型进行评估时,既要参照评估标准,也要考虑到商业目标和商业成功的标准,片面地追求预测正确率就会忽视了数据挖掘的初衷。因此,挖掘产生结果的可解释性和实用性,才是最根本的标准。例如在解决客户流失问题中,预测模型捕捉的流失客户多,不一定就代表能够协助挽留较多的客户,关键在于预测结果对挽留客户的营销活动的制定有多大的帮助。

6. 模型部署(deployment)

此阶段就是将模型发现的结果以及过程组织成为一套可读文本形式的、完整的专题解决方案。根据需求的不同,这个阶段可以产生简单的报告,或是实现一个比较复杂的、可重复的数据挖掘过程。在许多案例中,往往是客户而不是数据分析人员来承担部署的工作。然而,对于客户而言,预先了解需要执行的活动,从而正确地使用已构建的模型是非常重要的。

数据挖掘过程是一个反复循环的过程,每一个步骤如果没有达到预期目标,都需要回到前面的步骤,重新调整并执行。

1.2.4　数据分析职业岗位

近年来,随着人们的数据意识和数据素养不断提升,商业智能和数据分析领域迎来了快速发展,企业对新型大数据分析和预测技术人才的热情和需求正在超过传统的商业智能和信息管理人才。目前大数据行业将面临全球性的人才荒,未来五年大数据人才缺口会持续增长。根据麦肯锡报告,仅仅在美国市场,2018年大数据人才和高级分析专家的人才缺口就高达19万。此外美国企业还需要150万名能够提出正确问题、运用大数据分析结果的大数据相关管理人才。中国大数据人才的培养数量和速度也远远达不到产业规模的增速。据中国商业联合会数据分析专业委员会统计,未来中国基础性数据分析人才的缺口将高达1400万,另有数据研究预计,到

拓展知识:
中国数据分析
行业人才指数
报告(2023)

2025年，大数据核心人才缺口将高达230万人。数据分析职位体系如图1-24所示。

1.数据分析职业内容

数据分析是指运用统计方法和分析工具对大量数据进行分析，挖掘出其潜在规律及价值，为经营决策提供科学严谨的理性依据。在实际应用中，数据分析将数学原理和计算机技术进行有机结合，利用大量非结构化数据，遵循设计方案、数据采集、数据处理、数据分析、出具报告五个步骤，挖掘出隐藏信息，总结其内在规律，以达到精准营销。

拓展知识：
中国数据分析
行业自律公约

不同的数据分析岗位，其能力要求有所差异。典型的数据分析应用主要体现在以下三个方面：

（1）探索性数据分析。当数据刚获得时，可能杂乱无章，看不出规律，探索性分析就是通过作图、造表、用各种形式的方程拟合、计算某些特征量等手段探索规律性的可能形式，即往什么方向和用何种方式去寻找和揭示隐含在数据中的规律性。

（2）模型选定分析。在探索性分析的基础上提出一类或几类可能的模型，然后通过进一步的分析从中挑选一定的模型。

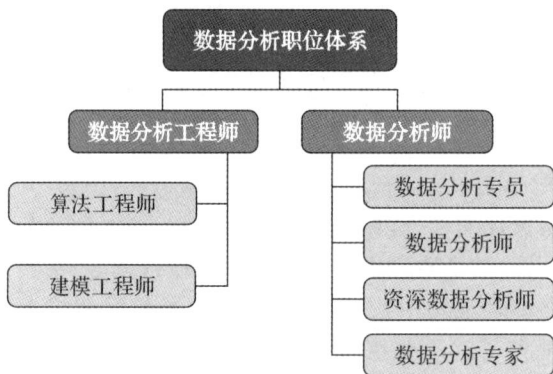

图1-24　数据分析职位体系

（3）推断分析。通常使用数理统计方法对所定模型或估计的可靠程度和精确程度做出推断。

2.数据分析师

数据分析师是指在互联网、零售、金融、电信、医学、旅游等行业专门从事数据的采集、清洗、处理、分析并能制作业务报告、提供决策的新型数据分析人才。数据分析员是企业根据发展需求和方向培养的专门从事基础数据分析的人员，能够进行较高级的数据统计分析和模型建立，负责企业销售、会计、客服、人事行政等部门数据来源的采集、分析，报表设计和

拓展知识：
数字化管理师
（国家职业标准）

呈现。它是企业数据化发展中的标配人员。而数据分析师则是从事数据分析的高级决策人才，运用先进的数据分析工具，为经营决策提供科学、合理的依据，是大数据时代不可或缺的核心人才。

数据分析师岗位任职要求如表1-6所示。

表 1-6　数据分析师任职要求

岗位描述	岗位要求
1.独立负责业务数据收集整理,搭建业务数据体系,结合业务对多种数据源进行深度诊断性组合分析、挖掘、深度分析 2.通过专题分析,对业务问题进行深入分析,为业务运营决策、产品优化提供数据支持 3.负责项目的需求调研、数据分析、商业分析和数据挖掘模型构建等,通过对运行数据进行分析挖掘其背后隐含的规律及对未来的预测 4.整理编写商业数据分析报告,及时发现和分析其中的变化和问题,为业务发展提供决策支持 5.独立完成业务日常的产品运营工作,可以快速有效地取得一定的业务成果	1.具有统计、数学、信息技术、生物统计等专业本科及以上学历,两年以上相关工作经历 2.熟悉数据库基本原理,熟练运用 SQL,熟练操作 Excel、PPT;熟悉数据挖掘的基本原理,熟练操作 SAS、SPSS Clementine 等数据分析、挖掘工具 3.具有良好的数据敏感度,能从海量数据中提炼核心结果,熟练独立编写商业数据分析报告,及时发现和分析其中隐含的变化和问题,给出建议 4.具备良好的沟通能力和团队精神、较强的学习能力,能承担一定的工作压力

数据分析师职业等级及其标准如图 1-25、表 1-7 所示。

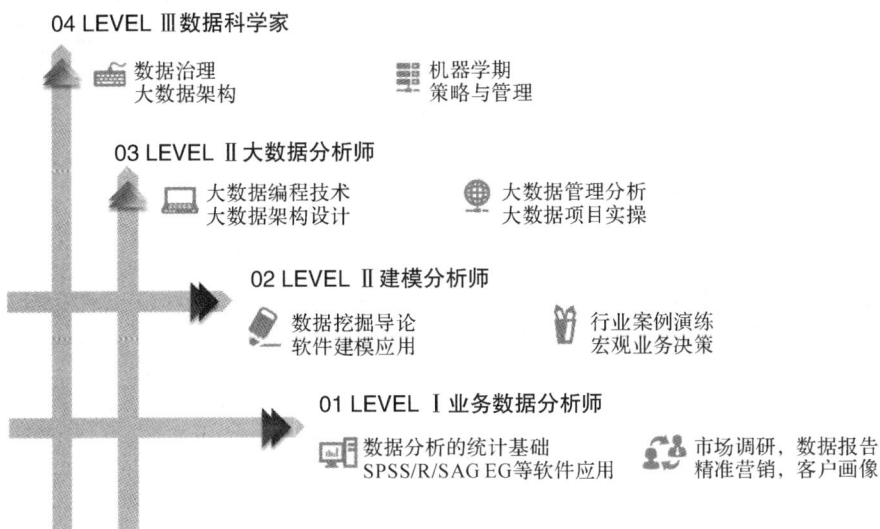

图 1-25　数据分析职业等级

表 1-7　数据分析师职业等级标准

等级	职业岗位	岗位能力
Level Ⅰ 业务数据分析师	政府、金融、电信、零售等行业前端业务人员;从事市场、管理、财务、供应、咨询等职位的业务人员;非统计、计算机专业背景零基础入行和转行就业人员	1.掌握概率论和统计理论基础 2.能够熟练运用 Excel、R、SPSS、SAS 等一款专业分析软件 3.具有良好的商业理解能力 4.能够根据业务问题指标利用常用数据分析方法进行数据的处理与分析,并得出逻辑清晰的业务报告

续表

等级	职业岗位	岗位能力
Level Ⅱ 建模分析师	在政府、金融、电信、零售、互联网、电商、医学等行业专门从事数据分析与数据挖掘的人员	1.具有一年以上数据分析岗位工作经验，或通过 CDA Level Ⅰ 认证 2.掌握多元统计、时间序列、数据挖掘等理论知识 3.掌握高级数据分析方法与数据挖掘算法 4.能够熟练运用 SPSS Modeler、SAS、Python、R 等至少一款专业分析软件 5.熟悉使用 SQL 访问企业数据库，结合业务，能从海量数据中提取相关信息，从不同维度进行建模分析，形成逻辑严密、能够体现整体数据挖掘流程的数据分析报告
Level Ⅱ 大数据分析师	在政府、金融、电信、零售、互联网、电商、医学等行业专门从事数据分析与云端大数据的人员。	1.具有一年以上数据分析岗位工作经验，或通过 CDA Level Ⅰ 认证 2.掌握 Java 语言和 Linux 操作系统知识 3.能够运用 Hadoop、Spark、Storm 等专业大数据架构及分析软件从海量数据中提取相关信息，并能够结合 R、Python 等软件形成严密的数据分析报告
Level Ⅲ 数据科学家	在政府、金融、电信、零售、互联网、电商、医学等行业从事数据分析的资深人员	1.具有三年以上数据分析岗位工作经验，或通过任意一门 CDA Level Ⅱ 认证 2.能负责制定企业数据发展战略，发现企业数据价值，提升企业运行效率，增加企业价值 3.能够带领数据团队将企业的数据资产进行有效的整合和管理，建立内外部数据的连接 4.具有数据规划的能力

3.数据挖掘工程师

数据挖掘工程师是指通过算法搜索大量数据中隐藏的知识的工程技术专业人员。这些知识可以使企业决策智能化、自动化，从而使企业提高工作效率，减少错误决策的可能性。例如采用数据挖掘技术对产品生产的全流程进行质量监控和分析，构建故障地图，实时分析产品出现瑕疵的原因，有效提高产品的优良率。数据挖掘工程师的任职要求如表 1-8 所示。

表 1-8　数据挖掘工程师任职要求

岗位描述	岗位要求
1.参与企业大数据开发平台建设,构建开放、安全、标准的对外数据开发平台体系 2.基于海量数据的数据仓库建设和数据分析,同时针对各业务场景探索大数据解决方案 3.在公共云计算环境构筑数据交换、融合、分享的生态,让数据驱动业务	1.具有本科以上学历,扎实的统计学、数据挖掘、机器学习理论基础,能够利用高等数学知识推演高维数学模型 2.熟悉聚类、分类、回归、图模型等机器学习算法,对常见的核心算法理解透彻,有实际建模经验 3.具有扎实的计算机操作系统、数据结构等编程基础,精通至少一门编程语言例如 C++、Python、R 等 4.深入理解 Map-Reduce 模型,对 Hadoop、Spark、Storm 等大规模数据存储与运算平台有实践经验 5.对于推荐系统和广告系统有实践经验者优先 6.能够积极创新,乐于面对挑战,负责敬业 7.具有优秀的团队合作精神;诚实,勤奋,严谨

从岗位定位上来看,在大数据团队中,数据开发工程师、数据挖掘工程师、数据分析师这三个职位分别是开发者、构建者和分析者的角色(见图 1-26),也是最核心的成员,这三个角色组合起来,可以覆盖大部分企业大数据项目需求。

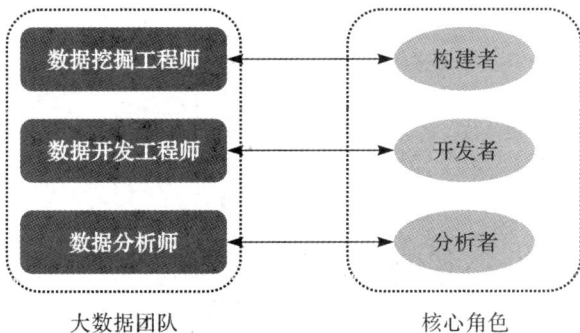

图 1-26　数据分析职业角色定位

从工作内容来看,数据分析师是业务线,负责通过数据分析手段发现和分析业务问题,为决策提供支持;数据挖掘工程师是偏技术线,负责通过建立模型、算法、预测等提供一些通用的解决方案;数据工程师是技术线,负责仓库搭建,数据的存储、处理、计算处理,报表开发等。在很多企业中,数据分析师和数据挖掘工程师一般是可以相互替代的,也未加以区分。目前,大数据领域三个大的技术方向分别为:(1)Hadoop 大数据开发方向,对应岗位为大数据开发工程师、爬虫工程师、数据分析师等。其中作为大数据的基础性人才——数据分析师的月平均工资达 1 万多元,Hadoop 开发工程师的月平均工资达 2 万多元,具有2~3 年工作经验的 Hadoop 开发工程师年薪为 30 万~50 万元。(2)数据挖掘、数据分析和机器学习方向,对应岗位为数据科学家、数据挖掘工程师、机器学习工程师等。其中数据挖掘工程师的月平均工资达 2 万多元;(3)大数据运维和云计算方向,对应岗位为大数据运维工程师。

课程思政

被誉为企业管理的第一思维：数据思维

思政视频：
大数据的古往今来

大数据正在从一个技术产业成为融入经济社会发展各领域的要素、资源、动力、观念。在国家层面，2021年以来，全球各国大数据战略持续推进，聚焦数据价值释放。而企业在管理过程中依靠数据发现问题、分析问题、解决问题、跟踪问题的管理方式，就是数据化管理。那数据思维，到底是怎样一种思维方式呢？

数据思维是根据数据来思考事物的一种思维模式，是一种量化的思维模式，是重视事实、追求真理的思维模式。数据思维并不是将事物单纯地数字化，而是要求形成定性结论的基础是数据，但并不排斥定性的描述和结论。例如，根据市场调研数据，某品牌的竞争对手××今年第三季度实现38％的增长，而在A区域市场达到200％的爆发式增长，因此该品牌企业需要对A区域的代理商进行重点关注，并做出适当调整。很多数据报告列了一些数据，但并未形成最终结论，这就不叫数据思维，而是单纯地引用数据。对事物的变化形成定性的结论，一般有两种途径：一是数据思维，即通过对数据对比和分析得到；二是经验思维，即根据个人长期的经验积累形成的常识对事物做出判断。

数据思维是先天的还是后天的？答案是主要靠后天形成。因为数据思维是一个综合性思维，要求能理性地对数据进行处理和分析，讲求逻辑推理，需要左脑和右脑的协调工作。

目前大多数的大数据应用都是商业行为，而不是为了兴趣爱好，所以需要利用数学知识，借助IT手段，将对大数据的挖掘转换成商业应用。

现在的企业管理已经不是原来的传统的企业管理，数字化基础上的管理已经是现在企业管理的基本形式。如果没有数据思维，管理者在数据和事实面前会感到窘迫，并感到自己的权威受到挑战。所以管理者应该与时俱进，用数据思维来武装自己，让自己的管理决策更加科学合理，以便更加理性地处理商业环境下的各种关系。随着数据技术的发展，企业面临的外部环境将更加复杂，需要处理的数据也会越来越多。如果企业还是传统的思维模式，在市场竞争中必然会落后于用数据来快速决策、高效处理问题的竞争对手。企业不重视数据，只会让自己在商业竞争中处于被动的位置。

（资料来源：网络资料，经作者整理改编）

【反思与启示】

1. 在市场调研中，数据思维方式与传统思维方式有哪些区别？

2. 在大数据时代背景下，一名调研分析人员应具备哪些大数据思维方式？

1.3 能力训练:岗位职责和素质要求

市场调查和分析是企业了解和掌握市场现状,判断发展趋势,制定营销战略和策略的基础和有效工具,因此,具有市场调查、市场预测、市场分析能力的调研和数据分析人才日益受到企业的重视。明确职业岗位的工作内容、工作职责和要求是有效开展相关工作的前提,因此我们必须对市场调研相关的职业和数据分析相关的职业有清晰的认知。

1.3.1 训练内容

项目团队通过直接和间接调查法收集并比较农产品、日用品、服装、房地产等行业企业的市场调研职业岗位和数据分析职业岗位的主要工作职责、任职资格和具体的工作任务,以及数据分析师等相关职业的资格要求,撰写比较分析报告1份。

拓展知识:企业数据分析等职业岗位职责和要求

1.3.2 训练步骤

1.确定目标并收集相关资料

项目团队首先明确收集数据资料的目标有哪些,根据确定的具体目标,通过企业访谈、网络调研等多种途径来获取各行业企业调研和数据分析相关职业岗位和职业资格要求等资料。

2.整理分析相关资料

根据前期资料收集情况,对农产品、日用品、服装、房地产等行业企业市场调研的主要内容和企业调研分析岗位相关任职要求,以及数据分析师等职业的工作内容和能力要求进行比较分析,归纳分析出其共性的部分和个性的部分。

3.撰写分析报告

结合对调研和数据分析等相关职业岗位和职业资格的比较分析情况,撰写比较分析报告。

1.3.3 训练要求

1.训练过程

通过小组协作、教师指导的方式完成训练任务。

(1)教师布置任务;

(2)学生组建团队(以5至6人为一小组),确定团队成员的分工;

(3)确定资料收集的具体目标和途径;

(4)收集并整理分析相关资料;

(4)撰写比较分析报告。

2.训练课时

建议训练课时:课内 2 课时,课外 4 课时。

1.3.4　训练成果

比较分析报告 1 份。

本章测试

任务二

调研方案制定

任务二目录

学习目标

知识目标

通过本任务学习,你应该:

◆1.理解营销调研设计的类型
◆2.理解探索性调研的内涵、适应范围
◆3.理解描述性调研的内涵、类型及其特点
◆3.理解因果调研的内涵及特点
◆4.了解三种调研设计类型之间的相互关系
◆5.了解调研方案设计的具体流程
◆6.了解营销研究数据的类型及其优缺点
◆7.理解原始数据的内涵及优缺点
◆8.理解二手数据的内涵及优缺点
◆9.理解调研方案的基本结构

技能目标

通过本任务学习,你应该:

◆1.能够根据营销问题选择营销调研设计类型
◆2.能够熟练地掌握调研方案设计的流程
◆3.能够依据不同调研目的和要求,设计具体调研项目
◆4.能够根据调研任务等因素,合理安排调研进度和编制调研预算
◆5.能够熟练地掌握调研方案的基本结构和一般格式
◆6.能够熟练地掌握市场调研方案的撰写技巧
◆7.能够熟练地设计一份完整的调研方案

素养目标

通过本任务学习,你应该:

◆1.具有系统性、前瞻性思维

◆2.树立通观全局的大局意识

◆3.具有主题鲜明、分类清晰、逻辑递进的结构化思维

◆4.具有发现问题、思考问题、解决问题的逻辑思维

◆5.具有从现象探究问题本质的探索精神

案例导入

雀巢速溶咖啡调研案

20世纪40年代,雀巢研发了速溶咖啡这个新产品,相信它会很快取代传统的豆制咖啡而获得成功。因为它的味道和营养成分与豆制咖啡相同而饮用方便,不必花长时间去煮,也不用为洗刷煮咖啡的器具而费力气。为了使速溶咖啡快速打开市场,公司在广告上着力宣传它的优点。出乎意料的是,购买者寥寥无几。因此,公司专门请调研专家进行研究,先是用访问问卷直接询问,很多被访的家庭主妇回答说,不愿选购速溶咖啡是因为不喜欢速溶咖啡的味道。

这样一来,调研的新问题出现了:速溶咖啡的味道与豆制咖啡的味道有什么不同?调研专家实施了口味测试,试饮中,主妇们大多辨认不出速溶咖啡和豆制咖啡的味道有什么不同。这说明,主妇们不选购速溶咖啡的原因不是味道问题而是心理因素。

为了找出这个心理因素,调研专家改用了间接的方法对消费者的真实动机进行了调查和研究。他们编制了两种购物单(唯一的区别在于写了不同的咖啡),然后把购物单分给两组具有可比性的家庭主妇,请她们描绘按购物单买东西的家庭主妇的特征。结果表明,两组妇女所描绘的想象中的两个家庭主妇的形象是截然不同的:看速溶咖啡购物单的那组妇女中,近70%的人说按这张购货单购物的家庭主妇是个懒惰的、邋遢的、生活没有计划、挥霍浪费的女人,不是一位好妻子;而另一组妇女则把购买咖啡豆的妇女描绘成勤俭的、讲究生活的、有经验的和喜欢烹调的主妇。这说明,当时的美国妇女有一种带有偏见的自我意识:作为家庭主妇,担负繁重的家务劳动乃是一种天职,而逃避这种劳动则是偷懒,是值得谴责的行为。而速溶咖啡的广告强调的正是速溶咖啡省时、省力的特点,因而并没有给人以好的印象,反而被理解为它帮助了懒人。由此可见,速溶咖啡被人们拒绝,并不是由于它本身,而是由于人们的动机,即都希望成为一名勤劳的、称职的家庭主妇,而不愿成为被他人和自己所谴责的懒惰的、失职的主妇。这就是当时人们的一种潜在的购买动机,这也正是速溶咖啡被拒绝的真正原因。

谜底揭开之后,公司对产品做了相应的修改,除去了使人产生消极心理的因素:广告不再宣传又快又方便的特点,而是宣传它具有豆制咖啡所具有的美味、芳香和质地醇厚等特点;在包装上,使产品密封十分牢固,开启时十分费力,这就在一定程度上打消顾客因用新

产品省力而造成的心理压力。结果,速溶咖啡的销量大增,很快成了西方世界最受欢迎的咖啡。

有趣的是,在 1970 年,有人重复这一研究,发现同速溶咖啡相连的污名已经消失,人们已经普遍接受了简便物品的优点,说明消费动机和观念随着社会情势的变化而变化。

(资料来源:作者搜集整理改编)

消费者研究构成了营销决策的基础,它与企业的市场营销活动是密不可分的。德鲁克曾指出商业的唯一目的是产生消费者,因为市场的主体和核心是消费者,消费者在很大程度上决定了企业的生存与发展。由于消费者信息是最直接、动态地反映企业营销业绩的指标,所以,消费者调研(指对消费者的购买动机、购买模式、购买决策过程等方面进行的调研活动)的目的主要是了解消费者的需求数量和结构及其变化。通过对消费者使用习惯和态度的调研可以为企业提供有关消费者的使用和购买习惯及对产品和品牌的态度方面的信息,也可以为企业提供各品牌在市场上的竞争态势方面的信息。由于调研方案是市场调研者实施执行的纲领和依据,只有设计编写出合乎要求的调研方案,才可能真正开展调研工作。因此,调研方案设计是否具有科学性、有效性、系统性和可操作性,直接关系到调研工作的成败。

成语典故

胸有成竹

胸有成竹是指画竹前竹子的形象已在心中,比喻做事情之前已有完整的谋划打算。出自宋代苏轼的《文与可画筼筜谷偃竹记》:"故画竹,必先得成竹于胸中,执笔熟视,乃见其所欲画者。"

文与可心中的竹子是他长年累月细致入微观察形成的。其实,任何东西只要肯钻研、肯用心、肯琢磨,并且不怕吃苦,就能学得透、学得精。无论做什么事情,都应该在动手前做好充分的计划,做到心中有数,否则遇到问题就会手忙脚乱,出现一些错误。

在本任务学习中,市场调研一开始需要制定详细周全的调研方案,这样调研者才能做到胸有成竹,事半功倍。

2.1 选择调研设计类型

研究设计又称为营销调研设计,是开展某一营销研究项目时所要遵循的一个框架或计划,它详细描述获取、分析和解决营销研究问题所需要信息的方法和程序,是调研行动计划的基本框架。

微课视频:选择调研设计类型

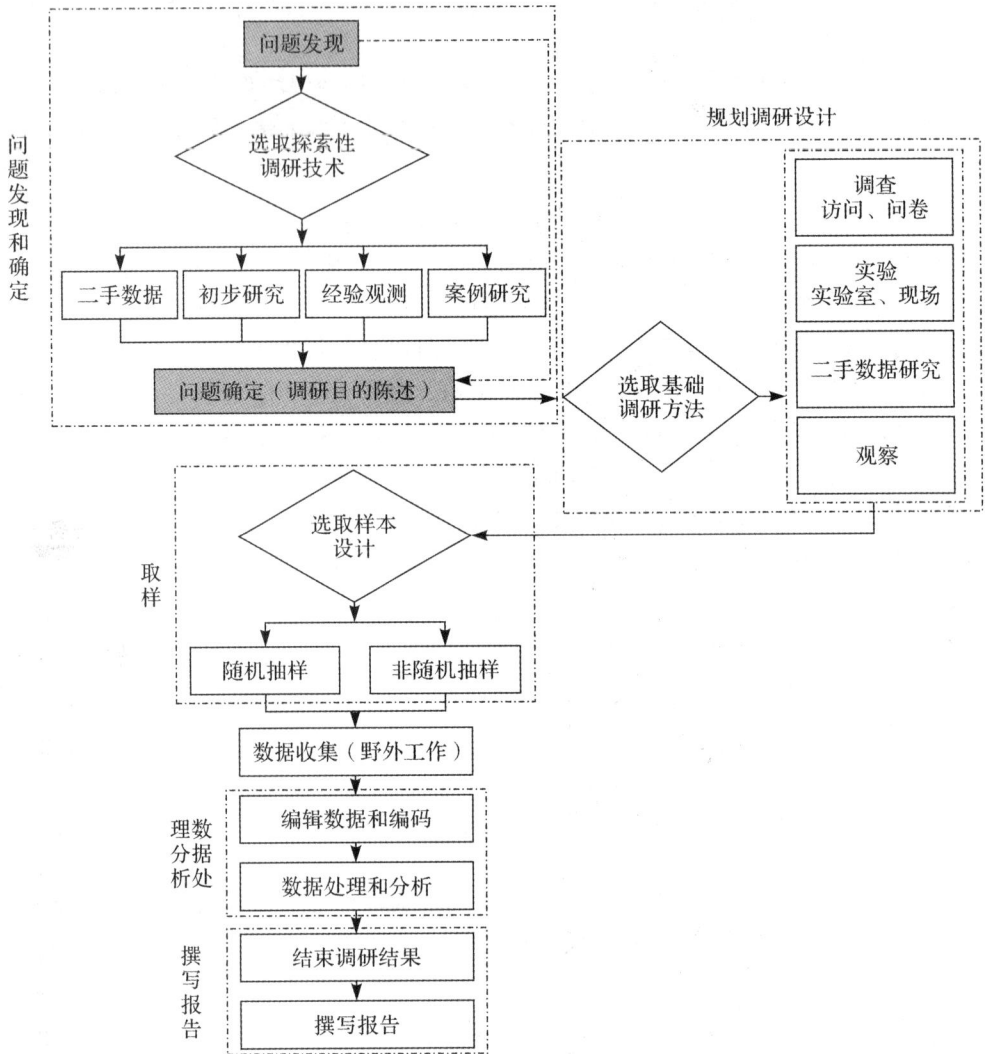

图 2-1　营销调研过程流程

营销调研过程如图 2-1 所示，其中菱形框表示调研过程中必须选择一个或多个技术的阶段，虚线箭头表示不经过探索调研的备选路径。

2.1.1　营销调研的类型

思考题　营销调研有哪些具体类型？如何选择具体类型？

按照营销问题的性质，营销调研设计大体上可以分为探索性调研和结论性调研两种类型，而结论性调研又可以分为描述性调研和因果调研两种类型（见图 2-2）。

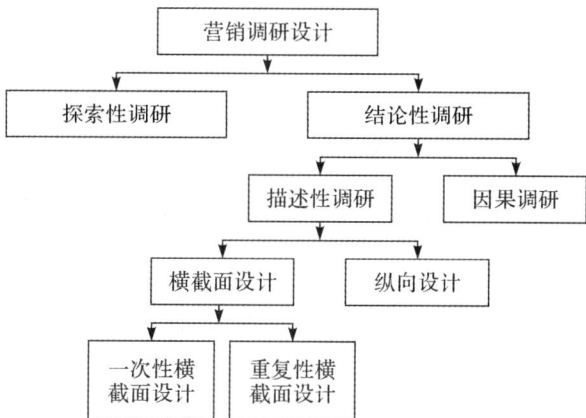

图 2-2 营销研究设计类型

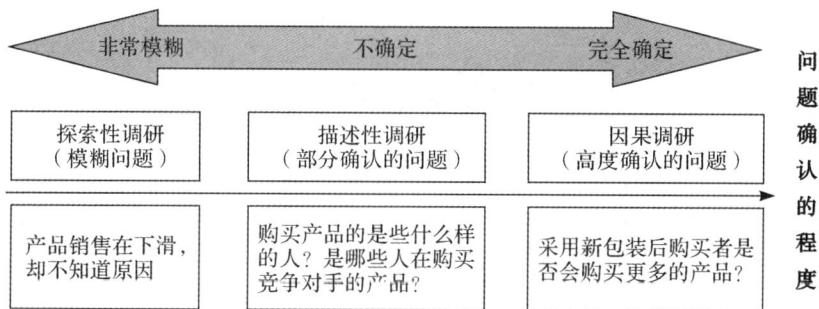

图 2-3 按问题的性质分类

1.探索性调研

探索性调研是为了阐明并确定某个问题的特性而进行的初始调研，其主要目标是针对研究人员所面临的问题提出看法与见解，重点是发现观点和启示或寻找市场。当需要更加准确地定义问题，确定相关的行动方案，或者在提出研究方法之前考虑得更加周到时，就需要进行探索性调研(见图 2-3)。一般来讲，探索性研究可以加深对概念的理解，或使某一问题更加具体化，而不是提供精确的衡量标准或定量某个问题，也不是提

拓展知识:中国商业航天大众基础认知用户调研报告(2020)

供做出决策的总结性证据。从方法上来看，探索性调研很少采用结构化的问卷、大样本以及概率抽样方法，但研究人员要善于捕捉探索性调研所产生的新想法和新观点。例如某饮料制造商面临销量下降的问题，可以进行探索性调研来找出原因;某电子企业准备向市场推出新产品，需要进行探索性调研来评估消费者的反应;等等。

2.结论性调研

结论性调研就是正式进行调研，并通过资料分析提出结论。与探索性调研不同的是，它更加正式和结构化，建立在有代表性的大样本的基础上，所得到的数据倾向于定量分析。

(1)描述性调研。

描述性调研是为了描述总体或现象的属性而设计的调研，即通过市场信息的收集和分

析,对事物进行描述,通常是描述市场功能和特征,如描述消费者、销售人员、市场区域的特征,判断消费者对产品特征的感知等,比探索性调研更深入、更仔细。它以调研人员对调研问题状况的清楚了解为前提,以大量代表性的样本的调研为基础,决定各种类型问题的答案,如谁、什么、什么时候、什么地方以及怎么样等问题。例如对软饮料消费者的年龄、性别、地理位置的趋势调研就属于描述性调研。描述性调研有助于进行市场分割和寻找目标市场,经常用来揭示购物或其他消费者行为的属性,可以应用在以决策为目的的调研方面。描述性调研分为横截面设计和纵向设计(见图 2-4)。

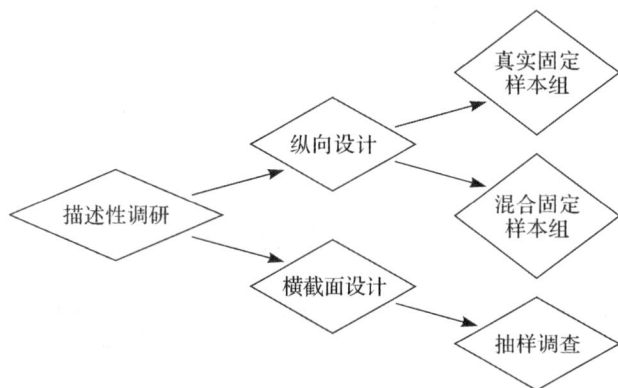

图 2-4　描述性调研的类型

①横截面设计。又称为横向分析、横向研究,是营销研究中最常用的描述性调研设计。它是一次性现场调查,就是一次性从特定的样本总体中收集信息,仅在一个时间点上对研究总体进行测定。即调查现在的静态真实情况,然后对被调查的各个群体进行横向比较分析,探讨它们的不同特征。

横截面设计包括一次性横截面设计和重复性横截面设计。一次性横截面设计是指在目标总体中仅抽取一个调研对象样本,从这一样本中只收集一次信息,又称为抽样调研研究设计。重复横截面设计是指抽取两个或两个以上的调研对象样本,并且只从每一个样本中收集一次信息,不同样本的信息通常在间隔时间很长的不同时期获取。横向研究具有两个重要特点:相当于在某一特定时间点上对相关变量的"快照";选择样本通常要代表某种已知的现象。横向研究的重点是选择样本成员,一般要用概率抽样方法,因此常被称为抽样调查。交叉分类分析是营销研究者用来理解所有调查数据的重要技术。横向研究可以在群体水平而不是个体水平上进行比较,当存在一系列"适当间隔"的调查时,就会用到特殊的描述性研究——交叉表。其中队列分析(同历群分析)就是一种典型的方法。队列分析是在同一时间段经历同一事件的一组人群,它是在两个或两个以上的时点对一个或一个以上的队列进行测量的研究。一种常见的分析是出生队列,即在同一时间段内出生的人群。

同历群分析

表 2-1 是对美国人软饮料消费情况的一次调查结果。表中数据显示,高年龄段的人比

低年龄段的人对软饮料的人均消费量要小。因此,研究者推断,随着美国人口老龄化的加快,美国的软饮料市场必然呈萎缩趋势。

表 2-1　1979 年美国不同年龄段的人均软饮料消费量统计

年龄	人均消费量
20～29 岁	48
30～39 岁	42
40～49 岁	35
49 岁以上	24

②纵向设计。指对目标总体中的固定样本组的同一组变量进行重复测量,即对同一事物在不同时间所出现的情况进行反复连续测量,并且每隔一段时间对所发生的变化加以记录。真实固定样本组是对相同变量进行重复测量;混合固定样本组是样本维持不变,但是从样本组成员那里收集的信息会随时间的不同而变化。纵向设计的典型分析方法是跳转表(或称为品牌跳转矩阵)。

拓展知识:品牌跳转矩阵

横截面设计与纵向设计在洞察变化、收集大量数据、准确性、样本代表性等方面具有各自的优缺点(见表 2-2),但主要区别为:横截面设计往往不以调研计量的成果直接作为调研的结论,而主要是进行间接推理,推断活动的预期效果,而且有时还可以利用这种推理来检验某种假设,这是纵向设计解决不了的;如果说跳转分析法是纵向设计的主要方法,那么分类(分组)分析法是横截面设计的主要方法。

表 2-2　纵向设计与横截面设计的相对优缺点

评价标准	横截面设计	纵向设计
洞察变化	－	＋
收集大量数据	－	＋
准确性	－	＋
样本代表性	＋	－
回答偏差	＋	－

注:＋表示相对另一种研究设计的优势,－表示相对劣势。

(2)因果调研。

思考题　为什么说实验法是因果关系研究最常用的研究方法?

因果调研是指为了查明项目不同要素之间的关系,以及导致产生一定现象的原因所进行的调研,其主要目的就是要找出关联现象或变量之间的因果关系。通过因果调研,可以清楚外界因素的变化对项目进展的影响程度,以及项目决策变动与反应的灵敏性,具有一定程度的动态性。描述性调研可以说明某些现象或变量之间相互关联,但要说明某个变量是否引起或决定着其他变量的变化,就用到因果关系调研。

拓展知识:穆勒五法:确定现象因果联系的五种归纳方法

实验法是因果调研最常用的研究方法（见图 2-5）。不管是探索性设计还是描述性设计，都不同于实验设计，因为前两者都是事后研究，它们不能控制自变量，可能会有很多误差产生。

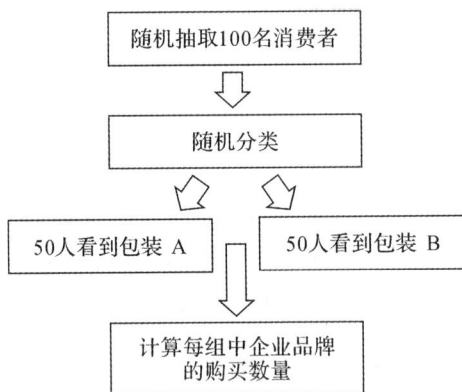

图 2-5　营销研究实验举例

2.1.2　各类设计之间的关系

思考题　*不同类型研究设计之间存在何种关系？它们之间存在哪些区别？*

1.相互联系

研究过程的每一阶段都代表着对问题更加细致的阐述。虽然探索性调研、描述性调研和因果调研作为连续的调研过程存在相互关系，即从探索性调研到描述性调研再到因果调研存在先后次序，但是还可能存在着其他不同的次序（见图 2-6）。并不是每一个问题都以探索性调研开始的，以什么类型的研究开始，取决于特定研究者如何确定他们所面临的问题。概括性、模糊的问题陈述自然需要探索性调研，而明确的因果假设则可以进行实验法。

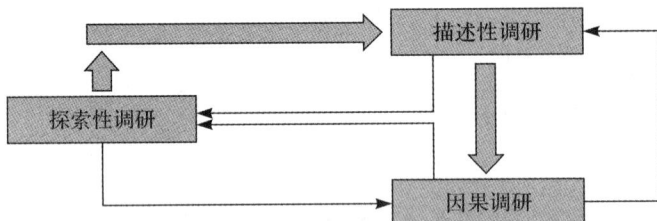

图 2-6　各类调研设计之间的关系

2.相互区别

探索性调研、描述性调研和因果调研这三种调研设计在目标、用途、特征及方法上都有所不同（见表 2-3）。

表 2-3　三种调研设计的区别

比较项目	探索性调研	描述性调研	因果调研
目标	发现新想法与新观点	描述市场的特征或功能	确定因果关系
用途	1.更准确地明确问题 2.提出假设 3.提出调研的优先次序 4.淘汰不实际的观点 5.澄清概念	1.描述市场特征 2.估计具有某种行为的人口比例 3.做出特定的预测	通过下列方式提供因果关系证据： 1.相从变动 2.变量发生的时间次序 3.排除其他解释
特征	灵活多变,通常是整个调研设计的起始	预先提出特定的假设,是计划好的结构化的设计	操纵一个或多个自变量,控制其他变量
方法	1.文献研究 2.经验调查 3.选择性案例分析 4.定性调研(小组座谈、深度访谈、投射技术、观察技术)	1.二手数据 2.调研法 3.固定样本组 4.观察数据和其他数据	1.现场实验 2.实验室实验

2.2　明确方案设计流程

调研方案设计是在进行实际调研之前,根据调研目的对整个调研过程进行全面规划,提出相应的调研实施计划,制定出合理的工作程序。一般而言,调研方案设计的具体流程包括以下九个步骤(见图 2-7)。

2.2.1　明确调研目的

在调研方案设计过程中,调研人员要确定调研问题和明确调研目的。

1.确定调研问题

确定问题是指把营销问题转化成具体要求,就是要通过企业内部和外部问题诊断,清楚企业存在哪些问题、问题严重程度、主要问题与一般问题、问题的类型等情况,并准确找出需要解决的问题,即要完成的调研任务。

2.明确调研目的

明确调研所要达到的具体目标,即为什么调研、通过调研要解决什么、需要搜集哪些资料、调研具有什么意义等,以确定调研的基本方向,建立本次调研的主题,形成一个基本假设。明确调研目的能为市场调研活动的开展指明方向。调研目的是调研组织者(或委托者)最需要解决的主要问题,具体说明应简明扼要,应力求避免把目的提得过高过宽,或把一些已经了解的问题和策略加以整理就可以取得的资料也包括进去,以免分散精力。

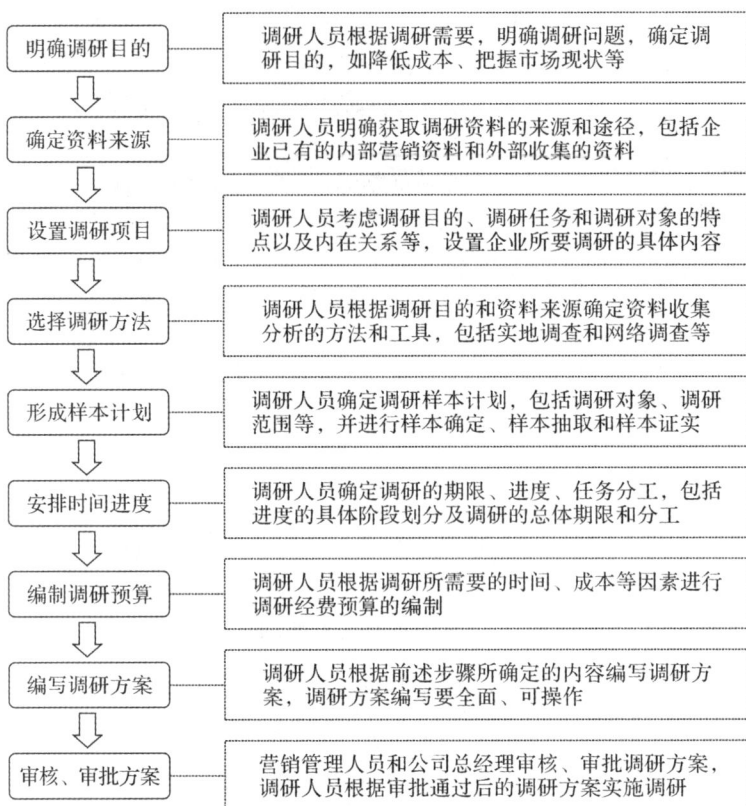

图 2-7　调研方案设计流程

3.拟定调研提纲

只有明确了上述问题之后,才能确定向谁调研,调研什么,以及采用什么方法进行调研,拟定调研具体提纲。由于调研设计类型、调研任务和目的的不同,调研的内容和范围也不同。

2.2.2　确定资料来源

调研人员需要明确获取调研资料的具体来源以及途径,包括企业已有的内部营销资料和外部收集的资料。一般而言,营销研究数据可以分为原始数据和二手数据(见图 2-8)。

1.原始数据

原始数据是指研究人员为了解决面临的问题而专门收集的数据。原始数据的内容涉及方面非常广泛,其中人口统计特征,社会经济特征,消费者的心理特征、生活方式、态度和意见、知晓度和认知度、消费意向、消费动机和行为是营销人员最为关注的方面。所获取的原始数据是为了解决手头的问题,数据可以是定性的或定量的。

(1)定性研究与定量研究的比较。定性研究是提供关于问题背景的看法与理解,而定量研究通常利用一些统计分析将数据量化(见表 2-4)。两者相结合可以提供丰富的见解,帮助制定营销策略。

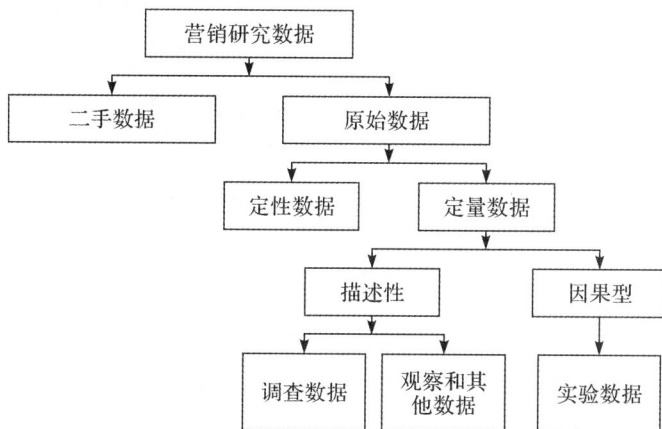

图 2-8 营销研究数据的分类

表 2-4 定性研究与定量研究的比较

比较项目	目的	样本	数据收集	数据分析	结果
定性研究	提供关于潜在的原因与动机的定性理解	少量的无代表性的样本	非结构化的	非统计分析	提供最初的理解
定量研究	量化数据并用从样本中得到的结果推断目标总体	大量的有代表性的样本	结构化的	统计分析	建议最终的行动方案

（2）定性研究方法的类型（见图 2-9）。利用完全结构化的或正式的方法从调研对象那里获取数据并非总是可行的或理想的。因为人们可能不愿意或不能够回答某些问题，如侵犯他们隐私、让他们尴尬或对他们的自尊与地位有负面影响等问题；同时也可能难以准确地回答涉及他们潜意识的问题。这时，采用定性研究比较有利。根据调研对象是否了解项目的真正目的，可将定性研究方法分为直接法和间接法。

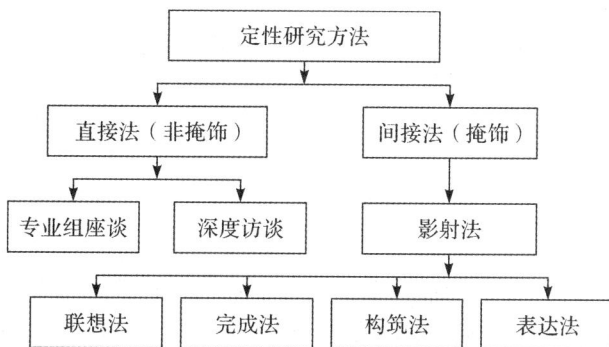

图 2-9 定性研究方法的类型

（3）原始数据的收集方法。原始数据可以通过询问法和观察法等方法来收集，其中询问法包括问卷调查、书面或口头访问（见图 2-10），而观察法不涉及询问，只是记录事实和行为。询问法一般具有通用性好、速度快、成本低的优点，观察法一般数据更为准确、更具有客观性。

	结构化	非结构化
非掩饰	典型问卷 （经常使用）	访谈 可自由回答的问卷
掩饰	动机调查 （最少使用）	词语联想 句子完成 故事形式

图 2-10 询问法中的结构与掩饰

2.二手数据

二手数据不是为了当前正在研究的特定问题，而是为了其他目的已经收集的数据。一般情况下，企业营销活动收集所需要的数据从二手数据开始，只有当二手数据的来源已经完全利用或产生的边际回报很小时，才考虑收集原始数据。

（1）二手数据的类别。根据二手数据的来源途径，可以分为内部数据和外部数据（见图 2-11）。

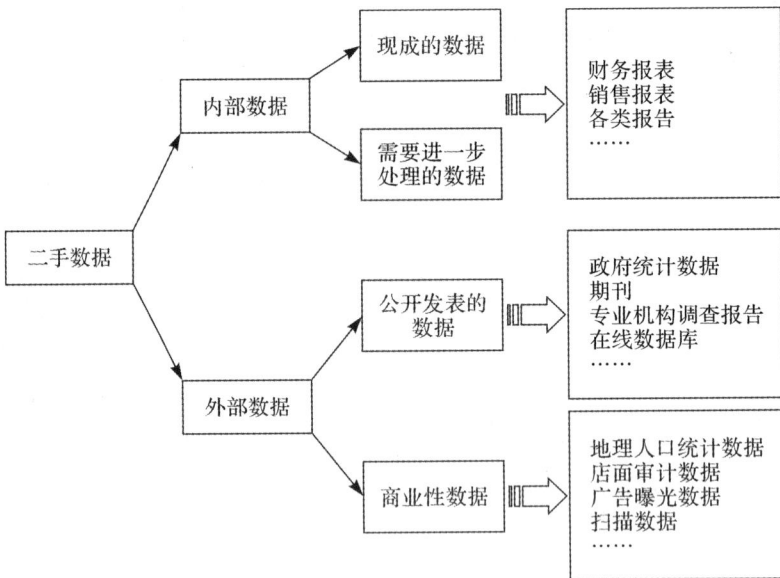

图 2-11 二手数据分类

（2）二手数据的优缺点。与原始数据相比，二手数据最显著的优点就是可以在短时间内迅速而便捷地收集到，并且成本相对比较低；但是，通常也会产生适合性和精确性的问题，因为二手数据是为了其他目的而收集的，缺乏针对性、及时性、可靠性。二者的比较如表 2-5 所示。

表 2-5 原始数据与二手数据的比较

比较项目	原始数据	二手数据
收集目的	为了现在的问题	为了其他问题
收集程序	非常费力	快且容易
收集成本	高	相对较低
收集时间	长	短

（3）二手数据的用途。二手数据的用途主要有以下四个方面：

第一，提供解决问题所需的信息，有助于迅速解决调研人员面临的问题。

第二，有助于规范问题的表达形式，指明调查的方法，为原始资料的收集提供先决条件。

第三，可提醒调研人员注意潜在的问题和困难，帮助调研人员了解如何去接近调研对象以及调研对象在市场所处的位置。

第四，提供实地调查无法得到的某些资料，并以此作为同其他数据比较的基础。

（4）二手数据的收集程序。在市场调研中，如何选择二手数据来源呢？一般可以遵循以下的步骤：

第1步：确定希望知道主题的哪些内容及已经知道的内容。清晰地定义主题、相关的事实、研究人员的姓名或与主题相联系的组织名称、关键文章及已熟悉的其他出版物等，将会对查找与主题相关的信息有所帮助。

第2步：列出关键术语和姓名。

第3步：通过一些图书馆信息源来搜寻。

第4步：对已找到的文献进行编辑，并评价发现。

第5步：如果对发现的信息感到不满意或者有困惑，而且图书馆工作人员也不能确定合适的信息源，请用权威信息。确定某些可能知道与主题相关事物的人或组织，他们可能会帮助确定信息源。

行业、企业研究收集数据的要点如表 2-6 所示。

表 2-6 行业、企业研究数据收集要点

研究类型	需要的主要信息	搜索的主要渠道
行业研究	1. 宏观经济数据/政策法规 2. 行业市场/产业链/细分市场数据/投融资 3. 业内主要企业	1. 各级统计局/监管机构/行业协会/咨询机构 2. 数据平台：和讯、同花顺等 3. 行业研究报告/白皮书/蓝皮书 4. 搜索引擎：关键词检索
企业研究	1. 企业基本情况/股权结构/创始人及团队 2. 主要经营业务/产品 3. 财务与经营状况/投融资	1. 政府平台网站 2. 企业官方网站 3. 上市公司：券商报告/交易所 4. 搜索引擎：关键词检索

（5）评价二手数据的标准。为了恰当地使用二手数据，一定要对这些信息进行相关性、可靠性、精确性、时效性等方面的评估，以便做出正确的决策。因此，评价二手数据的可信度涉及五个方面的问题：研究目的、谁来收集、收集什么、如何获得以及该信息与其他信息的一致性如何。一般情况下，企业可用表 2-7 中的标准对二手数据的质量进行常规评价。

表 2-7　评价二手资料的标准

标准	要点	说明
规格和方法	1.数据收集方法 2.回答率 3.数据的质量 4.抽样技术 5.样本规模 6.问卷设计 7.现场工作 8.数据分析	数据应该可靠、有效，能够用于分析现在的问题
误差和精确度	检查存在于方法、研究设计、抽样、数据收集、数据分析和报告中的误差	通过比较不同来源的数据评价精确度
及时性	1.收集数据和公开数据之间的时滞 2.更新的频率	辛迪加服务公司定期更新普查数据
目的	为什么要收集这些数据	目的将决定数据的相关性
性质	1.定义关键变量 2.测量单位 3.所用分类方法 4.所检验的关系	如果可能的话，重组数据以增强其有用性
可靠性	信息来源的专业水平、可信度和声誉	应该从原始处而非间接的渠道获得数据

2.2.3　设置调研项目

调研项目是企业所要调研的具体内容，即要向被调查者了解些什么问题。例如消费调研中，消费者的性别、民族、文化程度、年龄、态度等。在确定调研项目时，除了要考虑调研目的、调研任务和调研对象的特点外，还应该注意以下几个问题：

（1）调研项目的确定既要满足调研目的和任务的要求，又要能够取得数据；

（2）调研项目应包括调研对象的基本特征项目、调研主体项目、调研课题相关项目；

（3）调研项目的表达必须明确，调研项目的答案选项必须有确定的形式，如数字式、是否式或文字式；

（4）调研项目之间应尽可能相互关联，使取得的资料能够相互对应，具有一定的逻辑关系，便于了解调研现象发展变化的结果、原因、检查答案的准确性；

(5)调研目的的含义必须明确、肯定,必要时可以附加调研项目或指标的解释及填写要求。

例如,2023年艾瑞咨询编制的《中国眼镜行业白皮书》中设置了四个部分的具体项目:第一部分中国眼镜行业发展环境研究,包括宏观市场环境、政策支持环境、社会发展环境;第二部分中国眼镜行业发展情况,包括眼镜市场发展情况、镜片市场发展情况、镜架市场发展情况;第三部分中国眼镜行业消费者需求洞察,包括整体消费者需求洞察、成人近视镜消费者需求洞察、儿童青少年近视镜消费者需求洞察、成人老花镜消费者需求洞察;第四部分眼镜行业未来发展趋势分析,包括镜片市场发展趋势洞察、镜架市场发展趋势洞察、品牌建设发展趋势洞察、零售市场引流方式洞察。

2.2.4　选择调研方法

调研方式和方法是收集和分析数据资料的具体方式和方法。

1.收集资料的方式

收集资料的调研方式有普查、重点调查、典型调查、抽样调查等多种方式。具体调研方法有访问法、观察法、问卷法和实验法等。调研采取的方式方法不是固定统一的,往往取决于调研对象和调研任务,如大中型调研要注意多种方式和方法的结合运用。

2.确定研究分析方法

对调研所取得的资料进行研究分析,包括对资料进行分类、编号、分析、整理、汇总等一系列资料研究工作,需要确定具体方法,如因果分析、相关分析等。

2.2.5　形成样本计划

形成样本计划主要是确定抽样框、调研对象、调研数量、抽样方式、调研范围、调研地点等具体内容。抽样框是指对可以选择作为样本的总体单位列出名册或排序编号,以确定总体的抽样范围和结构。调研对象是根据调查目的确定的调研研究的总体或者调研范围。调研单位是构成调研对象的每一个单位,它是调研项目和指标的承担者或者载体,是收集和分析数据的基本单位。确定调研对象和调研单位,就是确定向谁调研。

在市场调研中,根据营销调研目的,选择符合条件的市场参与者,并确定调研对象的数目。调研的单位可以是调研对象的全部单位,也可以是部分单位。调研对象是研究者确定抽样框的基本依据,在确定抽样框后,从中选取的每一个样本单位就是调研单位。常见的抽样框有学生花名册、城市黄页的电话列表、工商企业名录、居民户籍册、意向购房者信息册等。选择调研地点就是考虑营销调研的范围,一定要具有代表性、针对性。

2.2.6　安排时间进度

1.制定调研组织计划

调研组织计划是指实施整个调研活动过程的具体工作计划。制定调研组织计划主要是确定调研的组织领导、机构设置、任务分工、人员的选择和培训、工作步骤及进度安排等。根据企业的实际情况确定参加营销调研的人员的条件和人数，包括调研人员的挑选、培训和考核。

2．安排调研进度

安排调研进度是对各类调研的项目、方法、工作时间、程序、方法等做出的具体规定。通常一项较具规模的调研活动，从问卷的印制到整个活动的完成，需要45～60个工作日，一些大规模的调研会持续半年到一年之久。一般情况下，一项市场调研的各阶段所需的时间，大致安排分配如下（见表2-8）：

表 2-8　市场调研进度安排占比

序号	项目任务	时间占比
1	调研计划起草、合议	4％～5％
2	抽样方案设计、实施	7％
3	问卷设计、测试与合议	10％～15％
4	问卷定稿、印刷	3％
5	调研人员的挑选、培训	4％～8％
6	实地调研	30％～35％
7	数据的录入、统计分析	10％～15％
8	报告撰写	20％～30％
9	与客户的说明会	1％
10	报告建议与修正、定稿	5％～10％

2.2.7　编制调研预算

1．调研预算编制的内容

企业完成一个市场调研项目活动，一般涉及调研方案设计费与策划费、抽样设计费、问卷设计费、问卷印刷和装订费、调查实施费（包括调查费、访问员劳务费、受访对象礼品费、督导员劳务费、异地实施差旅费、交通费及其他杂费）、数据录入费、数据统计分析费（包括上机、统计、制表、制图及必需品花费等）、调研报告撰写费、资料费、专家咨询费、劳务费、复印费等办公费用以及管理费、税金等方面。因此，调研人员要根据每个项目的实际情况合理编制经费预算。

2．调研预算编制的原则

通常情况，一个市场调研项目经费编制的大致比例原则为：调研的实施阶段的费用仅占总预算的40％，而前期的计划准备阶段占20％，后期的分析报告阶段占40％。

2.2.8　编写调研方案

在前期各项工作完成后要形成书面的市场总体调研方案,用于指导后期的实际操作。

1.拟定调研方案内容

根据市场调研目的、调研方法等各个环节内容拟定一份完整的调研方案。拟定的调研方案应科学、合理、可行,内容应涵盖调研工作的全过程,并做到条理清楚,文字力求简洁、明了。同时需要进行必要的说明,还包括经费预算开支情况说明。有关的指标解释、调研要求、调研方法等说明必须具有调研的可行性和可操作性。

2.讨论修改调研方案

(1)结构内容设计的完整性。一份完整的调研方案,上述十项内容均要涉及,不能有遗漏。方案的设计必须建立在对调研项目背景的深刻认识上,尽量做到科学性与经济性的结合。调研方案格式可以相对灵活。

拓展知识:市场调研方案讨论与修改的方法

(2)掌握调研方案总体评价的四大标准:方案设计是否基本上体现了调研的目的和要求,是否科学、完整和适用,是否具有较强的操作性,是否能达到调研质量高的效果。

(3)考虑经费预算和进度安排。为了保证项目在可能的财力、人力和时间限制下完成,在制定预算的过程中,应当做一个较为详细的费用—效益分析,判断调研项目是否应当完全按所设计的方案进行,还是要重新考虑该项目是否进行。

(4)考虑时间因素。一个调研项目有时需要六个月或者更长的时间才能完成,有可能面临由于决策的延迟而失去最有利时机的风险。

因此,费用—效益分析的结果,或是设计方案在经费预算上是合理的,或是不合理而应当中止调研项目。不过通常情况下并不中止调研,而是修改设计方案以减少费用,或者改用较小的样本,或者用邮寄调研代替面访调研等。

经过市场调研方案的审定之后,一份较为完整的市场调研方案就形成了。为了使调研方案能有条不紊地指导调研活动,还应该对方案进行一系列的讨论和修改,直到获得多方面的认可为止。

2.2.9　审核、审批方案

营销管理人员和公司总经理逐级审核、审批调研方案,调研人员根据审批通过后的调研方案实施调研。

2.3　设计调研方案结构

思考题　一份完整的市场调研方案应该包括哪些内容?

不同项目的市场调研方案结构有所区别,但是一个完整的市场调研

微课视频:设计调研方案结构

方案通常包括十部分内容:前言、调研目的和意义、调研内容和具体项目、调研对象和调研范围、调研方法、资料分析方法、调研时间进度安排、调研经费预算、调研结果的表达形式及附录。

拓展知识:××
企业有机蓝莓果
酒消费者调研方案

2.3.1　前言

前言主要介绍调研背景,是调研方案的开头部分,应该简明扼要地介绍整个调研项目出台的背景、原因,提供项目概况。

2.3.2　调研目的和意义

调研目的和意义这部分内容较前言要稍微详细点,它描述调研要达到的目标、想调研的问题和可能的几种备用决策,指明该项目的调研结果能给企业带来的决策价值、经济效益、社会效益以及在理论上的重大价值。在实际确定的过程中,有的客户对市场调研业务非常熟悉,所提出的要求也十分明确;但也有些客户对市场调研业务不熟悉,提出的问题未经考虑、范围广泛。这就需要调研人员针对企业本身和企业想要了解的问题进行调研、访问,熟悉企业背景,讨论企业的生产、销售情况,进一步明确企业调研的目的。

2.3.3　调研内容和具体项目

调研内容和具体项目是由调研目的来决定的,收集要达到这个目的所必需的信息资料内容。调研项目的选择要尽量做到"精"而"准"。具体而言,"精"就是调研项目所涉及的资料能满足调研分析的需要,不存在对调研主题没有意义的多余项目。盲目增加调研项目,会使资料统计和处理等方面的工作量增加,既浪费资源,也影响调研的效果。"准"就是要求调研项目反映的内容要与调研主题有着密切的相关性,能反映调研要了解的问题的信息。例如58同镇发布的《2020年中国下沉市场快消品洞察报告》,采取问卷调查形式,利用定量调研方法,通过58同镇线上平台面向全国下沉市场用户收集,围绕着快消品市场洞察、快消品消费渠道、快消品营销偏好、进口国产快消品认知等各个维度内容进行调查研究。又如国潮品牌年轻消费洞察调研项目可以设置:(1)消费者年龄;(2)消费需求关注点;(3)消费品类;(4)品牌选择偏好。再如大众健身调研项目可以设置:(1)大众健身参与行为特征与变化(锻炼人数、运动习惯、运动动机、运动项目);(2)大众健身消费行为特征与变化(消费支出比重、消费水平、体育消费类型);(3)大众健身运动场景与器材的选择和偏好变化(运动场景选择、关注因素、器材使用率、满意度);(4)年度热点消费状况与预期(智能健身应用、青少年体育运动);(5)大众健身消费政策与趋势研判。

2.3.4　调研对象和调研范围

确定调研对象和调研范围,主要是为了解决向谁调研和由谁来具体提供资料的问题。调研对象就是根据调研目的、内容确定调研的范围及所要调研的总体,它是由某些性质上相同的调研单位组成的。

例如,穷游网和艾瑞iClick在线调研社区利用定量研究方法,确定调研对象和调研范围,对在线高端自助游用户的出游行为、预定习惯、消费行为等方面进行在线调查及研究,生成了《2020年中国在线高端自助游用户洞察研究报告》(见表2-9)。

表 2-9　艾瑞咨询调研对象、范围、数量

调研概况	相关情况
调研对象	1. 过去一年有自助游活动/未来一年有自助游计划的用户 2. 覆盖携程、去哪儿、穷游网、飞猪等主流在线旅游平台用户 3. 出游行程2天以上、出游花费超2000元的用户
问卷投放区域	全国,随机投放
问卷投放时间	2019 年 12 月
样本数量	1032

2.3.5　调研方式方法

　　调研方式方法是详细说明选择什么调研方式、采取什么调研方法去收集资料,具体的操作步骤是什么。调研方式分为全面调研和抽象调研,而调研方法主要有直接调研法和间接调研法两大类。其中,直接调研法包括访问法、观察法和实验法,间接调研法包括文案调研法和网络调研法。在市场调研中,如果要采用访问法、观察法或实验法调研,为使数据在收集、分类、统计时更有效率,调研前要求设计、制定一些格式化的调研表格,如调查问卷观察表、实验表等。这些表格在调研方法说明中要加以体现,一般以附录形式出现。例如2020年艾瑞咨询研究院在对共享充电宝行业的调查研究中采取桌面研究和深度访谈两种方法。桌面研究主要是对政府数据、企业公开访谈、投融资事件等公开资料进行搜集、整理、分析,梳理行业信息,对信息进行综合归纳和有效补充,为一手调研提供支撑;深度访谈主要是对重点企业主要负责人、行业专家进行充分交流和深度分析。例如在大众健身行为与消费研究中采取的调研方式方法:(1)调查方法包括定性深访(体育用品业内人士电话访谈)、定量调查(在线问卷调查);(2)调查范围为全国26个城市,分别是东北、华北、西北、华中、华东、华南、华西七大区域的一线、二线、三线城市;(3)样本量为定性6个、定量2500个。

2.3.6　资料分析方法

　　明确资料分析的方法。从层次角度可以将统计分析方法分为两类:定性分析和定量分析。其中,定性分析以归纳、演绎、比较、结构分析等方式进行,具体方法有经验判断法、专家调查法、德尔菲法、头脑风暴法等;定量分析则可采用描述性统计分析、解析性统计分析等方法。

2.3.7   调研时间进度安排

在实际调研活动中，根据调研范围的大小，调研时间有长有短，从一个月到半年，甚至一年不等。一般一个商业地产项目调研的时间是 2 个月，而人口普查的时间则要持续 2~3 年。基本原则是尽早完成调研活动，保证收集的信息的时效性，同时也节省费用；但是也需要有足够的调研时间保证调研的准确性、真实性。

通常，在安排调研各个阶段的工作时，还需要具体详细地安排要做哪些事项，由何人负责，并提出注意事项。一般通过制作调研时间进度安排表来说明这部分内容。值得注意的是，计划时间时要有一定的弹性和余地，以应付可能的意外事件。

2.3.8   调研经费预算

调研费用根据调研工作的种类、范围不同而不同，即使同一种类也会因为质量要求的差异而不同，不能一概而论。一般情况下，市场调研费用包括以下几部分：问卷设计、印刷，访问员培训，试调研，访问员劳务支出和访问礼品支出，调研差旅费，问卷回收与处理，数据处理，调研报告撰写，报告打印与装订，项目利润。具体的费用项目和比例根据具体情况而定。

2.3.9   调研结果的表达形式

调研结果的表达形式有最终报告和阶段性报告两种，具体又分为书面 WORD 报告、口头 PPT 报告等。

2.3.10   附录

附录一般包括课题负责人及主要参加者的名单，并可扼要介绍一下团队成员的专长和分工情况，指明抽样方案的技术说明和细节说明，调查问卷和观察表、过程中的重要图表等内容。

例如，飞瓜数据编制的《2021 年美食类短视频及直播营销趋势洞察》报告对相应的指标和数据进行了说明：

1.指标说明

(1)账号分类说明(各项数据均已去重)：

明星：标签是明星

品牌自播号：特指有蓝 V 认证的品牌自运营账号

美食 KOL：粉丝在 10 万以上的美食类标签播主

(2)月平均增长率：即每月的复合增长率，采用算术平均法计算

月平均增长率＝[(期末数据总额/期初数据总额)^1/周期数－1]×100％

(3)粉丝互动率：即该播主粉丝近 30 天作品互动率

粉丝互动率＝(近30天视频点赞总数＋评论总数)/总粉丝数

2.数据说明

本报告数据主要来源于抖音全场景数据分析平台飞瓜数据在2020年10月1日至2021年4月26日所追踪到的营销情报,选取抖音短视频、直播、电商相关的营销内容作为对2021年美食类短视频及直播营销的趋势研究。基于隐私及数据安全的考虑,本报告数据经过了脱敏及指数化处理。

课程思政

第七次全国人口普查方案

我国是世界上人口最多的国家,人口问题始终是一个全局性、战略性问题。人口普查是当今世界各国广泛采用的搜集人口资料的一种最基本的科学方法。全国人口普查是由国家制定统一的开展时间、方法、项目、调查表,普查重点是掌握、分析、预测各地人口发展变化情况,主要就是了解性别比例、出生性别比、单身人口、适婚人口、老龄人口等,属于国情国力调查。人口普查总体方案是由国家制定,并以法令形式公布的对人口普查各个阶段、各方面的工作做出统一规定的纲领性、指导性文件。因为人口普查涉及范围广、持续时间长、参与部门多、技术要求高、工作难度大,所以人口普查方案的设计很重要。

思政视频:人口普查与高质量发展

中国人口普查要根据《中华人民共和国统计法》和《全国人口普查条例》的规定来开展工作。第七次全国人口普查具体方案如下:

第一部分:总说明。具体包括普查目的、普查时点、普查对象、普查内容和普查表、普查方法、普查数据处理、普查组织实施、普查质量控制、普查宣传、普查法规与纪律要求、普查主要工作阶段及其他等十二个部分。

第二部分:普查表式。具体包括第七次全国人口普查短表、第七次全国人口普查长表、第七次全国人口普查港澳台居民和外籍人员普查表、第七次全国人口普查死亡人口调查表等四张普查表。

第三部分:普查表填写说明。包括普查表的种类、标准时点、普查对象、登记原则、普查项目、普查表的填写方法等具体说明。

第四部分:指标解释。包括普查短表、普查长表、港澳台居民和外籍人员普查表中的住户项目和个人项目,以及死亡人口调查表中的项目等四种表的指标解释。

第五部分:普查业务流程。主要包括普查方案制定,普查区域划分及绘图,户口整顿,部门数据整理,普查指导员和普查员选聘及培训,普查摸底,普查登记复查,普查数据质量检查、审核与验收,普查事后质量抽查,行职业编码,普查数据汇总,普查数据评估与发布,普查资料开发与共享,普查总结等十四个环节。

第六部分：普查主要工作时间安排（2019年1月至2022年12月）。具体包括普查业务流程十四个阶段各自的工作时间安排。其中，制定普查方案（2019年1月至2020年5月）是重中之重，属于时间最长的阶段。

为保证普查方案的科学性和可行性，在制定过程中结合用户调查、专家咨询以及试点情况对试行方案进行了反复修订。

近年来，我国人口发展出现了一些显著变化，既面临人口众多的压力，又面临人口结构转变带来的挑战。通过这次人口普查查清我国人口数量、结构、分布等方面情况，把握人口变化趋势性特征，为完善人口发展战略和政策体系、制定经济社会发展规划、推动经济高质量发展提供了准确统计信息支持。

（资料来源：国家统计局等，经作者整理改编）

【反思与启示】

1. 要为政府或企业提供准确的统计信息，一份调查方案应该包括哪些内容？
2. 在人口普查方案制定过程中，应如何保证其科学性和可行性？

2.4　能力训练：制定调研方案

2.4.1　训练内容

现以某一农业企业的名特优农产品消费者调研为例，与企业销售管理等部门相关人员沟通，明确消费者调研目的，设计调研的主要内容，最后编写确定调研的具体方案。

2.4.2　训练步骤

一般而言，企业制定消费者调研方案的步骤如下：

1. 设计市场调研方案

调研设计是在调研中用来指导收集和分析数据的框架或计划，它是完成某项项目必须遵循的蓝图，可以分为探索性调研、描述性调研和因果调研。调研方案设计的首要问题就是确定调研目标，以确定调研的基本方向，建立本次调研的主题，形成一个基本假设。因此，在设计消费者市场调研方案前，必须明确进行消费者调研的目的、需要收集的相关资料，进而选择和确定消费者调研方案的类型。

2. 编写调研方案内容

对于设计者而言，在消费者调研方案中，要将市场调研目标具体化，确定所需要的市场信息资料，将调研目标转化为市场调研的具体内容，并将调研内容通过市场调研指标的方式表现出来。其中消费者调研内容和项目主要包括消费者购买行为模式、影响消费者购买行为的因素以及购买的决策过程等三个方面，具体涉及以下几个方面：

（1）消费者的具体特征、经济现状以及消费者的变动情况和发展趋势；

（2）不同地区、不同民族的消费者的生活习惯、生活方式以及需求有哪些不同；

（3）消费者的购买动机，包括理智动机、感性动机和偏好动机，以及产生这些动机的原因；

（4）消费者对特定的品牌或商品产生偏好的表现、条件和原因；

（5）产品的决定者、使用者和购买者是谁，他们之间是什么关系；

（6）消费者喜欢在何时何地购买，购买习惯和购买方式以及对产品的要求和反应；

（7）消费者对产品的使用次数和购买次数，以及每次购买的数量；

（8）新产品进入市场，哪些消费者最先购买，其原因和反应是什么。

因此，必须严格确定调研对象和调研范围，而调研对象的选择要根据产品的种类及其分销渠道来确定。

3.审定市场调研方案

经过编制、审定之后，形成了一份较为完整的市场调研方案，还应该对方案进行一系列的讨论和修改，直到获得多方面的认可为止。

2.4.3 训练要求

1.训练过程

通过小组协作、教师指导的方式完成训练任务。

（1）教师布置任务；

（2）学生小组团队确定本次项目任务的成员分工；

（3）明确调研目的和调研项目；

（4）设计编制调研方案；

（5）讨论修改调研方案；

（6）提交审定调研方案。

拓展知识：
××药品消费
市场调研方案

2.训练课时

建议训练课时：课内 4 课时，课外 6 课时。

2.4.4 训练成果

调研方案 1 份。

本章测试

调研方式确定

任务三目录

学习目标

知识目标

通过本任务学习,你应该:

◆1.理解抽样调研的内涵

◆2.了解抽样调研的适用范围

◆3.理解抽样调研的基本术语

◆4.理解样本容量及其影响因素

◆5.了解抽样技术的基本类型

◆6.理解抽样误差的类型及影响因素

◆7.理解典型调研的基本特征

◆8.理解重点调研的方式

◆9.了解个案调研的类型及其优缺点

技能目标

通过本任务学习,你应该:

◆1.能够熟练地掌握抽样调研的步骤

◆2.能够熟练地掌握抽样各类具体技术

◆3.能够熟练地计算抽样误差

◆4.能够根据相关要求确定样本容量

◆5.能够掌握典型调研的基本操作流程

◆6.能够掌握重点调研的程序

◆7.能够掌握个案调研的步骤

◆8.能够准确地比较各类调研方式的优缺点

素养目标

通过本任务学习,你应该:
◆1.善于思考,主动承担和解决问题
◆2.形成精益求精的工匠精神
◆3.养成局部与全局、重点与一般的辩证思维
◆4.具备效率意识和责任意识

案例导入

揭秘中国式结婚

国内知名婚恋相亲网站珍爱网对1.4亿会员进行了线上抽样调研,发布了《2018单身人群调查报告》。

男方付首付,双方还贷款。买房已成为婚事的一个重要话题。珍爱网调查显示,近八成单身女性要求结婚必须买房,但仅有四成男性认为婚前必须买房。在婚房首付款方面,49%的单身男女认为应由男方家庭负担,22%认为应由双方家庭共同负担,17%认为应由结婚双方自行负担,另有12%认为谁条件好谁负担。不过在还贷的负担上,74.37%的单身男女认为应当共同承担。"房子到底写谁的名字?"数据显示,56%的单身男女认为两个人的名字都要写,32%认为需要双方家庭协商后决定,11%认为谁出钱写谁的名字。

除了婚房,彩礼也让不少单身男士备感压力。不过此次调查发现,多数人对于彩礼的要求还算合理。72%的人对彩礼(现金)的要求在10万元以内,17%要求彩礼在10万~15万元,11%要求15万元以上。其中,彩礼(现金)要求最高的省份分别是河南和福建。而在嫁妆方面,51%的人对嫁妆要求在5万元以下,28%要求则是5万~10万元。

提倡10万元简婚主义。调查显示,超八成单身男女都提倡"简婚主义",希望结婚成本尽量控制在10万元以内。其中,48%的单身男女希望将结婚成本控制在5万元以内,33%希望控制在6万~10万元,14%希望控制在11万~20万元,仅5%计划花费20万元以上。

26—30岁为催婚高峰期。调研数据显示,84.78%的单身人群有过被催婚经历,其中55%的人表示26—30岁是单身人群被催婚的高峰时期,在不到25岁就被催婚的人占27%,18%的人在30岁以上开始被催婚。从地域来看,25岁以下即被催婚的单身男女中,长沙、广州、重庆的单身男女占比最多;而在26—30岁被催婚的单身男女中,成都、武汉、苏州的占比居前三;30岁以上被催婚的单身男女中,北京、上海、深圳的占比最多。

对于结婚对象的选择,48%的独生子女家庭希望找独生子女家庭,32%的独生子女家庭没有要求,20%的独生子女家庭选择视情况而定。在婚龄差上,39.12%的单身男女认为最佳年龄差为3~5年,31.60%的单身男女接受5~10年,另有14.14%的单身男女接受3年以内。

结婚后是否还愿意与父母同住呢?数据显示有57.22%的男性愿与父母同住,而仅有24.34%的女性表示愿与父母同住。而在婚后有了孩子是否需要父母帮忙带的问题上,75.97%的单身男女表示需要父母帮忙带孩子。可见,父母帮忙育儿在中国十分普遍。

(资料来源:珍爱网,经作者整理改编)

成语典故

审时度势

审时度势是指观察分析时势，估计情况的变化趋势。出自明代沈德符的《万历野获编》："刘欲毕试以完大典，俱审时度势，切中事理。"

成大事者，审时度势、顺势而为是很重要的品质。万物皆有规律，预知规律，顺应规律，掌握规律很关键。

在本任务学习中，我们需要审时度势，根据具体的情境选择合适的调研方式，从而使调研取得更有价值的参考结果。

3.1 设计抽样调研

抽样是营销调研的核心部分，为了了解全体调研对象的倾向，需要以抽样的方式统计性地抽取一部分调研对象。抽样就是使用少量的项目或者总体的一部分来得出关于整个总体的结论。

3.1.1 抽样调研的内涵

微课视频：抽样
调研的含义和类型

思考题 *抽样调研是什么？有何特点？适用于什么样的情境？*

抽样是指不能进行全面调研时，为了推测总体的倾向，抽取真实代表调研总体的调研对象。其目的是对总体的一些未知特征进行估计。

1.概念

抽样调研是根据样本调研结果来推断总体的一种统计调研方法，即从调研总体中选择若干个具有代表性的个体组成样本，对样本进行调研，然后根据调研结果推断总体特征的方法，属于非全面调研的范畴。按照样本抽取的方式，抽样调研分成两大类：随机抽样和非随机抽样。

拓展知识：
第三次全国农业
普查主要数据公报

2.特点

抽样调研数据之所以能用来代表和推算总体，主要是因为抽样调研本身具有其他非全面调研所不具备的优点：

（1）调查样本是按随机的原则抽取的，能够保证被抽中的单位在总体中均匀分布，不致出现倾向性误差，代表性强；

（2）以抽取的全部样本单位作为一个整体来代表总体，而不是用随意挑选的个别单位代表总体；

（3）所抽选的调查样本数量，是根据调研误差的要求，经过科学的计算确定的，在调查样本的数量上有可靠的保证；

（4）抽样调研的误差,是根据调查样本数量和总体中各单位之间的差异程度进行计算的,并控制在允许范围以内,调研结果的准确程度较高;

（5）抽样调研可以降低成本、节约时间并迅速地收集至关重要的信息。

大多数经过适当挑选的样本都能给出相当精确的结果,基于以上特点,抽样调研被认为是非全面调研方法中用来推算和代表总体的最完善、最有科学根据的调研方法。

但是抽样调研样本具有不稳定性,有所偏差,也存在抽样调研误差问题。

3.适用范围

抽样调研适用的范围是广泛的。选择抽样调研的情形主要有以下几种:

（1）不可能进行全面调研,但又需要了解全面情况,如灯泡的耐用时间试验等;

（2）虽然可以进行全面调研,但调研范围大、单位数目多,又缺乏原始记录作为依据,并要求资料信息及时性很强,如城市居民出行情况;

（3）对普查资料的质量进行检查和修正;

（4）用于工业生产过程中的质量控制;

（5）对某些总体的假设进行检验。

拓展知识:
收视率调查

拓展知识:中国
人口普查基本情况

3.1.2 抽样调研的基本术语

思考题 与抽样调研有关的基本概念有哪些? 如何理解并更好地开展抽样调研?

根据调研课题考虑调研总体,按照调研总体定义调研对象的条件。以商品、服务的用户和潜在顾客群等为对象的调研是最基础的市场调研,如以年轻人作为销售目标的商品,调研对象就是 18—30 岁的男女。

1.总体和样本

（1）总体。总体是调研对象的集合体,是任何享有一些共同属性的完整的群体,如消费者、零售商、大学生等。总体单位是构成总体的个体成员,而个体是组成总体的每个研究对象,是构成总体的基本单元。普查是对构成总体的所有个体进行调研。通常,合适的总体单位是家庭而不是家庭中的个体成员。

（2）样本。样本就是一个更大的总体的子集或者一部分,即由从总体中按一定程序抽取的那部分抽样单元或个体组成。样本是从总体 X 中按一定的规则抽出的个体的全部,用 $X_1,X_2,\cdots,X_n$ 表示。样本中所含个体的个数称为样本容量,用 n 表示。一般来讲,在一项调研中,总体是唯一的,样本不是唯一的。

2.抽样框和抽样单位

（1）抽样框。又称"抽样框架""抽样结构""有效总体",就是可能抽取的样本单位的名单,即对可以选择作为样本的总体单位列出名册或排序编号,以确定总体的抽样范围和结构,具体表现形式主要有包括总体全部单位的名册、地图等。按照不同的抽样要求设置不同的抽样框,常见的抽样框有大学生花名册、工商企业名录、意向购房人信息册等。在没有现成的名单的情况下,调研人员可自行编制。在利用现有的名单作为抽样框时,要先对该名录进行检查,避免有重复、遗漏的情况发生,以提高样本对总体的代表性。例如,从 5000

名职工中抽出 200 名组成一个样本,则 5000 名职工的名册就是抽样框。

抽样框在抽样调研中处于基础地位,是抽样调研必不可少的部分,对于推断总体具有相当大的影响。

(2)抽样单位。它是指被抽取样本中的一个或是一组元素。在单一层次抽样中,抽样单位即总体单位。例如在一个城市对居民户做调研,由市一级一步到位抽取居民户,此时居民户既是总体单位,又是抽样单位。在多层次抽样中,抽样单位与总体单位则不一定是同一批单位。抽样框可能以名单、手册、地图、数据包等各种形式出现,在抽样之后,调研者必须能够根据抽样框找到具体的抽样单位。

3.总体参数和样本统计

(1)总体参数是总体中的变量或所度量的总体属性,是总体中对某变量的概括性描述,如总体的均值、方差、标准差等。总体参数表现为一系列唯一的常数,但往往却是未知的,需要去推断和估计。

(2)样本统计是指样本中的变量或根据样本数据计算出的指标。样本统计用于对总体参数做出推断,具体有两种不同形式,即总体参数估计和假设检验。

总体参数估计是根据从样本中得到的统计量对相应的总体参数进行估计。例如用样本平均数估计总体的平均数,用样本的标准差估计总体的标准差等。总体参数估计可分为点估计和区间估计。

假设检验又称显著性检验,是数理统计学中根据一定假设条件由样本推断总体的一种方法,是用来判断样本与样本、样本与总体的差异是由抽样误差引起还是本质差别造成的统计推断方法。

3.1.3　抽样调研的步骤

思考题　企业是如何开展抽样调研的?

抽样调研是由七个步骤组成的工作过程(见图 3-1)。

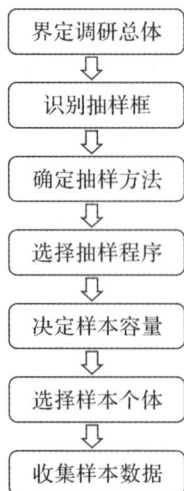

```
界定调研总体
   ⇩
识别抽样框
   ⇩
确定抽样方法
   ⇩
选择抽样程序
   ⇩
决定样本容量
   ⇩
选择样本个体
   ⇩
收集样本数据
```

图 3-1　抽样调研的程序

1. 界定调研总体

明确调研的全部对象及其范围是抽样调研的前提和基础。界定总体就是在具体抽样前,首先对从中抽取样本的总体范围与界限做明确的界定。回答关于总体的关键特征的问题,是确定目标总体的常用技术。为了完成抽样,应该使用切实的特征来定义总体。例如一个儿童食品企业,可能将儿童食品购买者总体定义为所有还能生孩子的妇女,然后一个更加具体的操作性定义应该是12—50岁的女性。

2. 识别抽样框

这一步骤的任务就是依据已经明确界定的总体范围,收集总体中全部抽样单位的名单,并对名单进行统一编号(个体编号),建立供抽样使用的抽样框。抽样框是提供抽样所用被调研对象的详细名单,在没有现成名单的情况下,可由调研人员自己编制。个体编号就是对调研总体中的个体进行编号。

3. 确定抽样方法

这一步骤的主要任务首先是确定抽样的技术是随机抽样还是非随机抽样,然后再确定具体的抽样方法。在选择具体抽样方法时,应根据各种条件综合考虑决定,如调研目的和性质、精度要求、操作的可实施性、非抽样误差的控制、经费预算等因素。最基本的抽样方法分为随机抽样和非随机抽样两种,具体又分为五种随机抽样方法和四种非随机抽样方法。虽然非随机抽样不能推断总体和计算抽样误差,但在实际调研中仍常被

拓展知识:
广告测试

使用。如概念测试、包装测试、名称测试以及广告测试等,研究主要的兴趣集中在样本给出各种不同应答的比例。随机抽样用于需要对总体给出很准确的估计的情况,例如估计市场占有率、整个市场的销售量、某区域的电视收视率、全国性的市场跟踪研究,以及用户的心理特征和人口分布的研究等。

4. 选择抽样程序

在实际抽样过程中,总体单位必须根据特定程序进行选择。选择抽样程序取决于研究者在抽样框的基础上如何决策。如简单随机抽样要求完整、准确的目标总体中的个体清单,清单包含个体姓名以及具有代表性的可用代码。

5. 决定样本容量

样本容量的大小涉及调研中所要包括的人数或单元数。根据市场调研的经验,市场潜力等涉及量比较严格的调研所需样本量较大,而产品测试、产品定价、广告效果等差异不是特别大或对量的要求不严格的调研所需样本量较小些。确定样本容量的大小是比较复杂的问题,既要有定性的考虑也要有定量的考虑。

拓展知识:如何确定你的用户研究样本量和数据

从定性角度,影响样本容量的大小的具体因素有:决策的重要性、调研的性质、变量个数、数据分析的性质、同类研究中所用的样本量、发生率、完成率、资源限制等。具体地说,重要的决策,需要更多的信息和更准确的信息,这就需要较大的样本;探索性调研所需要的样本量一般较小,而结论性研究如描述性调研就需要

较大的样本；收集有关许多变量的数据则样本量就要大一些，以减少抽样误差的累积效应；如果需要采用多元统计方法对数据进行复杂的高级分析，则样本量就应当较大；如果需要特别详细的分析，如做许多分类等，也需要大样本。

从定量角度，根据样本容量计算公式，样本容量的大小不取决于总体的多少，而取决于研究对象的变异程度、所要求或允许的误差大小、要求推断的置信度。当所研究的现象越复杂，差异越大时，样本量要求越大；当要求的精度越高，可推断性要求越高时，样本量越大。

6. 选择样本个体

在上述几个步骤的基础上，严格按照所选定的抽样方法，从抽样框中选取一个个抽样单位（样本个体），构成样本。总体是指研究的对象的全体，个体是总体中的每一个考察的对象，样本是总体中所抽取的一部分个体，而样本容量则是指样本中个体的数目。例如考察某企业生产的灯泡的使用寿命，该企业生产的所有灯泡的使用寿命为总体，每个灯泡的使用寿命为个体。

7. 收集样本数据

调研人员从指定的样本个体中收集数据，就是对选定的样本运用不同的调查方法逐个进行调查，从而取得第一手资料。

3.1.4 抽样技术的分类

思考题 各种随机抽样方法之间有什么区别和联系？

按照调研对象总体中每一个样本单位被抽取的机会（概率）是否相等的原则，抽样技术可以分为随机抽样和非随机抽样（见图 3-2）。

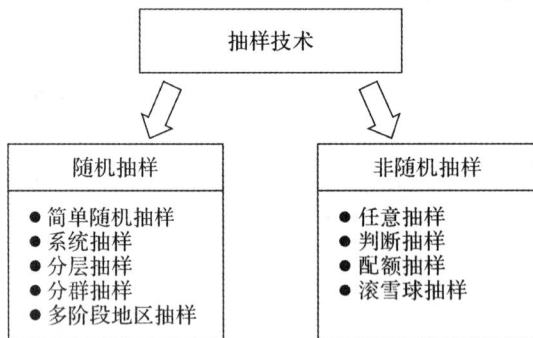

图 3-2 抽样技术类型

微课视频：
随机抽样方法

1. 随机抽样

又称概率抽样，是指依据随机原则，按照某种事先设计的程序，从总体中抽取部分单元的抽样方法。其主要特点是总体中每一个抽样单位被选为样本的概率相同。随机抽样技术又包括简单随机抽样、系统抽样、分层抽样、分群抽样、多阶段地区抽样等五种技术。

（1）简单随机抽样。简单随机抽样是指从总体中选择出抽样单位，抽取的每个样本均有同等被抽中的概率。抽样时,处于抽样总体中的抽样单位被编排成 $1—n$ 编码,然后利用随机数码表或专用的计算机程序确定处于 $1—n$ 间的随机数码,那些在总体中与随机数码吻合的单位便成为随机抽样的样本。

简单随机抽样是随机抽样技术的基础,方法简单,误差分析较容易,但是需要样本容量较多,适用于各个体之间差异较小的情况。简单随机抽样又可分为以下三种:

①抽签法。当给总体中的各个单位编号后,把号码写在结构均匀的签(如同等大小的纸片等)上,将签混合均匀后从中抽取。抽签法简便易行,然而对于较大的总体来说,编号、做签条的工作量很大,且不易做到混合均匀。因此,抽签法的应用有一定的局限性。

②机械摇号法。它是先对全部总体单位编号,然后再利用某种特制的机械,通过机械震动产生需要抽取调研样本单位号码的方法。例如购房摇号。此法抽取的样本单位随机性高,但购置设备的费用较高,只适宜于经常开展抽样调研的单位使用。

③随机数字表法。它就是利用随机数字表随机抽取样本单位的方法。随机数字是指用某种机械方法或电子计算机产生的数字序列,数中的 $0,1,2,\cdots,9$ 这 10 个数字出现的机会是等概率的,但排列顺序则是随机的。将随机产生的数字用表格的形式表现出来,就是随机数字表。

[例]　假定有 2000 名调研对象,以随机数字表随机抽取 150 名样本,其抽样步骤如下:

第一步,将 2000 名调研对象由 0001 编至 2000;

第二步,由随机数字表利用抽签方法选取号码开始点。例如选取为第十五行第四列;

第三步,由设定的起始点选取号码,选取号码与调研对象的编号位数相同;即 1475,9938,4460,0628,……有效号码样本 2000 以下;

第四步,若抽样单位与随机数字表抽样号码条件相同即为样本,大于调研编号,跳过不取;

第五步,若逢重复号码,亦应跳过;

第六步,依上述方法,连续采用 150 个号码,即为完成样本选用。

(2)系统抽样。又称等距抽样,是指先按有关或无关标志将总体单位按一定顺序排列,然后再按相等的距离或间隔抽取样本单位的方式。其基本特点是先排队,再等距抽选样本。系统抽样的优点是通常能保证样本均匀分布,减少误差,提高样本的代表性,适用面广,特别适宜于连续、大批量生产的现象的调研;局限性是有时可能有系统(周期)性误差。

系统抽样只有不重复抽样方法,关键是第一个样本单位的抽选。先按 $N/n＝K$ 求出抽样距离(由母体总数除以样本数而得到);再在第一组中按简单随机抽样的方法,抽出第一个样本单位;然后再按抽样间隔 K 随之确定其余样本单位。系统抽样既可以用于与调研项目相关的标志排队,也可以用于与调研项目无关的标志排队,所以具体又可分为按有关标志排队的系统抽样和按无关标志排队的系统抽样。

拓展知识:
党的二十大代表
(2296 名)数据详情

(3)分层抽样。也称为分类抽样,是根据某些特定的特征,将总体分为同质、不相互重叠的若干组或若干类,此组(类)称为层,然后将总体中的各个体分别编入相应层中,再由各层中以简单抽样或系统抽样选取适量样本的方法。例如,调研在校大学生笔记本电脑拥有量,先按年级进行分类,然后每个年级分别随机抽取部分进行调研。

分层抽样具有提高样本的代表性、总体估计值的精度和抽样方案的效率等特点，但是抽样框较复杂，费用较高，误差分析也较为复杂。此法适用于总体复杂、个体之间差异较大、数量较多的情况。

上述三种抽样技术的比较如表 3-1 所示。

表 3-1　不同抽样技术比较

类型	特点	相互联系	适用范围
简单随机抽样	从总体中逐个抽取	最基本的随机抽样技术，是随机抽样技术的基础	总体中的个体数目较少
系统抽样	将总体均匀分成几部分，按事先确定的规则在各部分抽取	在第一部分抽样时采用简单随机抽样	总体中的个体数目较多
分层抽样	将总体分成几层，分层进行抽取	各层抽样时采用简单随机抽样或系统抽样	总体由差异明显的几部分组成

（4）分群抽样。分群抽样是先将市场调研的总体划分为若干个群体，然后按随机的原则不重复抽出（即以简单随机抽样的方法选取）部分群体作为调研样本，在每个群体中进行全面调研的一种随机抽样方法。分群抽样时，各群之间应具有共性，如人口数目、民族构成等；而每群内部又要具有差异性，所调研的目标要广泛一些。

分层抽样与分群抽样的比较如表 3-2 所示。

表 3-2　分层抽样与分群抽样比较

类型	原则	抽取程序	优势	适用范围
分层抽样	层内同质性取其最大，层与层间异质性取其最大	层内是抽样调研，层间是全面调研	抽样误差较简单随机抽样小，样本具有很好的代表性，能精确地反映出总体	总体由差异明显的几部分组成
分群抽样	群内异质性取其最大，群与群间同质性取其最大	群内是全面调研，群间是抽样调研	保持概率抽样的属性的同时，进行经济的抽样（样本单位集中）	总体单位分布较分散且无法确定分层标准的大总体

（5）多阶段地区抽样。地区样本是最流行的一种聚点样本。多阶段抽样是指将抽样过程分阶段进行，每个阶段使用的抽样方法往往不同，即将各种抽样方法结合使用。多阶段地区抽样是指涉及两个或者更多的步骤，结合了一些概率技术。通常，地理区域是在更小的单位中进行随机选择的。其实施过程为，先从总体中抽取范围较大的单元，称为一级抽样单元，再从每个抽得的一级单元中抽取范围更小的二级单元，依此类推，最后抽取其中范围更小的单元作为调研单位。

多阶段抽样具体操作过程是：

第一阶段,将总体分为若干个一级抽样单位,从中抽选若干个一级抽样单位入样;

第二阶段,将入样的每个一级单位分成若干个二级抽样单位,从入样的每个一级单位中各抽选若干个二级抽样单位入样;

依此类推,直到获得最终样本。

如果在被抽中的二阶单元中,再抽取部分三阶单元组成样本,并对抽中的三阶单元进行全面的调研,这就是三阶抽样。类似地,可以定义四阶抽样或更高阶的抽样。通常将两阶以上的抽样称为多阶段抽样。如为了掌握全国农业科技推广情况,先抽取四个省份进行调研,每个省调研的对象又包括四个层次:省级部门、县级部门、乡镇层次和农民。

2.非随机抽样

又称为非概率抽样,是指在抽样时不遵循随机原则,而是按照研究人员的主观经验或其他条件来抽取样本的一种抽样方法。非随机抽样中,总体的任何特定成员被选为样本的概率是未知的。非随机抽样的效果好坏依赖于抽样者的主观判断能力和经验,无法计算和控制抽样误差以及用样本的量化数据来推断总体。非随机抽样技术又包括任意抽样、判断抽样、配额抽样和滚雪球抽样四种。

微课视频:
非随机抽样方法

(1)任意抽样。也称便利抽样或偶遇抽样,是指通过获取最方便的人或单位而进行的抽样,是一种随意选取样本的方法。样本的选择只考虑到接近样本或衡量便利,通常没有严格的抽样标准。典型的形式是拦截式调研,如调研人员在街头、公园、商店等公共场所进行拦截调研,企业在出售产品的柜台前对路过顾客进行调研等。

调研人员通常会使用便利样本,迅速而经济地获得大量完成了的问卷,如网络调研。任意抽样的优点是容易实施,调研的成本低;缺点是样本单位的确定带有偶然性,无法代表有明确定义的总体,调研结果无法根据样本信息对总体进行数量特征的推断,样本不适合描述性研究和因果关系研究。当以后用概率抽样来进行另外的调研时,任意抽样就可以很好地运用于探索性研究。

(2)判断抽样。又称为目的性抽样,是一种凭研究人员的主观意愿、经验和知识,从总体中选择具有典型意义和代表性的样本点构成样本作为调研客体的一种非随机抽样方法。一般是在总体构成极不相同且样本数很小的时候采用,而且调研人员必须对总体有关特征非常了解,选择"平均型""众数型""特殊型"单元作为样本。

判断抽样具有挑选样本简便及时的特点,在精确度要求不是很高的情况下,企业为了迅速获得解决日常经营决策问题的客观依据资料,常常使用判断抽样的方法。例如服装生产企业经常会选择一个关键客户的样本,获取预测春季服装销售趋势所需要的信息。但是由于判断抽样的估计精度严重依赖于研究者对调研对象的了解程度、判断水平和对结果的解释情况,所以,一般不轻易地用于对总体进行数量方面的判断。

(3)配额抽样。又称定额抽样,是在对总体做若干分类和样本容量既定的情况下,按照配额从总体各部分中抽取调研单位。具体步骤为:先根据调研总体中的某些属性特征将总体划分成若干类型,再按照分类控制特性将各类总体分成若干子体,依据各子体在总体中的比重分配样本数额,然后由抽样者用任意抽样或判断抽样方法选取样本单位。配额抽样的目的是确保总体的各个子群体可以充分表现出研究人员需要的相关属性。

配额抽样的分类依据通常是总体单元的某些属性、特征,如被调查者的年龄、性别、社会阶层等。这种方法的优势是简单易行,可以保证总体的各个类别都能包括在所抽样本之中,使得样本的结构和总体的结构类似;同时具有数据收集的高速度、低成本和便利性等优点。但因为在配额抽样中抽样者有极大自由去选择样本个体,所以这种抽样方法很容易因调研偏好和方便而丧失精确度。

配额抽样又分为独立控制配额抽样和交叉控制配额抽样。

①独立控制配额抽样是根据调研总体的不同特性,对具有某个特性的调研样本分别规定单独分配数额(表3-3)。其优点是方法简单易行,调研人员选择余地较大;缺点是调研人员可能图一时方便,选择样本过于偏向某一组别,从而影响样本的代表性。

表3-3　独立控制配额抽样举例

收入水平		年龄		性别	
高	100 人	50 岁以上	50 人	男	50 人
中	70 人	25—50 岁	100 人	女	150 人
低	30 人	25 岁以下	50 人	—	—
合计	200 人	合计	200 人	合计	200 人

②交叉控制配额抽样是根据调研对象的各个特性进行样本数额交叉分配(见表3-4)。由于各个特性都同时得到了控制,从而克服了独立控制配额抽样的缺点,提高了样本的代表性。

表3-4　交叉控制配额抽样举例

		收入水平						合计
		高		中		低		
	性别	男	女	男	女	男	女	
年龄	50 岁以上	6 人	19 人	4 人	13 人	2 人	6 人	50 人
	25—50 岁	13 人	37 人	9 人	26 人	3 人	12 人	100 人
	25 岁以下	6 人	19 人	5 人	13 人	2 人	5 人	50 人
	合计	25 人	75 人	18 人	52 人	7 人	23 人	200 人
	合计	100 人		70 人		30 人		

(4)滚雪球抽样。滚雪球抽样是一种抽样程序,以"滚雪球"的方式抽取样本,最初的应答者是通过概率方法进行选择的,而另外的应答者是通过最初应答者所提供的信息而获得的。一般是先利用随机方法或社会调研选出原始受访者,然后再根据原始受访者提供的信息去获取其他受访者。

这种抽样方法的优点是便于有针对性地找到被调查者,调研的成本也比较低;缺点是要求样本单元之间必须有一定的联系并且愿意保持和提供这种联系。采用这种抽样方法主要是因为有些总体很难寻找或十分稀少。适用于抽样架构不存在的时候,尤其用于产业调研方面,更为有效。

3.1.5 抽样误差及其计算

思考题 抽样误差有哪些类型? 如何计算?

微课视频:抽样
误差及其计算

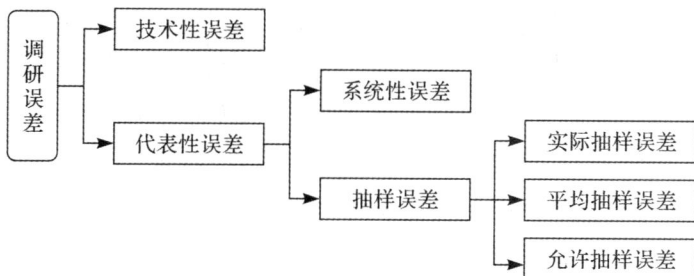

1.抽样误差的类型

只要存在调研就一定有误差,误差不可能完全避免。抽样调研引起的误差一般有两大类:技术性误差和代表性误差(见图 3-3)。

图 3-3 抽样调研误差的分类

(1)技术性误差。又称为登记性误差、非抽样误差,是指由调研工作登记、汇总、计算时的差错所引起的调研结果与实际结果之间的差别。这种误差不是由抽样引起的,是可以尽量加以克服或避免的,在全面普查中也存在,主要表现为:

①调研误差:调研所得数据与样本单元的真值不一致所造成的误差。其原因包括测量误差、失真回答等;

②不完整的抽样框误差:抽样框的重复和遗漏;

③不回答误差(无相应误差):抽中的样本单元找不到或者拒绝回答问题或缺失所需要的信息;

④填写录入误差。

(2)代表性误差。也称抽样误差,指由于样本结构与总体结构不一致,以样本综合指标推断总体综合指标所产生的误差。其根源在于样本的随机性,使得样本指标值和总体真实值之间存在差异。这种误差通常是不可避免的。它又可以分为系统性误差和抽样误差。

①系统性误差,又称为偏差,是指在随机抽样中调研人员(有意识地)破坏了随机原则进行抽样,由此形成的样本指标与总体指标之间的差别。在抽样调研中,通常所说的抽样误差是不包括偏差的。

②抽样误差,通常也叫作随机误差,是指在随机抽样中按随机原则从总体中抽取一部分单位构成样本,并计算出有关样本指标(如样本平均数或成数),再通过样本指标去推断总体有关指标(如总体平均数或成数)时两者之间存在的差别。简而言之,抽样误差就是样本指标值与被推断的总体指标值之差。只要是抽样调研,这个误差就不可避免,因为部分单位与全部单位的数量特征通常是不可能完全一致的。但是抽样误差能够计量和控制,可用各种量值表示,通常样本量愈大,则抽样误差愈小。如对某校大学生随机抽取 100 人进行身高调研,得知这 100 人的平均身高为 169 厘米;又知该校全部大学生的平均身高为 168 厘米,两者之间相差 1 厘米,这就是抽样实际误差。抽样实际误差实际上是未知的,因为总体

指标通常是未知的；如果总体指标已知，也就没有必要进行抽样调研了。

一般情况下，技术性误差和系统性误差都可以力求避免，而抽样误差却是不可避免的，在抽样调研中无法消除，只能加以控制。实际上，抽样误差带有偶然性，即使同一总体用同一抽样方式抽取同一数量的样本单位，也可能有若干种不同的组合，而每一样本的调研结果是不可能完全相同的。抽样误差越大，样本可能代表总体的真实性越小；反之，抽样误差越小，样本可能代表总体的真实性越大。

2.抽样误差的影响因素

(1)总体各单位标志值的变异程度。在其他条件不变的情况下，总体标志的变异程度越小，抽样误差越小；总体标志的变异程度越大，抽样误差越大。抽样误差和总体标志的变异程度成正比。因为总体的变异程度小，表示总体各单位标志值之间的差异小，则样本指标与总体指标之间的差异也可能小；如果总体各单位标志值相等，则标志变动度为零，样本指标等于总体指标，此时不存在抽样误差。

(2)抽样单位的数目。在其他条件不变的情况下，抽样单位的数目越多，抽样误差越小；抽样单位的数目越少，抽样误差越大。因为随着样本数目的增多，样本结构越接近总体，抽样调研也就越接近全面调研；当样本扩大到总体时，则为全面调研，也就不存在抽样误差了。

③抽样方法的选择。重复抽样和不重复抽样的抽样误差的大小不同。采用不重复抽样的抽样误差比采用重复抽样小。

④抽样组织方式不同。采用不同的组织方式，会有不同的抽样误差，因为不同的抽样组织所抽中的样本对于总体的代表性也不同。通常，我们不利用不同的抽样误差做出判断各种抽样组织方式的比较标准。

3.抽样平均误差计算

拓展知识：
成数和平均数

(1)抽样平均误差的概念。它是指所有可能的样本的指标与总体指标之间的平均误差（标准差），是样本指标同总体指标的误差加以平均，可以反映出抽样误差的一般水平。它反映了样本代表性的大小，通常用 μ 来表示。

抽样平均数的平均数等于总体平均数，抽样成数的平均数等于总体成数，因而抽样平均数（或抽样成数）的标准差实际上反映了抽样平均数（或抽样成数）与总体平均数（或总体成数）的平均差异程度。

(2)抽样平均误差的计算。根据抽样平均误差的定义，当总体为 N，样本容量为 n 时，其平均数与成数的抽样平均误差计算公式如表 3-5 所示。

表 3-5　平均数与成数的抽样平均误差计算公式

	重复抽样	不重复抽样
平均数抽样平均误差	$\mu_x=\sqrt{\dfrac{\sigma^2}{n}}$	$\mu_x=\sqrt{\dfrac{\sigma^2}{n}\left(\dfrac{N-n}{N-1}\right)}$
成数抽样平均误差	$\mu_p=\sqrt{\dfrac{P(1-P)}{n}}$	$\mu_p=\sqrt{\dfrac{P(1-P)}{n}\left(\dfrac{N-n}{N-1}\right)}$

关于公式的几点说明：

$$\sigma = \sqrt{\dfrac{\sum (x_i - \overline{x})^2}{n}}$$

①修正系数的处理问题：当 N 较大时，可用 $1 - \dfrac{n}{N}$ 代替 $\dfrac{N-n}{N-1}$，所以不重复抽样的误差就变成了：$\mu_x = \sqrt{\dfrac{\sigma^2}{n}\left(1 - \dfrac{n}{N}\right)}$，$\mu_p = \sqrt{\dfrac{P(1-P)}{n}\left(1 - \dfrac{n}{N}\right)}$。

②重复抽样与不重复抽样误差的关系问题：在其他条件相同的情况下，不重复抽样的误差比重复抽样的误差小。

4. 抽样估计

(1)允许抽样误差。允许抽样误差是根据概率理论，以一定的可靠程度保证抽样误差不超过某一给定的范围，即以样本推断总体时，允许有多大范围的抽样误差，也称作极限抽样误差，通常用 Δ 表示。实际问题中，估计量的精度通常采用允许抽样误差来表示或要求。

允许抽样误差与平均数（或成数）抽样误差之间的关系，与估计量的分布有关：

$$\Delta_x = t\mu_x \quad 或 \quad \Delta_p = t\mu_p$$

其中，t 代表概率度，$F(t)$ 是指抽样估计的可靠性，即把握程度。概率 $F(t)$ 随概率度 t 的变化而变化，故概率是概率度的函数。为了便于实际使用，通常可按事先编制好的正态分布概率表来根据要求的把握程度 $F(t)$ 查找出相应的 t 值（见表 3-6）。

表 3-6　允许误差范围与把握程度对照

允许误差范围（$\Delta = t\mu$）	概率 $F(t)$
正负 1 个平均误差（$t=1, \Delta=\mu$）	0.6827
正负 1.5 个平均误差（$t=1.5, \Delta=1.5\mu$）	0.8664
正负 1.96 个平均误差（$t=1.96, \Delta=1.96\mu$）	0.9500
正负 2 个平均误差（$t=2, \Delta=2\mu$）	0.9545
正负 2.5 个平均误差（$t=2.5, \Delta=2.5\mu$）	0.9875
正负 3 个平均误差（$t=3, \Delta=3\mu$）	0.9973

(2)抽样估计。抽样估计是指利用实际调研计算的样本指标数值来估计相应的总体指标数值。抽样估计的方法分为点估计和区间估计两种。

①点估计。又称定值估计，是指不考虑抽样误差而直接以样本指标代替总体指标，也就是直接以抽样平均数或抽样成数代替总体平均数或总体成数。用公式表示为：

$$\overline{X} = \overline{x} \quad 或 \quad P = p$$

[例]　从某班全部同学中抽出 10 人进行调研，得知其平均身高为 170cm，男生占 60%。则在点估计条件下，可以说该班全部学生的平均身高为 170cm，男生所占比重为 60%。

点估计的优点是直观、简单、方便，缺点是没有考虑估计的误差问题及估计的可靠性。

②区间估计。区间估计的理论依据是抽样分布理论。区间估计是根据样本指标确定总体指标的置信区间和置信度，用概率表示总体参数可能落在某数值区间之内的推算方法。它利用抽样所得的样本平均数 $\bar{x}$（或成数 p），确定估计的上限和估计的下限（上限和下限之间的范围称为置信区间），而落在这个范围的可靠程度叫作置信度 t（一个百分比或者小数值，说明了结果正确的长期概率）。

平均数的区间估计公式： $\bar{x}-\Delta_x \leqslant \bar{X} \leqslant \bar{x}+\Delta_x$

成数的区间估计公式： $p-\Delta_p \leqslant P \leqslant p+\Delta_p$

[例] 某大学有 4500 名学生。现采用不重复简单随机抽样方式从中随机抽取 10％ 的学生，调研其每月生活费用支出情况。抽样结果显示：学生平均每人每月生活费用支出 350元，标准差 80 元，生活费用支出在 500 元以上的学生占 20％。要求在 95.45％ 的概率保证下估计全部学生月平均生活费用支出的可能范围，以及月生活费用在 500 元以上的学生所占比重的可能范围。

解：

已知： $N=4500$，$n=4500 \times 10\%=450$，$\bar{x}=350$，$S=80$，$p=20\%$，则：

$$\mu_x=\sqrt{\frac{80^2}{450}\left(1-\frac{450}{4500}\right)} \approx 3.58（元），\mu_p=\sqrt{\frac{20\%(1-20\%)}{450}\left(1-\frac{450}{4500}\right)} \approx 1.79\%。$$

又知 $F(t)=95.45\%$，故查表得 $t=2$，

则： $\Delta_x=2 \times 3.58=7.16$（元）。

故，全部学生月平均生活费用的可能范围为：

$350-7.16 \leqslant \bar{X} \leqslant 350+7.16$，即在 342.84 至 357.16 之间。

全部学生中月生活费用在 500 元以上的学生所占比重的可能范围为：

$20\%-3.58\% \leqslant P \leqslant 20\%+3.58\%$，即在 16.42％ 至 23.58％ 之间。

微课视频：
样本容量的确定

3.1.6 样本容量的确定

当研究人员在制定抽样方案时，首先要确定样本容量（又称为样本规模、样本数），即确定调研样本中所包含的被调研者数量。因为适当的样本单位数目是保证样本指标具有充分代表性的基本前提，因此，在抽样设计时，必须决定样本单位数目。每一种概率抽样的方法都有各自的确定样本规模的公式，样本的规模大小受多种因素影响。

1.样本容量的影响因素

（1）总体的数目。一般情况下，总体的数目越大，样本的数目也应越大。

（2）抽样总体的特性。如果抽样总体不规则且分成若干较小子群体，则需要较多的样本，以求抽样准确度。

（3）调研结果所要求的精准度。精度愈高，样本数愈多；对置信度的要求越高，则样本规模越大（见表 3-7）。如果对误差的容忍度高、对精确性的要求低，那么样本规模可以小一些；反之，就要增加样本规模来降低抽样误差。

表 3-7 简单随机抽样所需要的最小样本量

置信度 抽样误差	90％	95％	99％
1％	6806	9604	16641
2％	1702	2401	4160
3％	756	1067	1849
4％	425	600	1040
5％	272	384	666
6％	189	267	462

（4）受资源等限制。最佳抽样数量，应是样本数足以产生准确的资料，又不超过调研预算。一个研究项目所能支配的资源是有限的，在很多时候，研究人员也要受项目经费、精力、时间等限制，出于可行性考虑，需要缩小样本规模。

2.样本容量计算

在抽样调研之前，调研人员通常要根据调研对象的特点和研究目的，提出以下两条主要要求：第一，规定误差范围 Δ 的值，即抽样调研的误差范围或允许误差不得大于多少；第二，规定概率度 t 的值，即抽样推断的结果要有多大的保证（可靠）程度。必要样本单位数是指满足调查目的要求的情况下，至少需要选择的样本单位数。由此可见，必要抽样数目的计算公式，是按以下步骤推导出来的：

拓展知识：
数据饱和

（1）重复条件下：

$$\mu=\sqrt{\frac{\sigma^2}{n}}, \Delta=t\sqrt{\frac{\sigma^2}{n}}$$

两边平方并移项，得：

$$n=\frac{t^2\sigma^2}{\Delta^2}$$

（2）不重复条件下：

$$\Delta_{\bar{x}}=t\mu_{\bar{x}}=t\sqrt{\frac{\sigma^2}{n}\left(1-\frac{n}{N}\right)}$$

$$\therefore n=\frac{Nt^2\sigma^2}{N\Delta_{\bar{x}}^2+t^2\sigma^2}=\frac{N\sigma^2}{N\mu_{\bar{x}}^2+\sigma^2}$$

[**例**] 假定某乡有农户 18000 户，在某次抽样调研中拟采用重复的纯随机抽样方式。现要求人均收入的允许误差控制在 150 元之内，保证概率为 95.45％，则应抽多少户进行调研？如果要求允许误差控制在 75 之内，则至少应抽多少户进行调研？（注：根据以往调研知全乡人均收入的标准差为 1500 元）

解:(1)当允许误差≤150元时,有:

$$n_x = \frac{t^2 \sigma_x^2}{\Delta_x^2} = \frac{2^2 \times 1500^2}{150^2} = 400(\text{户})。$$

(2)当允许误差≤75元时,有:

$$n_x = \frac{t^2 \sigma_x^2}{\Delta_x^2} = \frac{2^2 \times 1500^2}{75^2} = 1600(\text{户})。$$

可见,在重复抽样中,允许误差缩小一半(即为原来的1/2)时,必须把样本容量增大到原来的4倍。

3.2 设计典型调研

3.2.1 典型调研与典型单位

微课视频:

典型调研

思考题 典型调研是什么？如何选择典型单位？

1.典型调研

典型调研是根据调研的目的和任务,在对市场调研对象进行初步分析的基础上,有意识地从中选取具有代表性的典型单位进行深入、系统的调研,目的在于认识同类市场的规律性及其本质。它是一种非全面的调研。

从宏观角度分类,典型调研有两种类型:(1)一般的典型调研,即对个别典型单位的调研研究。只需在总体中选出少数几个典型单位,通过对这几个典型单位的调研研究,用以说明事物的一般情况或事物发展的一般规律。如浙江省环境保护管理相关部门对全省各乡镇地区垃圾分类情况执行效果进行调研。(2)具有统计特征的划类选点调研,即将调研总体划分为若干个类,再从每类中选择若干个典型进行调研,以说明各类的情况。

2.典型单位

拓展知识:

数说好日子："低碳生活"引领新风尚

典型单位是指具有代表性的单位。

根据调研对象工作的好坏程度可以将典型单位分为先进、一般和后进。

(1)先进典型单位。以总结先进经验为主要目的,选择一些先进单位、个人进行深入调研,探索事物发展的方向和规律。例如,为了了解共享充电宝行业的竞争格局和未来发展趋势,选择"三电一兽"(来电、街电、小电、怪兽)作为典型单位进行深入调研。在用户规模、设备铺设密度和广度、主营收入上,这四家企业都处于领先地位,竞争格局在2019年更加稳固,但随着美团等巨头加入,未来市场会进一步集中。

(2)一般典型单位。以了解一般情况为主要目的,选择属于中等水平的单位为典型,深入调研分析,以了解事物发展的普遍状况和一般动态。因此,选择中间状态的典型单位进行深入调研研究,对于了解大多数单位的工作进展情况、把握全面工作的发展趋势、制定全盘工作计划和决策,都有不可忽视的作用。

（3）后进典型单位。以总结教训为主要目的，选择后进单位进行调研，分析其后进原因，以利于改进工作。

按照调研项目所包括的范围可以将典型单位分为全面性和特殊性。

（1）全面性典型单位。以了解事物的主要特征与发展过程为主要目的，选择那些发展形态较为完整的单位为典型。例如，调研杭州市绿色公共交通发展情况，作为第一代电动租用汽车运营商的"左中右"微公交汽车公司就是这个调研项目的全面性典型单位。

（2）特殊性典型单位。以了解某种特殊事物的出现或某一突出问题为主要目的，选择最初出现特殊实务或发生突出问题的单位为典型。例如，某地区在经济调整中，发现有若干企业产品不对路，质次价高，处于停产、半停产状态，这时就可以从中找出典型进一步调研原因，以利于决策。

3.2.2 典型单位的选择

思考题 如何选择典型单位？

典型单位的正确选择是非主观意识的选择，必须根据客观的实际情况，采取实事求是的态度，以保证典型单位的客观性。要保证典型单位的代表性，就必须在选择典型之前，对市场现象的总体情况进行必要的分析。若对总体情况没有一般了解，就无从判定选择单位是否能对总体研究产生相应的作用和意义。

1.选择依据

典型单位的选择依据应该以历史的调研资料或建立的单位目录库为依据，在分析、比较、评估的基础上，选择有代表性的单位作为典型单位。

2.选择数量

根据调研的实际情况，定性市场调研项目的典型单位可少一些，定量市场调研项目的典型单位可多一些，亦可根据以往的同类调研的实践经验确定典型单位的必要数目。

3.选择方法

典型单位的选择方法主要有取中典型法、划类典型法和麻雀解剖法。

（1）取中典型法主要通过了解总体一般数量表现进行调研，可选择中等水平（平均型和多数型）的单位作为调研单位。

（2）划类典型法适用于较为准确地估计总体的一般水平。首先应将总体中的所有个体划分为不同的类型，然后从各类中按其比例大小选择若干典型单位。这种方法体现在当总体各单位差异较大，调研者需要利用典型样本的统计量推断总体的数量特征时，可根据有关资料先对总体单位进行分类（划分不同的类型或子总体），然后在各类中按比例、有意识地选择一定数目的典型单位构成样本进行调研，最后由样本指标（样本的均值或比率）推断总体的有关指标。

（3）麻雀解剖法是通过总结经验或失败的教训，选择先进单位或落后单位作为典型，以便深入细致地调研。主要适用于以下市场定性调研：①总体各单位差异不大；②研究新事物、新情况、新问题；③总结先进经验，以便推广应用；④揭露矛盾，寻找问题的症结；⑤研究消费者的消费意向、动机和行为。

3.2.3 典型调研的特征

1.典型调研的特征

典型调研主要是为了探索同类市场现象发展变化的趋势及规律,其基本特征如下:

(1)代表性。强调调研单位必须具有代表性,样本必须能够代表总体。

(2)选择性。典型单位是有意识、有目的地选出来的。

(3)专门性。为了特定的调研目的而专门组织的调研。

(4)非全面性。只要求对调研对象中的少数典型单位进行调研。

2.典型调研的优缺点

典型调研作为一种非全面调研的重要方法,较好地反映调研总体的一般情况,主要优点有以下几点:①能够获得比较真实和丰富的调研材料;②调研单位数量有限,可做深入细致的调研研究;③调研范围小,调研单位少,可节省调研资源;④机动灵活,节省时间,可快速反映市场情况。

但是典型调研也存在一定的不足之处,主要表现在:①典型单位的选择难以完全避免主观随意性;②缺乏一定的连续性和持续性,不利于数据的动态分析;③用样本数据推断总体数量特征时,推断的精度不够高;④调研结论的应用只能根据经验做出判断,难以做出准确测定。

3.2.4 典型调研的步骤

为了确保典型调研能够顺利进行,遵循的基本流程如图 3-4 所示。

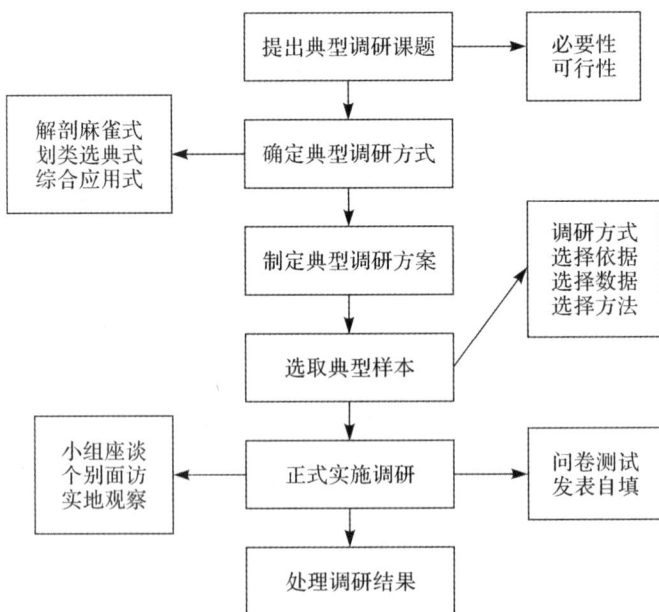

图 3-4 典型调研操作流程

1.提出典型调研课题

根据管理的信息需求,确定需要调研的问题,以及是否可以运用典型调研来解决这些问题。一般来说,市场定性研究项目或对推断精度要求不高的市场定量研究项目,且调研区域范围不大、调研经费有限、调研对象差异不大,可采用典型调研。

2.确定典型调研方式

典型调研课题得到决策者的批准后,可根据调研课题的性质确定典型调研方式:市场定性研究项目采用解剖麻雀式,市场定量研究项目采用划类选典或者综合应用的方式。

3.制定典型调研方案

根据典型调研课题和确定的调研方式制定较为详细的调研方案,其主要内容包括调研任务、调研对象与范围、调研项目与内容、调研表或问卷、典型单位抽取、调研方法、调研时间与期限、调研进度安排和经费预算等。

4.选取典型样本

根据确定的典型调研的方式,先确定必要的典型单位数目(样本量),然后根据经典单位选择的依据、原则和方法选择有代表性的单位作为典型调研的最终单位。

5.实施调研

调研人员深入到每一个典型单位中,运用问卷测试、发表自填、小组座谈、个别面谈、实地观察等调研方法收集所需的资料。

6.处理调研结果

对正式调研获得的数据和资料进行审核、分类、汇总和分析研究,以得出调研结论,并编写典型调研报告。

3.2.5 典型调研的应用

典型调研的应用主要表现在调研主体的定性问题研究以及定量问题研究两方面。

1.定性问题的研究

(1)研究主体的新情况、新事物、新问题,即运用解剖麻雀式的典型调研方式,对新情况、新事物、新问题做深入的调研研究,以揭示它们的典型意义。

(2)通过深入细致的典型调研,总结先进单位的成功经验,剖析落后单位的失败教训,以便吸取成功的经验,找出落后的原因。

(3)可利用典型调研来定义调研的问题或寻找处理问题的途径,在寻找处理问题的途径时,常用于制定某些假设或确定正式调研中应包括的调研项目。

2.定量问题的研究

(1)利用典型调研数据来验证全面调研数据的真实性。

(2)测算典型单位的具体数量来研究趋势发展。

(3)其他问题的定量研究。如产品市场研究、产品销售研究、广告效果测试等均可用划类选典的办法进行定量研究。

3.3 设计重点调研

微课视频：
重点调研

重点调研是一种非随机性的抽样调研。它是在全部调研单位中只选择一部分重点单位进行调研,借以了解市场现象总体基本情况的一种非全面调研。重点调研的重点单位,通常是指在调研总体中具有举足轻重的地位,能够代表总体的情况、特征和主要发展变化趋势的那些样本单位。这些单位可能数目不多,但有代表性,能够反映调研对象总体的基本情况。

3.3.1 重点调研的特点与选择原则

思考题 重点调研的特点是什么？如何选择重点单位？

1.基本特点

重点样本的单位数目虽然不多,但其标志总量(变量值)在总体标志总量中占有绝大的比重。对重点样本进行调研研究,可以了解和掌握总体的基本情况。重点调研的主要特点表现如下:

(1)专门性。重点调研是为特定目的而专门组织的具有针对性的调研。

(2)非全面性。重点调研只要求对调研总体中的部分重点单位进行调研。

(3)选择性。重点样本是根据以往的全面调研资料,通过分析、比较而抽取出来的。

(4)重点性。重点样本的标志总量在总体标志总量中占有很大的比重。

(5)数量性。重点调研主要应用于市场定量问题的研究,即利用重点样本数据认识总体的基本情况。

(6)投入少、调研速度快、所反映的主要情况或基本趋势比较准确。例如,要了解当前中国跨境电商的运营情况,只要对跨境贸易交易额较大的几个城市(如宁波、上海、杭州、义乌、广州等)的企业进行调研,就能及时掌握全国跨境电商交易的基本情况。因为这些城市在全国运营跨境电商的城市而言虽然是少数,但跨境贸易额却占有很大的比重,足以反映当前中国跨境电商运行的基本情况。

2.选择原则

重点单位的选择主要依照两个原则:

(1)数量原则。根据调研任务和要求确定选取的重点单位及相应数量。一般而言,重点单位的数量尽可能少,而其标志值在总体中所占的比重应尽可能大,以保证有足够的代表性。

(2)单位性质。重点单位尽可能选择那些管理比较健全、业务能力比较强、统计工作基础较好的单位作为重点单位。

重点调研的主要作用在于反映调研总体的主要情况或基本趋势,因此,重点调研通常用于不定期的一次性调研,但有时也用于经常性的连续调研。

3.3.2 重点调研的方式

在市场调研中,重点调研的具体方式主要有以下几种:

1.派员调研式

派员调研式是由调研人员深入到重点单位中,根据预先设计的调研表或问卷,通过实地观察、询问、查阅有关原始信息进行登记,以获得所需的数据和资料。

2.邮寄调研式

邮寄调研式是调研人员事先用电话与重点单位进行联系,讲明调研的目的、内容、方法和要求,然后把设计好的调研表或者问卷邮寄给重点单位,由重点单位根据有关记录自行填写,最后按规定的时间寄回给调研人员。这种方式适用于调研经费有限、调研精度要求不是很高的一次性专门调研。

3.定期报告式

定期报告式是由调研人员通过制定定期统计报表下发到重点单位,要求重点单位以一定的原始记录为基础,按照统一表式、统一指标、统一报送时间进行填报。一般适用于定期性或经常性的重点调研。

3.3.3　重点调研的优劣势

1.优点

由于重点调研所调研的单位数量不多,因此,第一,可以节省人力、物力、财力和时间;第二,可及时获取信息,了解和掌握总体的基本情况;第三,调研工作量小,易于组织。

2.缺点

当总体各单位发展比较平衡、呈现均匀分布时,不能采用重点调研;当总体中的少数重点单位与众多的非重点单位的标志值结构不具有稳定性时,重点市场调研的结果只能用来说明总体的基本情况,而不能用来推断总体的数量特征。

3.3.4　重点调研的步骤

重点调研的具体流程包括提出重点调研课题、制定重点调研方案、抽取重点单位、正式实施调研和数据处理与分析五个步骤(见图 3-5)。

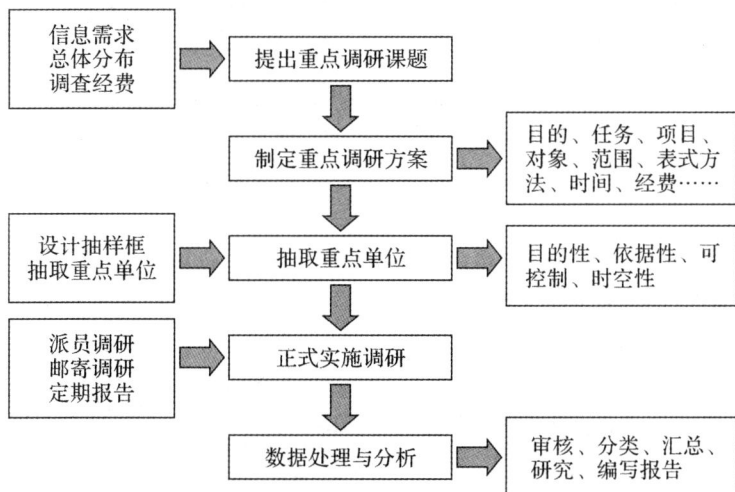

图 3-5　重点调研的步骤

1. 提出重点调研课题

重点调研课题的提出需要考虑三个条件：①管理决策的信息需求只要求提供总体的基本情况；②调研总体呈现偏斜分布的状态，适合采用重点调研；③受调研经费的限制，不宜采用其他调研方式，重点调研作为首选。

2. 制定重点调研方案

重点调研方案包括重点调研的目的和任务、重点调研的对象和范围、重点调研的内容和项目、重点调研表或问卷、重点调研的时间与期限、重点调研的方式、调研的经费预算和数据处理等。

3. 抽取重点单位

抽取重点单位，即根据重点调研方案设计的要求，先根据以往的全面调研资料设计抽样框，然后依据选择重点单位的原则，选取重点单位组成样本。

4. 正式实施调研

通过派员调研或邮寄调研或定期报告方式向各重点单位收集所需的数据和资料。

5. 数据处理与分析

对各重点单位提供的数据进行审核、分类、汇总和对比研究，得出调研结论，并编写市场调研报告。

3.3.5　与典型调研的比较

思考题　重点调研与典型调研的区别？

重点调研与典型调研都是非全面调研，它们的主要区别在于调研对象选取、适用范围以及推断总体的可靠程度等方面（见表 3-8）。例如要调研 100 个企业的销售收入，重点调研的调研对象是在调研总体中重要性较大的单位，只调研销售收入总额居于前 20 位的就是重点调研；典型调研的调研对象为调研总体中最具有调研特征的单位，将 100 个企业按销售收入总额大小分成五类，在每类中选一个企业调研就是典型调研。工业品出厂价格调研和房地产价格调研，主要采用重点调研与典型调研相结合的方法。

表 3-8　重点调研与典型调研的比较

比较项目	调研对象	样本选取	推断总体的可靠程度	适用范围
重点调研	调研总体中重要性较大的单位	选择一部分重点单位作为样本，且重点单位标志总量占全部单位标志总量的绝大比重	不能推断总体总量	反映总体的主要情况或基本趋势
典型调研	调研总体中最具有调研特征的单位	选择对总体具有代表性的单位	一定条件下可以推断总体总量，但又不知道可靠程度	研究现象总体出现的新情况、新问题

3.4　设计个案调研

个案调研,亦称个案研究,是指选择某一具体调研对象即特定个体、单位、现象或主题,就某种社会现象或问题进行的深入全面的调研研究,以求解释现象、探明原因、解决问题。个案是进行个案研究(调研)的对象,如一个人、一个群体、一件事、一个社会集团或一个社区。这类研究广泛收集有关资料,详细了解、整理和分析研究对象产生与发展的过程、内在与外在因素及其相互关系,以形成对有关问题深入全面的认识和结论。

微课视频:
个案调研

思考题　如何有效地开展个案调研?

3.4.1　个案调研的类型和资料

1.个案调研类型

(1)个人调研。对某个人的心理发展、智力、兴趣、爱好、情绪、性格、气质、价值观等多方面的深层次的调研。

(2)团体调研。对某个团体或心理教育组织的详细调研。

(3)问题调研。对某社会心理现象或问题进行专案调研研究。

无论采用何种调研方式,均应有明确的目的和内容,制定好调研计划或方案,综合运用各种调研方法,如访谈、问卷、观察、测验等,认真收集、整理和分析材料,提出研究报告。

2.个案调研资料

(1)静态资料。指各类现存的资料,又可分为主体记录资料与客体记录资料两种。主体记录资料一般指自传、日记、信函、回忆录、起草的文件、著作等;客体记录资料指报纸、会议记录、评论、病历记录、司法记录、社团或学校记录、个人档案、地方志、人物传记及其他有关非个人文件等。其中有的属于原始资料,有的属于二手资料,可依据研究目的予以归类处理。

(2)动态资料。指关于人们思想倾向、态度、意见或心理状况等反映现实活动的资料。收集资料的途径主要是被调研者填写的调研表和观察访问的记录,这类资料的可信与否往往是决定一项调研成败的关键。

(3)社会证据资料。这是前两类资料的复合物,其中既有静态资料又有动态资料。社会证据是说明问题和解释事物现象内在逻辑联系、反映社会事实的材料。从社会调研的角度来讲,凡是一切有关某个案问题的零星琐碎的事项,当它们各自分立的时候,可能显不出有多大的意义;但是,当它们一点一滴地汇在一起,足以说明一个被调研者的个性特征和行为方式,能证实或推翻某项假定的结论时,它们就起了证据的作用。

3.4.2　个案调研的特征

1.优点

(1)形式和方法灵活多样。个案调研可以从静态或动态的角度进行实地观察或当面自由交谈,并能同时运用观察法、访问法、文献法等多种方法。

(2)深入把握个案全貌。个案调研最大的优势就是可以对调研对象进行全面、深入、系统的调查研究,既可弄清楚调研对象的来龙去脉,又可追踪其发展变化的情况,掌握其规律,把握个案的全貌。

2.缺点

(1)对调研人员的素质要求高。调研人员需要具有专门的知识和丰富的实际经验,进行深入细致地调研。例如要进行企业个案调研,调研人员既不懂企业法,也不懂企业的管理经营、市场经济等方面的专业知识,就无法顺利进行个案调研,更难弄清企业发展、开拓的规律,因而很难得出正确的结论。

(2)调研结论缺乏代表性。作为"特殊"和"个别",个案对象虽然可以在一定程度上反映"一般",但个案调研主要是调研研究"这一个"、"特殊"和"个别"问题的解决方法,因此,不能简单地用解决个案问题的方法去解决"面"上的问题,只能为解决"面"上问题提供一定的借鉴。调研结论不能直接代表全体,也不一定有广泛的适用性。

(3)投入的时间、精力较大。个案调研一般需要花费较长的时间,投入较大的精力。

3.适用范围

个案调研能深入细致地研究调研对象,有利于具体问题的解决,如在公共关系调研中,一些具体问题的解决往往用到个案调研,像公共关系危机处理、一些重要公众的关系处理等。在大规模的社会调研中,在把握行为的一般规律和倾向的基础上,也需要结合个案研究进行深入考察。个案调研有利于全面系统地对对象进行了解,其缺点在于研究对象的数量少,结果可能不具有普遍意义。因此,它应与其他方法配合起来应用。

3.4.3　与抽样调研的区别

1.内涵不同

抽样调研是指从研究对象的总体中抽取一些个体作为样本,并通过样本的状况来推论总体的状况;个案调研是从研究对象中选取一个或几个个体进行深入、细致的调研。

2.特征不同

(1)抽样调研可以进行统计分析和概括,能了解总体的一般状况和特征,调研结果具有一定的客观性和普遍性;比普查要节省时间、人力和经费,资料的标准化程度较高,调研内容不如个案调研那样深入、全面,工作量也较大,在资料处理和分析上需要运用较复杂的技术。

(2)个案调研是详细描述某一具体对象的全貌,了解事物发展、变化的全过程。与抽样调研相比,个案调研不是客观地描述大量样本的同一特征,而是主观地洞察影响某一个案的独特因素。

3.4.4　个案调研的步骤

1.确定个案

根据调研的课题与目的以及调研者的需要与条件选择具体个案。

2.收集资料

个案调研要收集一切能反映个案所有个性特征和行为方式的零星资料,并且要掌握尽可能多的历史资料,如自传、回忆录、著作、日记、信函、报刊、会议记录、档案、地方志等。收集资料要深入细致,要使所得的资料能够证明调研问题,并相互印证。

3.分析个案

取得调研资料后,必须对资料进行整理和分析,针对事物与现象之间的因果关系,找出问题的症结所在,分析产生问题的原因。

4.提出建议

调研人员在对问题进行深入的分析后,要提出妥善解决的方案或富有建设性的建议,促使其改变。

3.4.5　个案调研的注意事项

1.准备充分

要做好个案调研,调研人员要做好必要的准备:认真考虑在具体调研中应采取的大致的调研程序和调研方法,并对调研对象进行初步的调研分析,尽可能掌握其基本情况;同时要进行必要的学习,掌握与调研内容密切相关的调研方法和专门技术,为调研打好基础。

2.调动积极性

在进行个案调研时,一般采用参与法,因此,必须注重调动调研对象的积极性,取得调研对象的配合。

(1)告诉调研对象谈话的目的和要求,消除对方的顾虑;

(2)耐心细致地听取对方的谈话,灵活地做好记录,并注意及时引导对方的谈话;

(3)机智地引出新的话题,注意在谈话中发现新的线索;

(4)在谈话结束时要注意感谢对方的合作,对对方的希望和要求,尽量适当地给予满足;

(5)选择恰当的调研方式和方法,保持谦虚的态度。

3.注意整理与分析资料

个案调研中要科学地对调研资料进行分析,不能随便用个案调研的结论推导有关的总体。对资料进行整理与分析既要对资料进行必要的分类,抓住重点,又要注意核实,确保资料的准确性和真实性。另外,在分析资料时要处理好一般与个别、整体与部分的关系,既把个案调研的资料放在客观对象的总体中去考察,又要在个案中窥探总体的性质,从而得出个案调研的正确结论。

4.注意调研伦理

个案调研要以个案利益最大化为考察依据,但在实际执行中有可能对个案造成某种程度的伤害,有违个案调研的伦理,要注意避免。

课程思政

直播电商产品质量抽检,不合格率令人深思

思政视频:抽样
调研中的工匠精神

　　随着短视频平台的崛起,直播带货成交量惊人,但在巨量成交的背后,却是大量投诉,其中质量问题成为重灾区。

　　2022年1月16日,央视报道,上海市市场监督管理局日前对9家电商直播平台销售的婴幼儿服装、成人服装、服装配饰、鞋、箱包和床上用品等6类商品进行抽检,结果发现,113批次样品中,有22批次不合格,不合格率为19.5%。

直播电商品牌抽检96个品牌的6类商品,不合格率高

　　据了解,上海市市场监督管理局的这次监督抽查主要从9家电商直播或短视频平台的品牌店铺或自有直播间网络店铺进行采样,共涉及96个品牌的6类产品。在此次抽检中,有的平台抽样不合格率为50%,有的平台抽样不合格率为40%,还有的平台抽样不合格率为28.6%。这6类产品的抽查结果显示,服装配饰和成人服装这两类产品的不合格情况明显更高,这次网购的113批次样品中,成人服装是监督抽查的重点,有60批次,占比超过一半。检测发现,超过1/4的成人服装抽查不合格。

标称三成羊毛含量实际含量为零

　　某件从直播平台购买的连衣裙,它的面料成分标称为60%棉,23%腈纶,11%锦纶,1%银丝,但实际检测下来,这块面料成分为53%棉,24.7%腈纶,12.7%锦纶,6.2%聚酯纤维,3.4%再生纤维素纤维。这个商品的面料成分标注不准确,而且检测出了未标注的聚酯纤维和再生纤维素纤维两种成分。

　　这条连衣裙不仅面料不合格,检测发现它的里料也不合格。产品标注的里料是棉和涤纶各占50%,实际检测结果是聚酯纤维51.1%,粘纤48.9%。像这样标注衣物纤维含量时以次充好,是这次抽查发现的不合格成人服装存在的普遍现象。

　　一件从某品牌旗舰店购买的双面呢上衣,标称面料含量为羊毛68.5%,聚酯纤维31.5%;里料含量为聚酯纤维71.5%,羊毛28.5%。实际检测结果显示,面料含量为绵羊毛49.4%,聚酯纤维44.1%,其他纤维6.5%;大身里料含量为聚酯纤维95.2%,氨纶4.8%;袖里料含量为聚酯纤维100%。

　　这件衣服的标称面料,羊毛含量近七成,但实际上,它的羊毛含量连一半都不到。它的标称里料含有近三成的羊毛,但实际上,它的大身和袖子里料的羊毛含量为零,一根羊毛都没有。

　　除了以次充好,存在安全隐患,一些直播电商平台上售卖的商品没有标注货号,甚至未标注生产企业名称,属于"三无"产品。这些直播电商的抽检结果,值得深思。

（资料来源:上游新闻,经作者整理改编）

【反思与启示】

1.抽样调查这个检测方法在直播电商产品质量管理中发挥了哪些优势?

2.除了抽样调查,还有哪些方法和手段可以加强对直播电商产品的质量控制和管理?

3.抽样调查得到的结果对直播电商的健康发展有何启示?

3.5　能力训练:确定调研方式

调研是通过各种调研方式系统客观地收集信息并研究分析,对各产业未来的发展趋势予以预测,为企业投资或发展方向的决策做准备。一般情况下,调研方式分为抽样调研、典型调研、重点调研和个案调研四种,调研结果的质量取决于调研方式的选择。

3.5.1　训练内容

现以企业角度,结合前期调研方案的设计,根据调研内容和目的等因素,比较各种调研方式的优缺点以及适用范围,选择确定具体的调研方式。

3.5.2　训练步骤

1.研究分析调研内容和目的

调研的目的和内容决定了需要收集什么样的具体资料信息,进而决定了需要通过何种方式和手段来获得相关资料信息。因此,对调研内容和目的的分析是确定调研方式的前提和基础。

2.比较各类调研方式的优缺点

抽样调研、典型调研、重点调研和个案调研都是非全面调研,每种调研方式都有各自的优缺点以及适用范围,因此需要对其进行深入比较分析。抽样调研适用的范围是最为广泛的,也是最完善、最有科学依据的调研方式;个案调研不是客观地描述大量样本的同一特征,而是主观地洞察影响某一个案的独特因素;重点调研与典型调研的主要区别在于调研对象选取、适用范围以及推断总体的可靠程度等方面。

3.选择确定具体的调研方式

根据研究目的,比较各类调研方式的各自优势和局限性以及适用范围,选择确定具体合适的调研方式。

3.5.3　训练要求

1.训练过程

通过小组协作、教师指导的方式完成训练任务。

(1)教师布置任务;

(2)学生小组团队确定本次项目任务的成员分工;

(3)分析调研目的和内容;

(4)比较各类调研方式;

（5）确定具体调研方式。

2.训练课时

建议训练课时：课内 8 课时，课外 6 课时。

3.5.4　训练成果

调研方式选择总结报告 1 份。

本章测试

调查方法选择

任务四目录

学习目标

知识目标

通过本任务学习,你应该:

◆1.了解调查方法的具体类型

◆2.了解问卷调查法的具体方式和种类

◆3.理解决定调查方法的各种因素

◆4.了解观察调查法的含义、类型及特点

◆5.理解观察调查法的主要内容

◆6.了解暗访调查法的内涵和前提

◆7.理解实验测试法的含义和方式

◆8.理解营销实验测试的各类设计方案

技能目标

通过本任务学习,你应该:

◆1.能根据具体问题有效地选择问卷调查的具体类型

◆2.能够准确掌握观察调查法的具体应用范围

◆3.能够熟练掌握观察调查法的操作流程

◆4.能够熟练掌握观察调查法的相关记录技术

◆5.能够有效地开展暗访调查

◆6.能够熟练地开展神秘购买调查

◆7.能熟练设计营销实验测试的具体方案

◆8.能有效地开展各类测试的计算应用

素养目标

通过本任务学习，你应该：

◆1.养成细致观察的做事风格

◆2.具备批判性思维、辩证思维

◆3.具有实事求是、客观公正的态度，不带主观偏见

◆4.具有科学严谨的态度

◆5.培养谨守底线的法治精神

案例导入

亚马逊新品数据调研方法，如何判断产品市场容量和竞争强度？

对于一款新品，要进行相应的新品数据调研，判断该产品对应的市场容量及竞争强度，可以从以下几个方面查看该款产品的市场竞争程度及其未来趋势走向。

1.关键词搜索结果量。使用产品的核心关键词到亚马逊首页进行搜索，查看该款产品在首页的搜索结果量，再精准定向确定该款产品有多少卖家在做FBA（亚马逊物流配送）。一般来说，产品搜索量高达十几万甚至几十万，说明该款产品的战场厮杀猛烈。如果产品搜索量只有几千或是几万，说明该产品还较新，具有市场容量，竞争强度相对而言不会太大。

2.评价数量。判断一款产品的新旧程度时，要查看卖家所有的评价数量。如果同类产品80%的卖家评价数量只有十几个或几十个，建议优先选择该款产品。要注意产品的首次上架时间和留评时间。如果大部分卖家的首次上架时间在近三四个月甚至更近的话，说明该款产品具备一定的市场前景。

3.产品利润空间。如果一款产品的搜索量和销量都还不错，评价数量也不多的话，接下来要做的就是估算产品的利润是否在可接受范围内。计算产品利润的业余公式：平台售价×85%（扣除15%佣金）－尾程－头程－成本＝利润。

4.卖家精灵数据调研。使用卖家精灵进行产品数据调研，主要查看每个商家的预估月销量、评价星级、是否是FBA或亚马逊自营。

5.Keepa（一款亚马逊历史价格追踪插件）价格追踪。使用Keepa查看同行产品的历史最低价、参加秒杀的次数、刚上架的排名、每月留评数量的递增方式、是否断过货等。通过对以上数据的研究，能够有更明确的方向运营产品。

6.MerchantWords（一款亚马逊关键词工具）关键词搜索量。使用Jungle Scout（一款亚马逊卖家选品工具）进行数据调研后，可以去MerchantWords网站，使用产品关键词搜索产品在各类目下对应的搜索量。

7.Google Trends（谷歌推出的一款搜索日志分析工具）产品全年走势。使用MerchantWords查询完亚马逊站内关键词搜索量后，可以用Google Trends查看该产品在全球以及所在站点国家的全年搜索量及其走势。除了查看全球趋势以外，还可以关注下全

球搜索量排名前五的国家。

（资料来源：http://www.sohu.com/a/242054259_100089092，经作者整理改编）

成语典故

明廉暗察

　　明廉暗察是指用各种方法进行调查研究。出自金代董解元的《西厢记诸宫调》："正不怕明廉暗察，信不让于春秋里季札，治不让颍川黄霸。"

　　事物有多面性，需要通过各种方法来开展调查研究，更全面地掌握事物的信息，从而推断其发展趋势。

　　在本任务学习中，我们可以采用问卷法、观察法、实验法等多种方法对市场情况进行调查研究，包括明察和暗访，使调查的信息更真实、更准确。

4.1　选择调查方法

思考题　调查方法有哪些类型？

4.1.1　调查方法的含义

　　调查是一种收集原始数据的方法，通过与代表性样本里的人进行交流而收集信息。市场调查方法有很多种类型，具体选择哪种调查方法取决于研究目标、数据的现有来源、决定的紧急程度及获得数据的成本等因素。如需要探究问题的原因和深层逻辑，主要是回答"是什么""为什么"的问题时可以采用定性研究的焦点小组座谈会；如需要通过分析局部来推测全局规律，主要是回答"是多少"的问题时可以采用电话调查、网络问卷调查等形式。

4.1.2　调查方法的分类

1.基于交流和填写方式划分

　　按照交流和填写方式不同，可以将调查方法分为电话访谈、人员访谈、邮寄访谈和电子访谈四种主要模式（见图4-1）。

　　（1）电话访谈。电话访谈可以分为传统电话访谈和电脑辅助电话访谈两种形式。传统电话访谈是给样本中的调查对象打电话，并向他们提出一系列问题，调查员使用一份纸质问卷并用笔记录被调查者的回答。电脑辅助电话访谈（computer-assisted telephone interview，CATI）是调研人员使用电脑问卷，通过电话询问调查对象，并直接将调查对象的答案输入到电脑里。电话访谈具有收集数据速度快、成本相对低廉、不必面对面接触、容易取得对方合作等优点；但也存在着不足，如样本的代表性差、访谈时间有限、视觉媒介缺乏等。

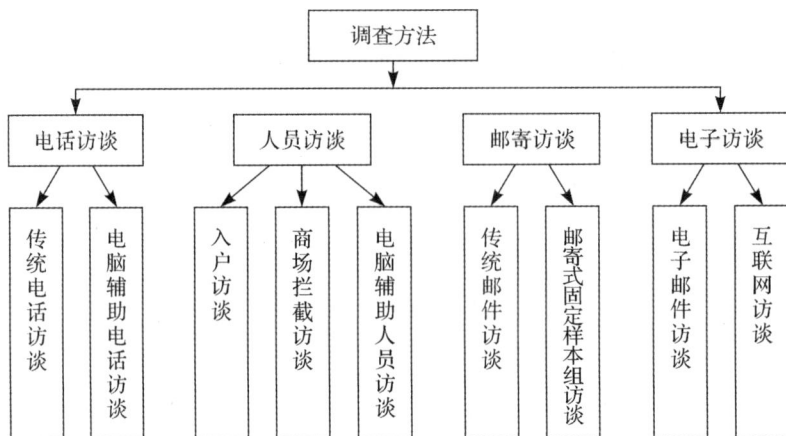

图 4-1　基于交流和填写方式的调查方法分类

（2）人员访谈。人员访谈可以分为入户访谈、商场拦截访谈和电脑辅助人员访谈三类。

①入户访谈。访问的地点一般会影响应答者的参与率，进而影响样本代表总体的程度。入户访谈可以帮助解决不应答的问题，提高参与率，但可能漏掉某些潜在的应答者，造成代表名额不足或过剩的问题。近几年，由于社会经济和互联网发展，入户访谈、商场拦截访谈在不断减少。

②商场拦截访谈。商场拦截访谈是指在购物中心或其他交通流量大的地方进行的个人访问，又称为购物中心抽样。执行商场拦截访谈的最主要原因是其成本非常低，不需要到应答者的家里。商场拦截访谈也存在很多问题，最主要的是购物者一般都很匆忙，所以拒绝接受访谈的概率比较高，平均在 54%～56% 之间。

③电脑辅助人员访谈（computer-assisted personal interview，CAPI）。CAPI 是让调查对象坐在电脑终端前，用键盘、鼠标或触摸屏回答屏幕上显示的问卷。有几种用户友好的软件系统，可以用来设计调查对象容易理解的问题，同时还提供帮助屏和彬彬有礼的错误提示。彩色屏幕和屏幕内外的刺激增加了调查对象对项目的兴趣和参与度。这种方法被划分为人员访谈技术，是因为通常会有一名调查员在现场充当主持人，并根据需要对调查对象进行指导。CAPI 被用来在购物商场、产品鉴定会、会议和行业展会上收集数据。

（3）邮寄访谈。邮寄访谈包括传统邮件访谈和邮寄式固定样本组访谈。在传统邮件访谈中，问卷被寄给预先选定的潜在调查对象。一个典型的传统邮件访谈包括外寄信封、封面信、问卷、回寄信封，或许还有一份物质奖励。邮件调查的用途广泛，包括对消费者偏好的测量。邮寄式固定样本组由一个全国范围内有代表性的家庭样本组成，样本组成员同意参加定期的邮件问卷调查和产品测试，通常会给家庭成员们各种物质激励作为报酬。邮寄式固定样本组可以从相同的调查对象处重复获取信息，因此可以被用来实施一个纵向设计。

（4）电子访谈。问卷可以使用电子邮件传送。首先要获取电子邮件地址名单，将调查内容写入电子邮件中，然后通过互联网发给调查对象。使用电子邮件分发问卷有很多好处，如分发速度快、分发及处理成本较低、转交时间短、灵活性强等。互联网调查是一种发布在网上的自我管理式问卷,应答者通过点击图标或键入答案,回答电脑屏幕上显示的问题。

对于不同的研究项目,数据收集速度和成本、回答率等因素的相对重要性会不同(见表 4-1)。

表 4-1　调查方法的比较性评价

标　准	电脑辅助电话访谈(CATI)	入户访谈	商场拦截访谈	电脑辅助人员访谈(CAPI)	传统邮件访谈	邮寄式固定样本组访谈	电子邮件访谈	互联网访谈
数据收集的灵活性	中—高	高	高	中—高	低	低	低	中—高
问题的多样性	低	高	高	高	中	中	中	中—高
有形刺激的使用	低	中—高	高	高	中	中	低	中
样本控制	中—高	潜在的高	中	中	低	中—高	低	低中
数据收集环境控制	中	中—高	高	高	低	低	低	低
现场工作人员控制	中	低	中	中	高	高	高	高
数据数量	低	高	中	中	中	高	中	中
回答率	中	高	高	高	低	中	低	非常低
调查对象感觉到的匿名度	中	低	低	低	高	高	中	高
社会期望	中	高	高	中—高	低	低	中	低
获取敏感信息	高	低	低	低—中	高	中—高	中	高
调查员潜在偏差	中	高	高	低	无	无	无	无
速度	高	中	中—高	中—高	低	低—中	高	很高
成本	中	高	中—高	中—高	低	低—中	低	低

2.基于信息收集种类划分

基于信息源和收集信息的种类,可以将调查方法划分为收集二手资料的二手资料收集分析调查和收集一手资料的定性调查、观察调查、实验与测试、问卷调查(见表 4-2)。例如,如果把从政府部门统计的二手资料中得到的整个商圈的人口结构和平均收入与从企业自身调查的一手资料中得到的顾客的年龄结构和平均收入进行比较,就可以得出顾客群的特征。

表 4-2   基于信息收集种类的调查方法分类

调查方法	主要优点	调查实例	信息源		收集的信息	
			现有资料（二手资料）	原始资料（一手资料）	定性的（质的）	定量的（量的）
二手资料收集分析调查	灵活地使用现有资料，容易获得在时空跨度上的大范围的信息	资料检索调查	●		●	●
		资料分析调查	●		●	●
		数据解析调查	●			●
定性（质的）调查	以少量的人为对象，可获得直接的声音和详细信息	小组座谈会		●		
		深度访谈		●		
		倾听调查		●		
		案例调查		●		
观察调查	可以比提问更加有效地获得信息，可从第三者的角度看到信息	借助于机器观察		●		●
		人工（肉眼）观察		●		●
		参与观察		●		
		实地考察		●		○
实验与测试	可以在导入企业和政府的措施前把握效果	市场测试		●	○	●
		事前事后测试		●	○	●
		商品测试		●	○	●
问卷调查（定量调查的代表）	抽样调查可以推论总体的意识和行为，非抽样调查可以把握多数人的意见	面谈调查		●		●
		电话调查		●		●
		邮寄调查		●		●
		商场拦截式调查		●		●
		互联网调查		●		●

注：●表示适用，○表示有时候适用

4.2   设计问卷调查

思考题   *如何选择问卷调查的具体方式？*

问卷调查是实地调查的有效工具，通过统一设计的有一定结构的问卷进行调查。调研人员通过问卷调查可以收集到大量资料，并用统计方法处理，使其数量化，进行定性、定量分析并推断出总体趋势。问卷调查的要点主要是问卷设计、问卷投放、问卷分析三个方面。

微课视频：
问卷调查法

4.2.1　问卷调查的方式和方法

　　问卷调查通过各种各样的场所、调查方法和回收方法来实施，在数量、范围等方面的优势是一般访谈调查法所不及的。为了确定调查方法，要对调查课题、调查目的、调查时间、调查费用等各种各样的事项进行研究。问卷调查的方式和方法如表 4-3 所示。

表 4-3　问卷调查方式和方法

调查方式	调查方法
访问员通过拜访进行邀约	面访调查
	留置问卷调查
访问员在街头、设施内等进行邀约	街头拦截，到场者面访调查
	街头拦截，到场者自填式调查
	定点街头访问调查
通过信息通信手段进行邀约	邮寄调查
	电话调查
	互联网调查
通过报纸和杂志广告、宣传单、互联网广告、店内的海报、商品包装等进行邀约	回答者募集式调查
	家庭使用测试
	传真调查

4.2.2　问卷调查的类型

　　问卷调查可以从调查所依托的场所、委托方式、填写者、回收方式等角度进行划分，主要有面访调查、留置问卷调查、到场者调查、街头调查、邮寄调查、电话调查、传真调查、互联网调查、回答者募集式调查、家庭使用测试等（见表 4-4）。

表 4-4　问卷调查的种类

		面访调查	留置问卷调查	到场者面访调查	到场者自填式调查	定点街头访问调查	邮寄调查	电话调查	传真调查	互联网调查	回答者募集式调查	家庭使用测试
调查场所	被调查者的家中	○	○				○	○	○			○
	街头			○	○							
	设施内			○	○	○					○	
	互联网									○	○	○
	报纸杂志										○	

续表

		面访调查	留置问卷调查	到场者面访调查	到场者自填式调查	定点街头访问调查	邮寄调查	电话调查	传真调查	互联网调查	回答者募集式调查	家庭使用测试
委托方式	访问员	○	○	○	○							○
	募集人员				○	○						
	邮寄						○		○			
	电话							○				
	传真								○			
	广告							○	○		○	
	互联网									○	○	
	手机									○		
填写者	访问员	○		○					○			○
	调查对象		○		○	○	○		○	○	○	○
回收方式	访问员	○	○	○	○							○
	邮寄		○		○		○				○	○
	电话							○			○	
	传真								○		○	
	计算机							○		○		
	互联网									○	○	○
	手机									○		
	回收箱				○						○	

下面再介绍下按照问卷填答者不同划分的自填式问卷调查和代填式问卷调查。

(1)自填式问卷调查。自填式问卷调查是指调查者将调查问卷发送或邮寄给被调查者，由被调查自己阅读和填答，然后再由调查者收回的方法。自填式问卷调查法具有以下优点：收集资料具有较高的效率，可以节省时间、经费和人力；具有很好的匿名性，可以收集到客观真实的资料；在很大程度上排除了不同调研人员所带来的影响，可以避免某些被调查者因为压力所造成的偏误。同时该调查法也存在一些不足：问卷的有效回收率较低；适用范围常常受到限制；调查资料的质量得不到保证，容易造成理解偏差。

(2)代填式问卷调查。代填式问卷调查是指调查者按照事先设计好的问卷或问卷提纲向被调查者提问，然后根据被调查者的回答填写问卷的方法。按照与被调查者交谈方式的不同，代填式问卷调查可分为访问问卷调查和电话问卷调查。

自填式和代填式在调查范围、调查对象、回收率、调查误差等方面各有优势，具体比较如表4-5所示。

表 4-5　自填式和代填式问卷调查方法比较

问卷类型	自填式问卷			代填式问卷	
	报刊问卷	邮政问卷	送发问卷	访问问卷	电话问卷
调查范围	很广	较广	窄	较窄	限制较少
调查对象	难以控制和选择，代表性差	有一定控制和选择，但代表性难以估计	可控制和选择，但过于集中	可控制和选择，代表性较强	可控制和选择，代表性较强
影响回答的因素	无法了解、控制和判断	难以了解、控制和判断	有一定的了解、控制和判断	便于了解、控制和判断	不太好了解、控制和判断
回复率	很低	较低	高	高	较高
回答质量	较高	较高	较低	不稳定	很不稳定
人力投入	较少	较少	较少	多	较多
调查费用	较低	较高	较低	高	较高
调查时间	较长	较长	短	较短	较短

4.2.3　决定调查方法的因素

为了确定调查（实施）方法，现对抽样框、调查代表性、调查区域、调查内容、实施期限、回收率、调查费用等项目进行综合性的探讨（见表 4-6）。

表 4-6　决定调查方法的各种因素

调查方法	抽样清单或调查对象名册的必要性	确保具有统计意义的代表性（○可以，△困难，×不能）	调查区域	调查内容			实施期限（最低限度的目标）	回收率	调查费用
				提问量（○没有限制，△10～30分钟为宜，×5分钟以内）	可否有涉及不易回答的问题（○可以有，×不可以有）	可否有涉及视听和触感等的题目（○可以有，×不可以有）			
面访调查	必要	○	范围大，费用高	△	×	○	1周	80%	人头费、交通费
留置问卷调查	必要	○	范围大，费用高	○	○	○	2周	70%～80%	人头费、交通费
邮寄调查	必要	○	国内任何地方	○	○	×	3周	50%～60%	邮寄费

续表

调查方法	抽样清单或调查对象名册的必要性	确保具有统计意义的代表性(○可以,△困难,×不能)	调查区域	调查内容			实施期限（最低限度的目标）	回收率	主要的实施费用
				提问量(○没有限制,△10~30分钟为宜,×5分钟以内)	可否有涉及不易回答的问题(○可以有,×不可以有)	可否有涉及视听和触感等的题目(○可以有,×不可以有)			
到场者调查	不必要	○	人口聚集地	×	×	○	1天	低	人头费
定点街头访问调查	必要	△	集合至会场	○	○	○	1天	—	会场费、人头费
电话调查	必要	○	国内任何地方	×	×	×	1天	70%	人头费、电话费
互联网调查	必要	×	全球	△	○	○(视听)	1天	—	通信费
借助于手机的调查	必要	×	国内任何地方	×	×	○(发送图像)	1天	高	通信费
借助于数字电视的调查	不必要	×	国内任何地方	×	×	○(视听)	1天	—	通信费
家庭使用测试	必要	×	国内任何地方	○	○	○	1周	高	通信费
传真调查	必要	×	国内任何地方	△	○	×	1天	高	通信费

4.3　设计观察调查

思考题　*观察调查法是如何应用的？*

　　观察调查法是指研究人员根据一定的研究目的、研究提纲或观察表,用自己的感官直接观察,借助各种现代化的仪器、手段(照相机、录音机、显微摄像机等)辅助观察被研究对象,从而获得资料的一种方法。例如,对人、物的数量等进行观察的调查有收视率调查、商店评价调查(口碑、好评等),在零售门店收银台进行观察的调查有购物顾客特征调查、商品购买记录调查,对人、物、场所的状态等进行观察的调查有街头时尚观察调查、店面价格调查、零售店布局条件观察,对人的行动与活动等进行观察的调查有购物顾客的店内步行动作路线调查、待客态度调查,等等。

4.3.1 观察调查法的类型和特点

1.观察调查法的类型

在市场调研中,可以从观察目的、观察对象、观察手段、定量调查、定性调查等不同角度对观察调查法进行分类,具体将其分为以下几种类型。

微课视频:
观察法的类型
和特点

(1)按观察者是否直接参与观察对象的活动划分为参与观察与非参与观察。参与观察是指观察者直接参与被观察者的活动,作为其中一员(局内人),并进行观察,从而系统地收集资料的方法。非参与观察是指观察者不直接参与被观察者的活动,以旁观者的身份(局外人)对观察对象进行的观察。总体来说,参与观察要比非参与观察效果好。因为观察者参与其中,既有自我体验,又能与被观察者建立融洽的关系,对所观察的活动有较深入的了解,并能够及时发现一些新的研究课题信息。

(2)按对观察对象观察的直接程度可以划分为直接观察和间接观察。直接观察是指调研人员对所发生的事或人的行为的直接观察和记录。在观察过程中,调研人员对所观察的事件或行为不加以控制或干涉,例如在进行商场调查时,调研人员并不访问任何人,只是观察现场的基本情况,然后记录备案。一般调研的内容有某段时间的客流量、顾客在各柜台的停留时间、各组的销售状况、顾客的基本特征、售货员的服务态度等。间接观察,又称为实物观察,是指调研人员通过对实物的观察,来追索和了解过去所发生过的事情,即聚焦在直接去观察代表过去特定行为或事件的有形证据。调研人员作为"旁观者"(局外人)对被调查对象进行观察。比较常用的间接观察法的类型有垃圾学调查法和食品柜调查法。

垃圾学调查法和食品柜调查法

垃圾学调查法是指市场调研人员通过对家庭垃圾的观察与记录,收集家庭消费资料的调查方法。这种调查方法的特点是调研人员并不直接地对住户进行调查,而是通过察看住户所处理的垃圾,进行对家庭食品消费的调查。美国亚利桑那大学的几位社会学教授曾采用垃圾学的方法,调查图森市居民的食品消费情况。调查结果表明:图森市的居民每年浪费掉9500吨食品;被丢弃的食品中有许多是诸如一整块牛排、一个苹果或者一听打开的豆子罐头等可以食用的食品;低收入家庭比高收入家庭能更合理地安排食品消费;所有的家庭都减少对高脂肪、高蛋白食品的消费,但对方便食品的消费却有增无减。这项由政府资助的项目得到有关方面的高度重视,它为调查美国居民的食品消费情况提供了样本和数据。

食品柜调查法是指调研人员通过察看住户的食品柜,记录下住户所购买的食品品牌、数量和品种等,来收集家庭食品的购买和消费的资料;同时,还可以利用记录和计算零售商和中间商的存货水平,对某一品牌的商品在某一地区甚至全国范围内的市场份额、季节性购买方式等营销活动进行市场调研。

(3)按照是否改变和控制观察情境划分为自然观察和实验观察。自然观察是指调研人员在一个自然环境(包括超市、专卖店、展示中心等真实市场环境)中观察被调查对象的行

为和举止。调研人员进行自然观察活动时,对观察的对象不加以人工的改变,而只是对它们在自然状态下所呈现的情况进行观察。实验观察,又称为设计观察,是指调研人员在一个事先已经设计好的并接近自然的市场环境中观察被调查对象的行为和举止。它是调研人员根据调查研究的目的,利用专门的仪器对被观察对象进行积极的干预,人工地改变和控制被观察对象,以便在最有利的条件下对它们进行观察。实验观察和自然观察的显著区别在于对观察情境的改变和控制。

（4）按照观察活动的标准化程度划分为结构式观察与非结构式观察。结构式观察,也称为结构观察、控制观察或系统观察,是指观察人员根据事先设计好的提纲并严格按照规定的内容和计划所进行的可控性观察。它要求事先对要观察的内容进行分类并加以标准化,明确研究假设,规定要观察的内容和记录方法,并统一制定观察表格或卡片,卡片上明确列出各种观察范畴和分类,观察者只在相应的格内标记而不做出自己的评价。如果研究人员在观察前就明确知道要去观测和记录哪些行为或事件,就适合采用结构式观察。非结构式观察也称无结构观察、无控制观察或简单观察,是没有先期具体设计要求的观察类型。它一般只要求观察者有一个总的观察目的和要求,或一个大致的观察内容和范围,但是并没有很明确的研究假设和具体的观察内容与要求。非结构式观察具有比较灵活、适应性较强、简便易行的优点,因此最为常用,多用于探索性研究。但它所得的材料分散在许多方面,整理难度大,因此,无法进行定量分析和严格的对比研究。

（5）按照是否借助仪器设备划分为人员观察和机械观察。人员观察是指利用观察人员的感官进行观察,收集资料。它在市场调研中用途很广,比如研究人员可以通过观察消费者的行为来测定品牌偏好和促销的效果。它可以观察到消费者的真实行为特征,但是只能观察到外部现象,无法观察到调查对象的动机、意向及态度等内在因素。机械观察是指调研人员可以借助摄像机、交通计数器、监测器、闭路电视、计算机等来观察或记录被调查对象的行为或所发生的事情,以提高调查的准确性。在许多情况下,机械观察会比人员观察更合适。

尼尔森电视指数系统

美国最大的市场调查公司——尼尔森公司曾采用尼尔森电视指数系统评估全国的电视收视情况。尼尔森电视指数系统代替了传统的调查小组日记方法。尼尔森公司抽样挑出2000户有代表性的家庭为调查对象,并为这2000户家庭各安装上一个收视计数器。当被调查者打开电视时,计数器自动提醒收视者输入收视时间、收视人数、收看频道和节目等数据。所输入的数据通过电话线传到公司的电脑中心,再由尼尔森公司的调研人员对电脑记录的数据进行整理和分析工作。

（6）按照观察结果的表示形式划分为定量观察调查和定性观察调查（见表4-7）。定量观察调查以数字表示观察结果,定性观察调查以文字表示结果。前者又可以分为机械观察和人员（肉眼）观察,如电视收视率调查、行动路线和轨迹调查等;后者包括参与观察和实地考察。

表 4-7　定量和定性观察调查

种类	方法	观察对象	优点	缺点
定量观察	机械观察	电视收视率；销售量；库存量	能做到避人眼目地观察；不受时间限制；比人员观察更准确	必须设置、管理机械；机械设置、维护费用高
	人员（肉眼）观察	广告单发放数量；店内行动路线；来店顾客的性别、年龄段	与机械相比，不受观察地点的限制；可完成机械难以测定的观察	24小时的连续性观察有困难；不同的观察者可能产生不同的观察结果
定性观察	参与观察	集体、组织的特性	可以同时进行几项内容的观察	可能得出主观的观察结果
	实地考察	布局条件；销售礼仪		

2.观察调查法的优缺点

观察调查法是在一种日常的、自然状态的情况下对市场进行调查，可以不与被调查对象进行口头或书面的沟通，而是从旁观察被调查者的行动、反应和感受。观察调查法强调的是在不打扰被调查对象的前提下，对被调查对象的行为进行系统的观察和记录，而其他调研方法侧重强调被调查对象的配合和语言上的反馈。观察法有其自身的优缺点。

(1)优点：资料比较真实、可靠性较高，因为它能通过观察直接获得资料，避免了应答偏倚；在自然状态下的观察，能获得生动的资料；具有及时性，能捕捉到正在发生的现象；能搜集到一些无法言表的材料。

(2)缺点：受时间限制，某些事件的发生是有一定时间限制的，过了这段时间就不会再发生；受观察对象限制，如研究青少年犯罪问题，有些秘密团伙一般不会让别人观察；受观察者本身限制，观察者只能观察外表现象和某些物质结构，不能直接观察到事物的本质和人们的思想意识；不适用于大面积调查。

4.3.2　观察调查法的应用范围

1.观察调查法的应用范围

观察法是市场营销活动常用的一种研究方法，其应用范围非常广泛（见表 4-8），在市场调研中主要表现在以下几个方面：

(1)对实际行动和迹象的观察，如调研人员通过对顾客购物行为的观察，预测某种商品的销售情况。

(2)对语言和表现行为的观察，如观察顾客与售货员的谈话、顾客谈话时的面部表情等身体语言的表现。

(3)对时空的观察，如观察顾客进出商店以及在商店逗留的时间、利用交通计数器对来

微课视频：
观察法的应用
范围和操作流程

往车流量的记录。

（4）对文字记录的观察，如观察人们对广告文字内容的反应。

表 4-8　观察调查法应用实例

观察调查实例	分析		观察对象			观察内容			构成程度			场面		手段	
	定量	定性	人·群体	物	场所	个数·人数	状态	动作·行动	结构式	半结构式	非结构式	自然状态	人为状态	人工	机械
来店人数调查	○		○			○			○			○		○	
店内步行轨迹	○		○				○	○	○			○	○	○	
购物顾客特征	○	○	○				○	○				○		○	
待客态度	○		○						○			○		○	
零售店等布局场所		○			○		○			○		○		○	
店内库存、进货、销量	○			○		○			○			○		○	

2.观察调查法的使用注意事项

观察法的运用是观察人员的主观活动过程。为了尽可能地避免调查偏差，调研人员在使用观察法收集资料时应注意以下几点：

拓展知识：
进入观察现场
的策略

（1）努力做到不带有任何看法或偏见。在实际观察时，调研人员必须实事求是、客观公正，不得带有主观偏见，更不能歪曲事实真相。因此，要对调研人员进行有效的培训，提高调研人员的业务素质。要求调研人员遵守有关法律和道德准则，不能对涉及国家机密和个人隐私的内容进行观察，除非得到允许。

（2）观察对象和时段的选择应具有代表性。调研人员应注意选择具有代表性的调查对象和最合适的调查时间、地点，应尽量避免只观察表面的现象。

（3）在观察过程中，观察记录用纸和观察项目最好有一定的格式，以便调研人员随时做记录，并尽可能详细记录调查内容。为了观察客观事物的发展变化过程，应需要做长期反复的观察，进行动态对比研究。

（4）在实际观察时，最好不要让被调查者察觉。除了在实验室等特定的环境下和借助各种仪器进行观察，调研人员应尽量使观察环境保持平常自然的状态，否则，就无法了解到被调查者的自然反应、行为及感受。

4.3.3　观察调查法的操作流程

拓展知识：
零售终端
调查的流程

观察调查的前提是事先确认观察现场，寻找视认性好、不对周围的人造成不便的地点，并征得场地和设施管理者的许可。观察调查法的一般程序，第一是选择那些符合调查目的并便于观察的单位作为观察对象；第二是根据观察对象的具体情况,确定最佳的观察时间和地点;第三是正确和灵活地安排观察顺序;第四是尽可能减少观察活动对被观察者的干扰;第五是要认真做好观察记录。

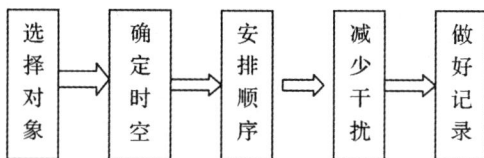

图 4-2　观察调查法的操作流程

1.待客态度观察调查

待客态度观察调查一般经历以下几个阶段:

第一,制定观察计划书,包括观察目的、观察对象、观察手段、观察项目、观察场所、观察期间或日期、观察费用等方面。

第二,训练观察人员,如培训其如何假扮成购物顾客。

第三,抽取观察对象设施,实施定量调查时先获取设施名单然后随机抽出。

第四,评价设施外观、观察如何接待顾客、扮成顾客与工作人员对话。

第五,在设施外填写观察记录表。

2.步行动作路线观察调查

步行动作路线是指将人走过的足迹用线连接起来的轨迹。步行动作路线观察调查是指调查顾客的步行轨迹,可作为大型零售店的店铺配置和商品陈列摆放的基础资料。根据步行动作路线观察调查方法,可以用以下公式来估算一个店铺的销售额:

销售额＝顾客人数×顾客人均购买额＝动作路线的长度×

过路率×视认率×购买率×购买频数×商品单价

从上述公式可以看出,对于零售终端来说,动作路线越长,销售额越人。

步行动作路线观察调查从策划到实施要经过以下几个步骤:

第一,设定调查课题。

第二,事先查看调查课题的观察场所。

第三,制定策划书,具体包括观察目的、观察对象(如顾客、到场者、行人)、观察对象的特征条件、观察对象人数、观察对象抽样方法(如时间抽样,每 20 分钟抽取 1 人)、观察手段、观察项目、观察场所、观察期间或日期(节假日、平时等)。

第四,观察场所的使用许可申请。

第五,观察人员的募集。所需观察人员的最低人数为观察对象人数÷1 小时内可观察的人数÷1 天的观察时间÷实施调查的日数×每一个对象所对应的观察人员人数×2(预备观察人员)。

第六,制作记录表格。

第七,向访问员做调查说明。

第八,进行观察和填写表格。

3.基于 POS(销售终端)数据的销售状况观察

它是指商品销售信息通过收银机自动输送,并获得统计处理,实时地掌握销售状况。通过各地的店铺收集到的 POS 数据,可以按商品代码来划分,计算出该商品的销售店铺数、表示销售店比例的覆盖率(铺货率)、每个销售店的销售额和销售量、每个销售店的评价销售价格和销售量、在竞争产品中销售额和销售量所占份额等。通过 POS 数据掌握销售信息一般经历以下几个步骤:第一,与 POS 数据进行交叉;第二,统计两个以上店铺的数据;第三,按时序统计数据;第四,推移数据。

4.3.4 顾客观察调查的主要内容

顾客观察调查是指通过对顾客购买行为的观察,记录并研究顾客的购买习惯和购买心理,从而更好地满足顾客需求、引导顾客购买的方法。顾客观察调查的内容很多,如顾客行为、顾客流量、顾客购物的偏好、顾客对商品价格的感受、顾客购物的路径、顾客留意商品时间的长短、顾客产生购买冲动的次数、顾客付款是否方便等。

1.观察顾客行为

了解顾客行为,可促使企业有针对性地采取恰当的促销方式。因此,调查者要经常观察或者摄录顾客在零售场所的活动情况,如顾客在购买商品之前,主要关注的是商品价格、商品质量还是商品款式,以及顾客对零售终端的服务态度的评价等。

2.观察顾客流量

观察顾客流量对零售终端改善经营、提高服务质量有很大的好处。例如,观察一天内各个时间进出店铺的顾客数量,可以合理地安排营业员工作的时间,更好地为顾客服务;如果要对新店铺进行选址或研究某区域商业网点的布局,首先要对客流量进行观察研究。

3.观察产品使用现场

观察人员到产品用户使用地观察调查,了解产品质量、性能及用户反馈等情况,实地了解使用产品的条件和技术要求,从中发现产品更新换代的前景和趋势。

4.观察店铺柜台及橱窗布置

为了提高服务质量,调查者要观察店铺内柜台布局是否合理,顾客选购、付款是否方便,柜台商品是否丰富,顾客到台率与成交率以及营业员的服务态度等。

4.3.5 观察调查的记录技术

观察调查记录技术是指观察人员实施观察时所运用的一些观察记录手段,主要包括记录表、符号和速记、记忆和机械记录等。适当的观察记录技术对提高调查的质量有很大的帮助。

拓展知识:门店
观察表的设计

1.观察记录表

观察记录表或观察卡片是一种标准化的记录工具,是一种数据收集手段,是调查者运用统一设计的表格收集观察信息的一种小卡片。调查者将所要研究的问题编制成观察项目表格,以人员观察法或仪器观察法观察到的结果填写表格,从而了解调查对象,达到调查目的。制作观察记录表或卡片时,应先列出所有观察项目,经筛选后保留重要项目,再将观察项目根据可能出现的各种情况进行合理的编排。观察记录表内容一般包括时间、地点、观察人、观察项目等。

某商场为了观察购买者的行为,制作了顾客流量及购物调查卡片(见表 4-9)。该调查卡片主要包括单位名称、观察时间、观察地点、观察员以及观察到的顾客流量等内容。在商场的进出口处由几名调查员配合进行记录,调查卡片每小时使用一张或每半小时使用一张,该时间内出入的顾客及其购买情况可详细记录下来。

表 4-9 顾客流量及购物调查卡片

被观察单位:_____ 观察时间:_____年_____月_____日_____时至_____时

观察地点:_____ 观察员:_____

1.客流方向	统计数据
(1)入向	
(2)出向	
2.顾客的购买习惯	
(1)顾客组合人数/人	
(2)顾客在商店内停留时间/分钟	
(3)顾客触摸商品次数/人次	
(4)向销售人员寻求帮助次数/次	
(5)购物金额/元	
(6)付款方式(现金或会员电子消费卡或信用卡)	
3.顾客购买商品情况	
(1)食品	
(2)服装	
(3)护肤或化妆品	
(4)洗涤用品	
(5)家庭用具	
(6)书籍或办公用品	
(7)其他	

商场对客流量进行调查时,不同时间段客流量可能有较大区别,所以通常采用分时间段抽样调查。在商场各入口处对进店顾客进行计数,然后汇总,并以此来推断总体客流量。商场客流量的一般调查内容:(1)调查的时间:平日、休息日、节假日各一天;(2)调查地点:商场各出入口。具体商场客流量调查表如表 4-10 所示。

表 4-10　商场客流量调查

调查日期：_____年_____月_____日　　　　　　　　　　　　　星期_____

时段	1号门进店人数	2号门进店人数	3号门进店人数	合计
9:00—11:00				
11:00—13:00				
13:00—15:00				
15:00—17:00				
17:00—19:00				
19:00—22:00				
合计				

2．符号和速记

符号和速记是为了提高记录工作的效率，用一套简便易写的线段、圈点等符号系统来代替文字，迅速地记录观察中遇到的各种情况。

3．记忆和机械记录

记忆是采取事后追忆的方式进行记录的方法，通常用于调查时间紧迫或不宜现场记录的情况。机械记录是指在观察调查中运用录音、录像、照相等借助各种专用仪器进行的记录，如电视监控、网站访问量监控、以扫描仪为基础的调研、生理反应测量等。录音是极好的记录方式，对于高度隐蔽的现场工作，可用微型盒式录音机。在必须具有或希望得到如实的图像记录时，摄影仍然是极佳的方式。在很多情况下，机械观测是观测的基本方法，有时候还是唯一的方法。

4.4　设计暗访调查

思考题　什么是暗访调查法？如何开展暗访调查？

4.4.1　暗访调查法的定义

微课视频：
暗访调查

暗访调查是指暗中调查寻求有效信息，是企业、媒体以及个人常用的一种调查手段。它分为介入式暗访（假冒某种身份）和非介入式暗访（作为旁观者）。暗访调查可以通过秘密或隐蔽手段获得竞争对手的一手资料，具有较强的真实性和客观性。从 1991 年至今，每年央视 3·15 晚会都成为消费者关注的年度焦点，报道记者通过调查、暗访揭露的一些潜在侵害消费者权益的行为。

4.4.2　暗访调查法的前提

企业要进行暗访调查必须具备以下三个前提：不得危害社会公共利益；不得触碰法律

底线;其他正常途径都无法获知真相。例如 2012 年 2 月 15 日,为了解网络零售行业整体服务水平,中国服务贸易协会客户服务委员会对 12 家知名 B2C 网站服务进行了暗访调查,分别对其电话服务、配送服务、退换货、投诉处理等方面进行了全面测评,涉及评价指标超过 30 项。

4.4.3　暗访调查法的流程

　　企业对竞争对手的产品、销售渠道等方面进行暗访调查时,需要遵循一定的操作程序。以服装门店暗访调查为例,具体流程如图 4-3 所示。

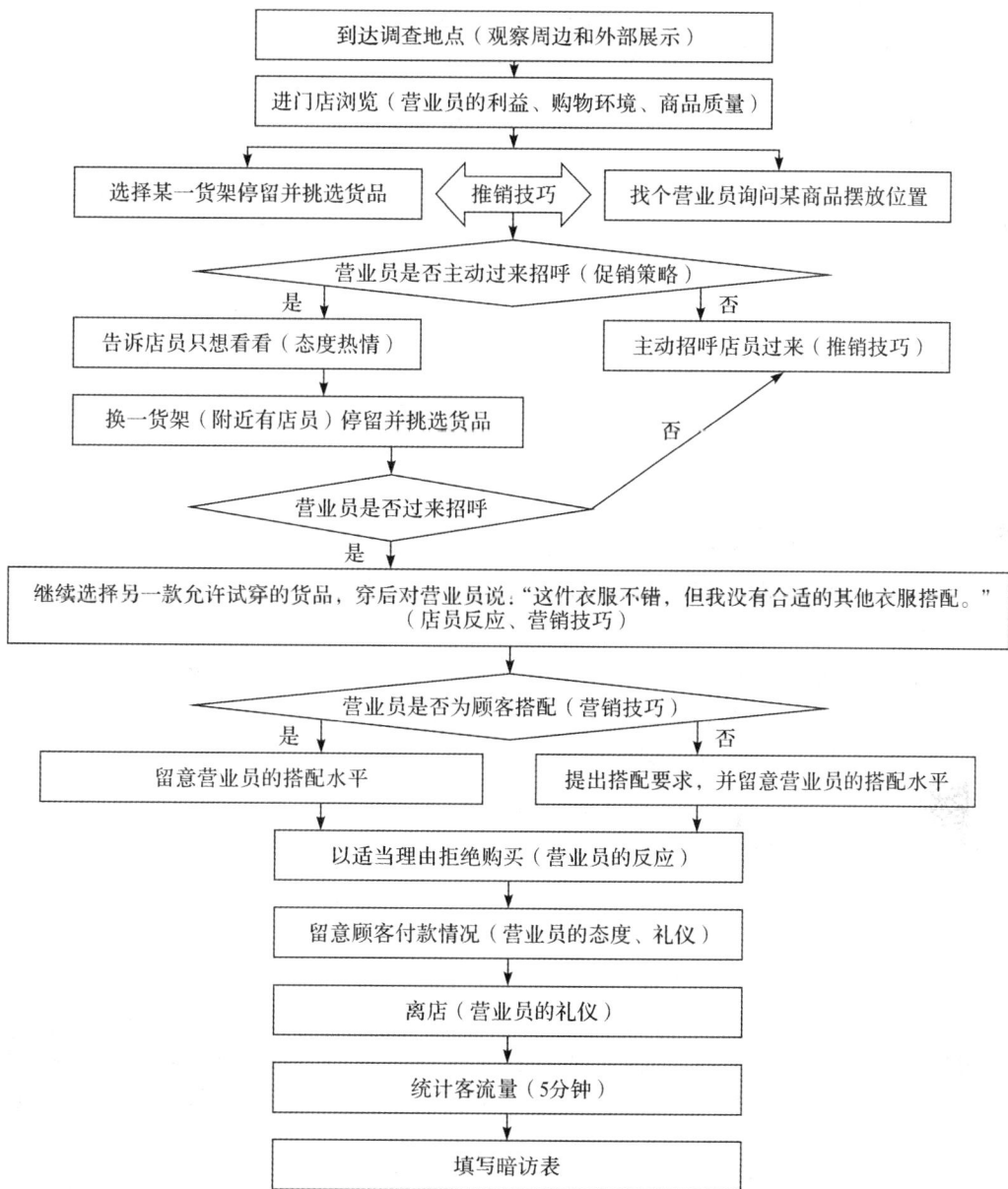

图 4-3　服装门店暗访调查操作流程

4.4.4　神秘购物调查

在营销领域应用最广的观察法就是神秘购物调查,也称为神秘顾客调查,是指由接受过相关培训或指导的个人,在规定或指定的时间里以潜在消费者或真实消费者的身份扮演顾客,对事先设计的一系列问题逐一进行评估或评定的一种调查方式。20 世纪 40 年代,Wilmark 提出了 Mystery Shopping(神秘购物)一词,并开始使用这种方法评估顾客服务,主要是针对待客态度的观察调查,即对顾客服务过程进行体验与评价。到 20 世纪 90 年代,神秘购物行业经历了前所未有的快速增长阶段,并获得了公众的认可。神秘购物调查几乎涵盖了所有行业,目前被广泛应用于电信、银行、汽车、餐饮、医疗、旅游、运输等服务性行业,其中麦当劳公司是使用神秘顾客调查的成功典范。

英国皇家邮局的神秘顾客调查

英国皇家邮局的客户满意度调查报告显示,客户对快件的次日收信可靠性的感觉一直比英国皇家邮局设定的内部标准差。这个问题一直被认为是客户感受错误,英国皇家邮局为此采取了多种措施来修正客户感受,但是客户观念一直不变。为对这一问题进行深入研究,英国皇家邮局进行了一次神秘顾客调查,邀请多名客户,两人一组进行互相寄信,记录所有的投递和收信的时间。调查结果表明,次日收信的可靠度为 65%,与客户满意度调查的结果相当接近,而英国皇家邮局内部服务质量测量表明的可靠度却是 94%。

1.神秘购物调查的具体形式

根据企业研究目标的不同,主要有以下几种形式的神秘顾客研究方法。

(1)购物体验。这是最传统的神秘顾客调查方式,就是按照详细的任务导向,由训练有素的神秘顾客实际购买或消费产品/服务,评估企业在各个消费者触点上的表现,找到实际服务输出和企业规范以及消费者期望之间的差距。

(2)微购物。这是指社会化网络和电子商务相结合的购物方式,这种形式适用于时间短、消费低、周期短的项目,如零售便利店等,一般多采用众包模式执行。

(3)体验穿越。这是通过专家体验方式进行调查,以公开评估方式为企业业务/体验流程优化提供改进建议。

2.神秘购物调查的优缺点

神秘购物调查有无可比拟的优势:神秘购物调查是衡量服务过程,而传统的客户调查主要是衡量服务的结果;使用神秘购物调查可以衡量服务程序是否具有可行性并加以持续改进,而不是单纯收集有关服务体验的意见;客户调查总体来说是客户主观感受,而神秘购物调查有可能收集到更客观的客户体验。

同时神秘购物调查也有其自身的缺点:参与调查的神秘购物者个体标准的不同可能影响到研究的可靠性;神秘购物调查期间的所有观察都是站在旁观者的角度,而不是真正的购物,其反馈可能与真实的购物者有偏差,当然,可以通过对考评计分表进行精细化设计来避免偏差。

3.神秘购物调查的具体项目任务

神秘购物调查可以从消费者、竞争对手等不同角度进行检测。从消费者角度,可以检测公司客户服务的表现,例如客户服务是否达到企业制定的标准,对窗口性行业的营业环境及服务人员的服务态度、业务素质和技能进行评估和考核,从而达到改进内部服务管理质量、提高顾客满意度的目的。作为竞争对手调查,可以通过调查了解竞争对手销售商品或提供服务的种类、品牌、价格等方面的信息。

神秘购物调查常用的工具包括简单问卷、录音、录像等。神秘购物调查人员的主要任务包括:采购商品、询问问题、以特定方式记录投诉或者某些行为,之后对他们的体验提交详细报告或反馈。大部分神秘购物调查的基本目标是衡量和改进客户服务,企业可以通过改善基础设施、改进产品或服务的辐射面、改进员工的服务等来改进客户服务。以服装店铺调查项目为例,评价被观察店铺整体情况的项目有店内外的美观程度、清洁程度、进出方便程度等(见表4-11);评价营业员姿态的项目有是否有新产品展示、是否明码标价等;评价店员待客态度的项目有讲价时的态度、商品知识、是否有礼貌、应对是否迅速等。

表 4-11　店铺整体情况观察记录表

观察人员姓名				观察时间		月	日 时 分
被观察店铺名称				接待服务员姓名			
评价项目	指　标	非常好	比较好	一般	不太好	非常不好	备注(评价的理由等)
店铺外观	美观程度(对店铺外观的印象)	5	4	3	2	1	
	清洁程度(垃圾、污渍等)	5	4	3	2	1	
	进出方便程度(台阶、障碍物等)	5	4	3	2	1	

4.5　设计实验测试

思考题　营销实验测试有哪些方式并如何设计相应方案?

在现代市场竞争中,实验测试法在营销研究中得到越来越多的应用,如企业如何从多种促销对策中选择最佳方案、广告宣传活动对销售额产生怎样的影响、如果改变产品设计或包装会对购买欲望产生怎样的效果等。因此,为了更好评估各项营销计划或策略的好坏,采用实验测试法最为合适。

微课视频:
实验法的含义及应用

4.5.1 实验测试法的含义及应用

1.实验测试法的含义

拓展知识:试销

实验测试法是指研究人员操纵和控制一个或多个自变量,并且观察它们对一个或者多个因变量的影响的一种研究方法。其中最重要的应用领域之一是市场测试,即试销,就是在小规模的市场上预测特定营销行动所导致的销售结果。例如香水包装的设计风格测试(见图4-4)。在很多情况下,市场测试是针对新产品或改良产品或服务的试销。

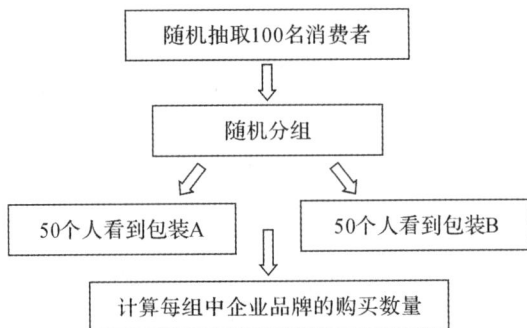

```
          ┌─────────────────────┐
          │  随机抽取100名消费者  │
          └─────────────────────┘
                     ↓
          ┌─────────────────────┐
          │       随机分组        │
          └─────────────────────┘
           ↓                   ↓
┌──────────────────┐  ┌──────────────────┐
│  50个人看到包装A  │  │  50个人看到包装B  │
└──────────────────┘  └──────────────────┘
                ↓
     ┌───────────────────────────┐
     │  计算每组中企业品牌的购买数量  │
     └───────────────────────────┘
```

图 4-4 香水包装营销研究实验实例

2.实验测试法的方式

研究人员在一个相对较小的特定市场内,以商品经营的某个因素为基准,如商品质量、包装、设计、广告、价格、陈列等,通过实验的方法来测定顾客的反应,然后根据实验的结果,决定是否值得开发。实验测试法通常采用以下两种方式:

(1)变动商品因素。在同一市场条件下,首先对正常经营情况下的各个因素进行测量,然后再测量变动某个商品因素(如价格、包装、广告等)后的情况,通过销售的效果来测试该商品因素对购买行为的影响。如在有关促销活动效果的实验里,调查是否广告投放得多或以特卖价格销售,产品的销售量就会增加;广告与价格之间是否存在交互作用;调查广告投放前后的商品品牌知名度和销售量的变化从而确认广告效果;等等。

(2)变动调查区域。市场形势、商品购买力以及价格、消费心理、季节等变化,都会不同程度地影响实验效果。如果在同一时间将不同区域的经营状况进行对比,则会大大提高实验效果。如把同一类商品采用某种特定的包装形式分别在条件大致相同的两个公司进行试销,然后测量其结果,来了解这种包装对购买行为的影响;在特定区域进行新产品试卖,从销售量来判断是否进行全国范围的销售并对销售量进行预测;通过实体店铺和网络虚拟店铺等来研究试卖产品的销售方法和产品的改进。

3.实验测试法选定流程

考虑使用实验还是测试方法的要点之一就是要看调查实施者一次可以操作的因素是1个还是2个以上。如有关销售额的特定广告效果,当调查1个因素(如广告)只产生1种(投放广告)效果时,无须使用实验法;但对于销售额来说,具有价格如何设定等2个以上的因素和种类,使用实验法更有效。实验测试法的选定流程如图4-5所示。

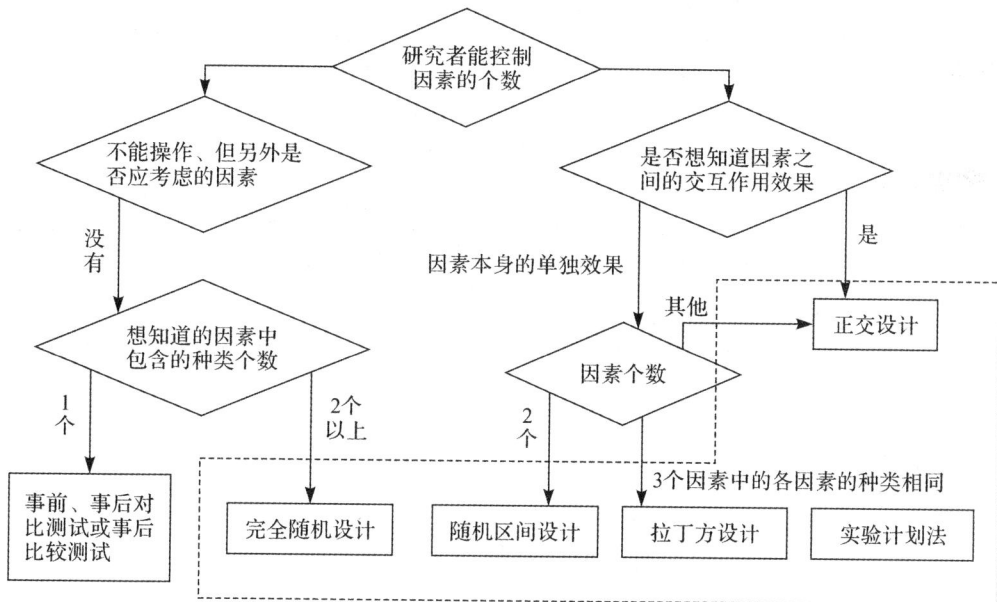

图4-5　实验测试法选定流程

4.5.2　实验测试法的设计与计算

思考题　实验测试法如何进行计算呢?

1.事前事后测试

微课视频:
实验法的设计与计算

事前事后测试适合在测定市场营销行动或措施的效果时使用,通过比较行动实施前和实施后的指标进行效果的测定。如为测定广告宣传活动的效果,可将商品的知名度、销售量定为效果指标,而把宣传活动前后的效果指标的差值作为效果。

(1)在活动实施区域的事前事后测试。它是指选择若干测试对象作为测试组,将测试对象在测试活动前后的情况进行对比,得出测试结论。其公式为:

测试效果＝活动实施后的指标值－活动实施前的指标值

$$E = X_2 - X_1$$

相对测试效果:$RE = (X_2 - X_1)/X_1 \times 100\%$

[例]　企业为研究改进某个销售条件(如广告投入)对企业销售额的影响,对销售额进行前后对比,销售额统计量如表4-12所示。

表4-12　事前事后销售额变动情况

	销售网点1	销售网点2	销售网点3	销售网点4
事前销售额	21	28	22	21
事后销售额	31	39	35	32

续表

	销售网点1	销售网点2	销售网点3	销售网点4
事前事后变动	10	11	13	11

根据以上统计数据可以得出：测试效果＝10＋11＋13＋11＝45

相对测试效果＝（45/92）×100%≈48.91%

（2）在活动实施区域及非实施区域的事前事后测试。它是对实施区域组和非实施区域组都进行前后对比测试，再将实施区域组和非实施区域组进行对比的一种双重对比测试法。其计算公式为：

测试效果＝活动实施区域的实施后的指标值－活动实施区域的实施前的指标值－变动因素

$$E=(X_2-X_1)-(X_1/Y_1)\times(Y_2-Y_1)$$

相对测试效果：$RE=[(X_2-X_1)/X_1-(Y_2-Y_1)/Y_1]\times100\%$

非测试因素（变动因素）为$(X_1/Y_1)\times(Y_2-Y_1)$。

[例] 某公司测量其新产品包装效果的实验资料如表4-13所示。

表4-13 事前事后销售量

	实施区域组	非实施区域组
测试前销量	95	115
测试后销量	130	120
变动量	35	5

根据以上统计数据可以得出：

$$E=(X_2-X_1)-(X_1/Y_1)\times(Y_2-Y_1)$$
$$=35-95/115\times5$$
$$\approx30.87$$
$$RE=E/X_1\times100\%$$
$$=(35-95/115\times5)/95\times100\%$$
$$\approx32.49\%$$

2. 单纯事后测试

它是指选择若干实施区域对象为实施区域组，同时选择若干与实施区域对象相同或相似的调查对象为非实施区域组，并使实施区域组与非实施区域组处于相同的测试环境之中。其计算公式为：

测试效果＝活动实施区域的实施后的指标值－活动非实施区域的同时期指标值

$$E=X_2-Y_2$$

相对实验效果：$RE=[(X_2-Y_2)/Y_2]\times100\%=(E/Y_2)\times100\%$

[例] 某企业测量其新产品包装对实施区域的效果的实验资料如表4-14所示。

表 4-14　事后销售量

	网点 1	网点 2	网点 3	网点 4	网点 5	网点 6
非实施区域组销售额	23	21	24			
实施区域组销售额				35	32	34

根据以上统计数据可以得出：

$$E = X_2 - Y_2$$
$$= (35+32+34) - (23+21+24)$$
$$= 33$$
$$RE = E/Y_2 \times 100\%$$
$$= 33/68 \times 100\%$$
$$\approx 48.53\%$$

3. 完全随机测试

实验计划法是阐明影响销售额和评价的因素的因果关系，测量因素的效果及因素的相乘效果。它是以效果的加法性为前提的。应用实验计划法，可通过少样本的问卷调查，如街头测试，来调查怎样组合新产品的功能能得到怎样的评价；问卷调查的对象也可以减少回答大量提问的麻烦。如假设塑料瓶的平均销售量为 30 个，改变条件后的销售量具体如表 4-15 所示。

表 4-15　基于实验结果和因素组合的销售量估计

	广告		价格		颜色		销售量	备注
	多	少	标准	特卖	透明	蓝色		
销售量	35	25	20	40	33	27	30	平均
因素效果（按因素划分的平均销售量）	5	−5	−10	10	3	−3		
组合效果预测	○		○		○		28	30+5−10+3
	○		○			○	22	30+5−10−3
	○			○	○		48	30+5+10+3
	○			○		○	42	30+5+10−3
		○	○		○		18	30−5−10+3
		○	○			○	12	30−5−10−3
		○		○	○		38	30−5+10+3
		○		○		○	32	30−5+10−3

完全随机测试是指以最单纯的实验设计，对实验对象的处理进行随机分配。它可以用于邮寄调查的问卷颜色是否与回信率有关；改变直邮的信件颜色回信率会有何变化；基于

广告分刊法的比较（在同一期报纸或杂志的同一页上登载同一商品或服务的广告，以问卷、问答题、礼品等方式巧妙地征求读者的反应，求得读者的回信）；不同内容的广告 E-mail 的效果比较；等等。对于完全随机设计的实验数据，以方差分析检验是否存在差异；遇到回复率以"已回复""未回复"等选择肢来表示的场合，最好使用卡方检验。如预测不同包装设计对销售额的影响如表 4-16 所示。

表 4-16　不同包装设计的销售额预测

销售网点	包装 A	包装 B	包装 C
A	9	10	5
B	11	11	4
C	12	12	6
D	15	16	7
E	19	9	—
样本量	5	5	4
平均	13.2	11.6	5.5

课程思政

大数据时代，谁让我们变"透明"？

思政视频：选择调查方法，守好"伦理之门"

　　"你买房子吗""你买保险吗""你要贷款吗""你中奖了"……如果你经常接到这种电话，不用怀疑，你的个人信息已经被泄露。那么，我们的姓名、电话、身份证号码等个人信息是怎么泄露的？为什么被陌生人掌握得如此精确？

　　三湘都市报记者连续多日对某地多家信贷公司、房地产售楼部进行暗访，调查公民信息买卖背后的利益链条。

暗访发现，个人信息买卖形成利益链，最高卖到 30 元

　　经熟人介绍，记者见到了在某信贷公司做信贷员的张丽（化名），截至目前她做信贷已经 3 年了，薪水是底薪加业务提成。她所在的信贷公司主要以电话方式推销业务，电话推销成功后，她再携带资料和表格跟客户谈具体信贷业务。"老板要求我们每天至少拨打 100 个电话"，张丽抱怨，"经常一天下来，喉咙都冒火。"

　　记者："这么多客户电话谁给你们的？"

　　张丽："老板给的。"

　　记者："老板是怎么获得客户电话的？"

　　张丽："老板有时候从网上搜，有时候花钱买客户信息。客户等级不同，价格也不一样。每条客户信息售价从 2 毛到 10 元不等。但从单位购买客户信息，价格就贵多了。像企事业单位、车管所、房管局、保险公司、4S店、银行等出售的信息更精确、详细,所以每条客户信息价格至少10元起步,最高卖到30元。"

张丽所在公司老板每天浏览企业工商网站,从中筛选本地客户的信息整理后交给员工,这类信息不用花钱。另外是从大数据网络公司购买信息,大数据网络公司在互联网上用蜘蛛、爬虫等软件根据用户行为摄取用户信息,迎合电话销售行业的需求整理后再出售。

互联网时代,获取公民的详细信息并不是难事,但涉嫌违法!

之后,记者再次通过熟人介绍,分别联系上了在房地产售楼部上班的李建(化名)及在另一家信贷公司上班的杨艳云(化名)。他们所在公司都是电话推销业务。"没有电话销售就没有客户信息非法获取和买卖,销售公司只要存在电话销售行为,就会出现单位和大数据网络公司出售客户信息的情况,灰色收入链就会存在。"李建向记者直言,"现今是互联网时代,要获取公民的详细信息并不是难事!"

通过百度搜索,记者查询"买卖公民个人信息罪案例"发现,全国各地发生的案件达640余例,涉及国家机关、金融、电信、交通、教育、医疗等单位的工作人员违反国家有关规定出售公民个人信息牟利。

(资料来源:三湘都市报,经作者整理改编)

【反思与启示】

1.对于"个人信息泄露途径"的调查,采用暗访的方式有哪些优势和不足?

2.作为个人,如何做好防信息泄漏的安全保护?

3.在客户信息资料获取方面,企业从案例中可以得到哪些警醒和反思?

4.6　能力训练:选择调查方法

选择合适的调查方法直接关系到调研工作的开展,不同的调查方法有各自优势和不足以及适用的具体范围。由于受需要的信息、预算(时间和资金)限制、调查对象的特征等因素的影响,没有哪种调查方法在任何场合都是最好的。为了更加准确地、有效地为企业经营决策提供有用的信息,在实际操作中经常会采用组合的方式进行调查。

4.6.1　训练内容

项目团队结合实际情况,如消费者调研、零售终端调研、竞品调研等不同项目,按照明确调研目的和资料要求、确立调研预算、选择具体调查方法等三个步骤进行项目训练。

4.6.2　训练步骤

1.消费者调研方法选择

从企业角度分析对消费者调研的目的,以及考虑调研对象的特点、调研活动的经费预算及所需的时间等因素,选择恰当的市场调查方法获取所需要的资料。以某一农业企业(校外基地)为依托,与企业相关人员沟通,分析该企业的名特优农产品的销售现状,以及判断消费者的需求和购买行为基本特征,最后选择和确定消费者调研的基本方法。一般而言,选择和确定消费者调研方法需要经过以下三个步骤:

(1)确定资料收集的性质。在市场调研活动中,资料来源可以分为原始数据和二手数据。在确定收集原始数据的研究设计之前,调研人员一般是先考虑收集和分析相关的二手数据,因为二手数据的分析有助于明确营销研究问题并拟定研究框架。在某些项目,尤其是预算有限的项目中,可能主要限于二手数据的分析,因为一些常规问题只需要二手数据就可以得到解决。一般情况下,调研人员获取的原始数据是为了解决手头的问题。因此,农业企业为了了解和描述消费者对名特优农产品的需求状况和购买行为特征,同时又因当前数据资料不能充分满足资料研究需要,可以考虑采用实地调查法收集原始数据。

(2)确定调研活动预算。数据收集方法的选择是一个复杂的决策,它在很大程度上取决于特定的研究情况。其中调研项目预算是影响调查方法选择的一个重要因素,这个预算既包括项目资金预算,也包括项目时间预算。一般情况下,项目预算资金越大,项目时间越长,企业可以采用原始资料和二手资料等多种调查方法相结合来收集数据;反之,则只能采用单一的调查方法进行数据收集。如项目资金预算较少,并且要求时间短,可以采用网络调查的方法,因为商场拦截式访谈、入户访谈的成本比较大、花费的时间比较多。

(3)选择实地调查方法。在特定的条件下,每种收集数据的方法都可能成为最好的方法,要从数据收集的灵活性角度分析各种数据收集方法的优缺点。数据收集的灵活性主要取决于调研对象与调研员和调查问卷的互动程度。如人员访谈,无论在户内还是以商场拦截式进行,都具有最高的数据收集灵活性,因为调研对象和调研员面对面地交谈,调研员可以控制复杂的问卷,解释和澄清困难的问题,甚至可以使用非结构化的技术。而传统电话访谈只有中度的灵活性,邮件调查的灵活性很低。

综合上述多方因素考虑,并结合企业对消费者名特优农产品消费行为的调研目的和调研目标,考虑采取商场拦截式问卷调查法来收集研究所需要的相关资料。

2. 零售终端调研方法选择

零售终端调研的质量取决于数据的真实性,而数据的真实性在很大程度上取决于数据的取得方式。观察法收集第一手资料是最基本、最常用的方法,也是了解企业市场营销活动以及竞争对手情报的重要途径。因此,企业对某一个特定调研问题,如零售终端项目调研,需要从成本和数据质量等角度考虑,选择合适的观察方法获取所需要的资料。现以某一服装企业(校外基地)为依托,与企业门店运营管理相关人员沟通,确定调研意图和调研的具体内容,最后选择零售终端调研的基本方法。一般而言,选择和确定最合适的观察法类型的步骤如下:

(1)明确调研目的和资料要求。调研人员要了解企业管理者的资讯要求,并考虑以后要如何使用这些资讯。决胜终端成为很多行业比较流行的营销语言,如随着国内经济的发展和消费者整体欣赏品位的提升,零售终端带来的体验也日益受到商家和消费者的重视。那么服装企业应该如何客观评价其品牌产品在零售终端卖场的表现,如分销渠道、服装卖场设计、陈列方式、搭配文化、价格结构、时尚概念、服务手段等方面,能否精准化地传达品牌的内在魅力。这些是目前企业可能最关注的方面。因此,调研人员在选择观察法类型前,必须要了解企业管理者的调研目的和具体要求。

(2)确定观察目的。零售终端观察目的是根据研究任务和观察对象的特点而确定的。为了明确观察目的,应做简单的调研和试探性观察,目的不在于系统地收集资料,而是掌握一些基本情况,了解观察对象的特点,以便确定通过观察需要获得什么资料、弄清楚什么问题,然后确定观察范围和重点,具体设计观察的步骤;同时整合调研人员对观察行为的条件和观察方法的特性的知识,用以发展出观察和记录特定行为的客观方法。

(3)选择直接人员观察法。零售终端相关资料以多种途径获取。按不同的角度可以将观察法划分为参与式观察和非参与式观察、直接观察和间接观察、人员观察和机械观察等多种类型,而不同的观察方法在观察技术相关联的成本、弹性、正确性、效率和客观性因素以及道德问题等方面存在差异,有各自的优点和不足。因此,从观察的便利性、效率、成本等角度考虑,最后选择以直接人员观察为主,有条件的企业以参与式、机械观察法等作为辅助调查方法。

3.竞品调研方法选择

在激烈的市场竞争中,企业可以通过自己的营销人员,对竞争对手的渠道成员进行跟踪调研以获取对手的渠道客户资料信息,也可以通过一些隐蔽渠道获得竞争对手的客户信息;同时需要根据企业的实际需要,建立自己的情报体系,除了精确搜集和记录竞争对手的客户信息外,还需要搜集竞争对手的简介、相关新闻、一般统计数据、趋势图、市场总体规模统计数据等,整理入库以备之后的研究。结合企业竞品分析的目的,以及考虑竞争对手的特点、调研活动的经费预算及所需的时间等因素,选择恰当的市场调查方法获取所需要的竞争对手和产品信息。现以某一日化用品企业(校外基地)为依托,与该企业相关人员充分沟通,掌握该企业的产品的销售现状,以及圈定主要竞争对手和竞争产品,最后选择和确定竞品调研的基本方法。一般而言,选择和确定竞品调研方法需要经过以下三个步骤:

(1)甄别已知和未知资料。企业在对竞争对手及产品调研时,首先要结合本次调研目的和目标,对企业已有信息资料进行整理,并确定哪些资料是已知的、哪些资料是需要进一步调研收集的。将未知的资料列成详细的清单,这有助于选择哪些方式来收集相关资料。

(2)依据不同项目确定资料来源。企业在竞品分析时收集的数据多种多样,因此获取竞争资料的途径也是多样化的,如可以通过企业名录、产品样本、报刊、专利文献等方式获取公开资料,可以通过数据库、企业网站等方式获取电子信息资源,可以通过竞争对手的员工、供应商等获取竞争对手企业内部的情报源,以及可以通过技术交流会、产品鉴定会、专题讨论会、展览会和展销会、技术贸易会、招标会、信息发布会、洽谈会、科技集市、各类交易会等各种经济类会议搜集信息。因此,需要结合竞品分析的目的、竞品分析的角度以及项目的侧重点等多方面因素来确定项目需要的资料来源。

(3)确定资料收集的具体方法。一般而言,初期的竞品分析大多倾向于关注竞争对手战略层的问题,而在项目后期的竞品分析大多是为某些具体的问题而寻求更好的解决思路或制定更有效的竞争策略。如对日化用品行业进行竞品分析,必须收集和掌握市场的整体发展趋势如何、行业领袖正在做什么、什么产品畅销或流行(为什么)、最新技术是什么等。因此,竞争对手及产品的信息资料可以分为公开性、隐蔽性以及机密性资料。据研究资料表明,情报的95%来自公开资料,4%来自半公开资料,仅1%或更少来自机密资料。企业可以通过暗访市场、竞争对手的经销商、零售商来获取竞争对手的相关情报信息,也可以通过实地暗访了解竞争对手的厂房大小、观察竞争对手的发货情况、访问竞争对手企业内部的相关人员等,获得很多有价值的一手情报信息。因此,为了快速有效地收集日化用品竞争对手及产品的相关资料,可以采用二手资料和暗访的形式进行。

4.6.3　训练要求

1.训练过程

通过小组协作、教师指导的方式完成训练任务。

(1)教师布置任务;

(2)学生小组团队确定本次项目任务的成员分工;

(3)分析明确调研目的和资料要求,确定问卷调查、观察、实验等方法;

(4)确立调研预算;

(5)选择具体调查方法;

(6)撰写选择总结报告。

2.训练课时

建议训练课时:课内 8 课时,课外 4 课时。

4.6.4　训练成果

调查方法选择总结报告 1 份。

本章测试

调查问卷设计

任务五目录

学习目标

知识目标

通过本任务学习,你应该:

◆1.了解问卷的基本结构

◆2.理解标题设计的要素和格式

◆3.了解问卷开头部分的结构内容

◆4.掌握问题和答案设计的类型

◆5.了解设计问题时常见的错误

◆6.了解问题排序的基本原则

◆7.了解问卷选项的排列方式

◆8.了解问卷的评估原则

◆9.理解问卷评估的步骤

技能目标

通过本任务学习,你应该:

◆1.能够熟练地掌握问卷设计的基本程序

◆2.能够熟练地掌握问卷结构中每一部分内容设计的技巧

◆3.能够熟练地设计问卷的标题、开头、正文和背景部分内容

◆4.能够准确地决定问题的措辞和设计技巧

◆5.能够有效地组织和编排问卷

◆6.能够熟练地掌握问卷的组织和编排

◆7.能够对一份问卷进行有效的评估和制作

素养目标

通过本任务学习,你应该:

◆1.具备表述准确、措辞妥帖的语言素养
◆2.学会换位思考,站在被调查者的角度来设计问卷
◆3.具有较强的逻辑思维,合理编排问句
◆4.养成"模仿—借鉴—创新"探究式学习思维
◆5.树立质量意识,培养精益求精的工匠精神

案例导入

如何设计出一份好的调查问卷?

一份优秀的问卷从内容到形式上均应体现研究者良好的研究素养,这对填写者、学术共同体和研究者自己均是一份尊重。

1.内容部分

问卷调查是一项有目的的研究实践活动,无论一份问卷设计水平的高低,其背后必然存在着特定的研究目的。因此,将要设计的问卷就是为你的特定研究目的服务的。设计前必须要做好充足的理论准备,宏观层面上应做到以下两点:第一,明确研究的主题是什么;第二,明确设计者(即研究主体)想通过问卷调查获取的信息有哪些,这点必须通过阅读文献来进行查漏补缺,如果通过文献阅读就能够获知想要的信息,那么就根本不必进行问卷调查。

具体设计问卷内容时,分为问题的设计和选项的设计。

(1)问题的设计

需要遵循以下几个原则:第一,可问可不问的坚决不问;第二,无关研究目的的不问;第三,创造性地设计问题;第四,循序渐进、版块化地设计结构。

(2)选项的设计

选项实际上是设计出的问题的深化,也是分析问卷之前所做的最后一次思考工作:将研究目的变量化。变量化即一个个具体而有目的的选项,研究目的变量化的程度直接决定了研究目的的实现程度。我们要做的就是将研究目的创造性地进行变量化改写。选项设计的根本原则是周延性。

2.形式部分

问卷形式上共由六部分组成:问卷标题、导语、基本信息、主体内容、结语、整体。

(1)问卷标题

遵循"明确+简洁"原则。

(2)导语

导语部分的撰写是非常关键的,因为它关系到填写者对问卷的第一印象。内容撰写顺序依次为调查者的身份、调查的抽象目的、问卷填写说明、研究用途的说明、调研者的全体

称呼和时间。

（3）基本信息

填写者信息和调查信息。一般来说填写者信息必须包括的是性别、年龄/年级、职业/专业；调查信息包括三部分，调查员、调查时间和调查地点，这样做的好处是后期进行问卷统计时便于输入与查错，而且责任明确。

（4）主体内容

形式上的要求有排版整齐、无错别字、无选项排序错误。

（5）结语

一般来说，出于礼貌，一定要对调查者表示感谢，感谢语、祝福语、时令关心语等都可以。

（6）整体

问卷上应插入页码，格式为"共几页，第几页"；问卷上方最好填写"共几份，第几份"。

3.检查部分

问卷设计好之后，必不可少的工作就是对问卷进行检查纠错。因为一个瑕疵的存在会直接影响填写者的直观感受和同行对研究工作的评价，同时这也关系到研究者的研究素养。所以问卷设计好之后，需要做两件事：一是研究同伴之间的问卷填写；二是小范围内的预调查。前者的目的是发现形式上的错误，检查选项的周延与否。而之所以要做小范围内的预调查，主要是出于思维固化的考虑。因为研究者有一段时间思维完全是与问卷相关的，可能掉进了思维小圈子中；而其他非研究者则不同，他们是第一次接触问卷，思维可能更加灵活，可能会考虑到研究者遗漏了的地方，即"旁观者清，当局者迷"。

（资料来源：https://wj.qq.com/article/single-25.html，经作者整理改编）

问卷调查运用的关键在于编制问卷、选择被调查对象和分析结果。设计调查问卷是一项技术含量极高的专业活动。设计问卷的前提是必须要明确企业为什么要做用户研究。对于新产品而言，用户调研的目的主要是验证想法，研究产品是否能满足市场需求，以及收集用户真实的反馈数据；对于成熟产品而言，用户调研的目的主要是调研新功能的价值是否能得到用户认可，已有功能是否有优化的必要性，以及调查用户对自家产品和竞品直接的差异感受。

成语典故

丝丝入扣

丝丝入扣是指织布时每条丝线都要从筘齿间穿过，比喻做得十分细致准确，有条不紊，一一合拍。出自清代夏敬渠的《野叟曝言》："此为丝丝入扣，暗中抛索，如道家所云三神山舟不得近，近者辄被风引回也。"

我们做好一件事情，需要像织布一样，针针入孔、丝丝入扣，不跳一针、不漏一线，秉着精益求精的态度，扎扎实实推进工作过程。

在本任务学习中,对于问卷的设计,要丝丝入扣。在问卷的整体布局、题项设计、选项对应、题目排序等方面,我们都要细腻准确地斟酌把握,做到尽善尽美。

5.1 确定问卷的结构

思考题　一份完整的调查问卷应包含哪些部分?

微课视频:确定
问卷的结构

调查问卷也叫调查表、访问表格或询问工具,它是一种以书面形式了解被调查对象的反应和看法,并以此获得资料和信息的载体。调查问卷设计是一个系统工程,它体现了设计人员对调研项目的总体思路,在问卷的设计过程中也有很多技巧和常识。设计调查问卷的根本目的是设计出符合调研需要,能获取足够、实用和准确的信息资料,以保证访问调查工作能正确、顺利、圆满地完成的问卷。一份完整的调查问卷通常包括标题、开头、正文和背景四部分内容。

5.1.1 标题部分设计

思考题　应该怎样设计问卷标题呢?在设计过程又应该注意哪些东西呢?

对于整个问卷来说,标题的设计十分重要,因为标题是问卷的"眼",是对调查主题的高度概括,使被调查者对要回答什么方面的问题有个大致的了解。

1.标题设计的要素

标题中可以包含调查主体、调查内容、调查对象、调查目的等基本要素。如果调查主体是比较有公信力的,标题包含调查主体会比较有感召力,如××大学××调查,可能会引起被调查者的重视,增加配合调查和认真填答的可能性;如果标题包含调查内容,可以起到与被调查者迅速沟通的效果,如××大学高校毕业生就业情况调查,可以让被调者迅速知晓调查的内容是什么,是否与自己有关,自己是否感兴趣回答;如果标题包含调查对象,如××大学青少年网络使用习惯调查,可以让被调查快速判断自己是否是目标调查对象;如果标题中以简洁的语言包含调查目的的,尤其是与被调查者息息相关的调查目的,如提高读者满意度图书馆应用情况调查,可以增加被调查者回答的积极性。

2.标题设计的格式

标题可以是单标题或双标题,可以是文章式的标题,也可以是调查问卷的专业式的标题。在选用双标题时一定要注意副标题与主标题的递进关系,不要是完全不相干的两个标题,这样会给应答者造成无所适从的感觉,也会使调查的主题不明确。问卷的标题一般位于问卷表的上端居中。

3.标题设计的特点

在设计标题时,应该满足以下几个特点:

(1)明确性。标题能够起到沟通效果,让被调查者对调查有一个直观的印象,如调查者是谁、想要调查什么、自己是不是目标调查对象。比如"中国云计算的发展状况和趋势调查",这个调查题目明确地把调查对象和中心主题内容全部表现出来,非常鲜明。不能出现问卷没有题目和卷首语或者简单采用"问卷调查"这样的标题的情况,被调查者完全不知道问题想了解哪些信息,也无法唤起自己的经验来回答问题。这样一般导致回答者只有两种选择,一是不进行填答,二是随意填答,直接影响调查的信效度。

(2)安全性。标题题目不会让相关人员感觉自己受到威胁。在有些情况下,想要调查的内容对于被调查者来说,可能比较敏感,如果把真实目的或全部目的反映到题目上,可能会引起被调查者的顾虑。因此,在不影响问卷填答的情况下,给问卷拟一个不敏感、不让被调查者有抵触情绪的题目。

(3)吸引力。题目能够引起被调查者兴趣,让被调查者乐于参与调查。可以从以下几个方面来提高吸引力。一是让被调查者感觉被尊重,感觉自己重要,感觉回答问卷是有意义的工作。比如"您的满意 我的追求 手机摄影功能使用情况调查",这样的题目赋予了被调查者某种权力或品质,可以在一定程度上调动其积极性。还有以幽默的方式满足被调查者的某种心理需要,如"车圈话题 请陛下定夺"。二是用有趣的流行用语,尤其是网络流行用语。由于电子网络问卷的生成和统计相对方便,很多流行的网络用语就成为调查问卷拟定题目吸引眼球的素材,如"'颜'下之意更加美丽——女性注射类医美人群调查"。三是可以通过使用适当的问句来提高被调查者的兴趣,如"你愿意为知识买单吗?"总之,一个清晰明确、有吸引力的题目,对于有效吸引并激励被调查者完成问卷是非常重要的,设计时就需要在不同的目标间进行权衡。

5.1.2　开头部分设计

调查问卷的开头部分,也称为导语,就是说明和答题指导,是调查者在问卷中向被调查者所做的说明和要求,让被调查者清楚地了解此次调查的目的、答题的方法、答题的要求以及反馈的办法等。开头部分是让被调查者第一时间了解问卷的主题是什么,并通过填写说明减少被调查者填写中存在的少部分低级错误。主要包括问卷编号(系统自动生成)、问候语、填写说明、筛选问题等内容,不同的问卷所包括的开头部分会有一定的差别。

1.问卷编号

问卷编号标识每份问卷的独特性,主要用于识别问卷、调查者以及被调查者姓名和地址等,便于后期问卷定位和筛选、校对检查、错误更正、对调查问卷进行分类归档和电子计算机处理(见图5-1)。但有些内容比较简单的调查问卷可以省略这一部分。

问卷编号	初审	一审	二审	复核	编码	录入

图5-1　问卷编号样式

2.问候语

问候语又称为调查说明,一般包括称呼、问候、访问员介绍、调查目的、调查对象作答的意义、回答所需的时间、感谢语等。其作用是向被调查者说明进行此项调查的目的、意义，引起被调查者的兴趣和重视，以争取他们的积极合作。调查说明的语气要谦虚、诚恳、平易近人，文字要简明、通俗、有可读性。

3. 填写说明

填写说明是让被调查者知道如何填写问卷。填写说明可以在导语中体现，也可以标注在问句题目的后面，例如"请在括号中画√"等。当被调查者感到可能有几种结果选择时，一定要明确告诉被调查者是否可以选择多个答案，如"只能选择一项"，或"可以多选"。在自填式问卷中要有详细的填写说明，让被调查者知道如何填写问卷，如何将问卷返回调查者手中，如时间、地点、电话、邮箱、收件人姓名等，以便被调查者及时准确地反馈问题。在导语的最后应该有表达感谢的词汇，这不仅是对被调查者的尊重，更是营造良好的调查氛围的有效方法。

商务部信用体系建设企业信用产品需求问卷

尊敬的公司领导：

为了更好地了解中国企业和外资在华企业在信用报告方面的需求，更好地为广大企业服务，我中心拟对各行业内重点企业的信用服务需求进行研究，恳请贵公司委派专人填写调查表中问题，提交至我中心工作人员汇总。我中心承诺，严格保守秘密，不会提供给任何其他机构或用于其他用途。凡是提交有效问卷的企业，将得到《企业信用管理实用手册》1本，并可参与之后我中心提供的信用服务优惠活动。请在每个题目里您所选项目前打钩"√"或在所选项前加星号"＊"，您所填写的内容请务必真实、客观、详细。如：下列示例中如果选"A.国有"，在A前加"＊"。

2. 您的企业类型是：（多选）

＊A.国有　　B.集体　　C.私营　　D.股份　　E.有限责任　　F.外商投资
G.港澳台投资

感谢您的大力协助！

商务部中国国际电子商务中心

中国企业征信网

二〇〇六年一月

4. 筛选问题

筛选问题是将不符合本问卷调查的对象筛选出去，提高问卷调查效率，最终确保问卷分析结果的有效性。例如洗手液普通消费者定量问卷中设置甄别问卷部分。

一、甄别问卷

S1.请问您或您的家人有没有在下列行业中工作？

1. 市场研究公司
2. 广告公司
3. 营销策划/咨询公司
4. 家用日化产品的生产或零售单位
5. 以上均无……………………………继续

终
止

S2. 您过去三个月内是否接受过市场调查？

1. 是……………………终止
2. 否

S3. 您在本地居住的时间是？

1. 5 年及以上
2. 5 年以下……………………终止

5.1.3 正文部分设计

正文部分是调查问卷的主体或核心部分，主要由各种形式的问题和答案及其指导语组成，是调研主题所涉及的具体内容。通过正文部分问题的设计和被调查者的答复，市场调研者可以对被调查对象的个人基本情况和对某一特定事物的态度、意见、倾向及行为有较充分的了解。对于一份具体调查问卷究竟需要列出哪些项目，应视调研目的而定。如农产品展销厅调查问卷内容包括农展厅的商品结构、购物环境等，以及消费动机、消费时间、消费频率、消费总额、品牌黏性等消费者行为方面内容。

5.1.4 背景部分设计

调查问卷的背景部分通常放在问卷的最后，具体内容可以包括被调查者的基本信息、再次向被调查者致谢、调研者项目基本情况等。背景部分的价值体现在对用户类型的分层分析，假设对于同一个需求不同类型的用户表现是否存在差异。

1. 被调查者的基本情况

这一部分内容虽然与调研内容本身没有直接联系，但是在进行分类分析时，通常会用到这些调研资料，是调查问卷中不可缺少的内容。一般包括被调查者的姓名、性别、家庭人口、文化程度、职业、工作单位、居住地区、联系方式等，单位的性质、规模、行业、所在地等项目。这些项目应根据不同的调研目的和要求来确定。被调查者的基本情况有时候也放置于问卷正文前面。

2. 调查者项目

主要包括调查者的姓名、工作单位、调查日期。这些项目主要为明确责任和方便查询而设计，有些问卷也可以省略。

＊＊＊＊＊访问到此结束，再次感谢您的支持与合作！＊＊＊＊＊＊

调查者记录部分

B1. 被调查者的理解程度：　[1]非常理解　　[2]比较理解　　[3]一般理解　　[4]不理解

[5]非常不理解

B2.被调查者是否合作：　[1]非常合作　[2]比较合作　[3]一般合作　[4]不合作

[5]非常不合作

调查者保证：我保证问卷所填各项资料，均由我按照作业程序获取，绝对真实、可靠。

B3.调查者姓名：　　　　　　　　　　　　　　电话：

调查地区：　　　　　　　　　　　　　　　　调查超市名称：

访问时间：始　时　分至　时　分　　　　　　访问日期：

调查时间：　　　　　　　　　　　　　　　　调查方式：

　　调查问卷可以按照上述结构形式设计，但并非一定拘泥于此，可以适当地简化变通，因为调查问卷最重要的功能是帮助收集调研目标所必需的信息，任何问卷的结构形式都是为了帮助问卷设计者更加便利地设计问卷而提出的。

拓展知识：问卷
发布制作调查平台

5.2　设计问题和答案

思考题　如何设计问卷的问题和答案？

5.2.1　设计问句的类型

微课视频：设计
问题和答案

　　在设计问题之前，根据调查方法和提问内容决定提问和回答类型。在调查研究中有很多标准的问题格式，调查问卷的问题和答案设计主要有以下几种类型：

1.问句的提问形式

　　（1）直接性问题。它是指能够通过直接提问的方式得到答案的问题。通常是一些已经存在的事实或对被调查者而言不敏感的一些基本情况，比如"您的职业""您最喜欢的洗发水品牌"等，这些都可获得明确的答案。这种提问形式对统计分析来说比较方便。

　　[例]　您的职业是？

　　A.机关、事业单位/教师　B.企业管理人员　C.个体经营者　D.学生　E.其他

　　（2）间接性问题。间接性问题是指那些不适宜直接回答，而采用间接的提问方式可以得到所需答案的问题。通常是指被调查者对所提问题产生顾虑，不敢或不愿真实地表达意见的问题。调查者不能为了得到直接的结果而强迫被调查者，使他们感到不愉快或难堪。这时，如果采用间接的提问方式，使被调查者认为很多意见已被其他调查者提出来了，他所要做的只不过是对这些意见加以评价，这就能排除调查者和被调查者之间的某些障碍，使被调查者有可能对已得到的结论提出自己不带掩饰的意见。

　　[例]　"您认为妇女的权利是否应该得到保障？"大多数人都会回答"是"或"不是"，而实际情况则表明许多人对妇女权利有着不同的看法。如果改问：

　　A."有人认为妇女权利应该得到保障的问题应该得到重视"

　　B."另一部分人认为妇女权利问题并不一定需要特别提出"

您认为哪些看法更为正确?

对 A 看法的意见:①完全同意　②有保留的同意　③不同意

对 B 看法的意见:①完全同意　②有保留的同意　③不同意

采用间接提问方式比采用直接提问方式能收集到更多的信息。

(3)假设性问题。它是通过假设某一情景或现象存在而向被调查者提出的问题。例如"有人认为目前的电视广告过多,您的看法如何?""如果在购买汽车和住宅中,您只能选择一种,您可能会选择哪种?"等等。

2.回答的思维导向

(1)开放式问题。它是一种被调查者可以自由地用自己的语言来回答和解释有关想法的问题。调研人员不对被调查者的选择做任何限制。开放式问题一般提问比较简单,回答比较真实,但结果难以做定量分析。在对其做定量分析时,通常是将答案进行分类。

(2)封闭式问题。它是指已事先设计好各种可能的备选答案的问题,被调查者只要从中选定一个或几个备选答案。封闭式问题由于答案标准化,不仅方便回答,而且便于进行各种统计处理和分析,但其缺点是回答者只能在规定的范围内回答,无法反映其各种有目的的真实的想法。封闭式问题主要适用于收集事实型信息和被调查者有明确看法的意向型调查,但不适用于初步寻找动机等探索性调查。量表应答式问题则是以量表形式设置的问题。

封闭式问题的提问设计形式具体有以下几种类型:

①单项选择题。其答案是唯一,优点是答案分类明确,但排斥了其他答案可能存在的缘由。

[例]　如果在您家附近(指 500 米范围内)再开设一家超市大卖场,您是否会光顾?

A.一定去　B.可能去　C.不能决定　D.可能不去　E.一定不去

②多项选择题。其答案是多项的,优点是可以较多地了解被调查者的态度,但统计时比较复杂。

[例]　请问您经常去××超市购物的主要原因是(多选):

A.服务态度好　B.价格低　C.品质好　D.商品种类齐全

E.购物环境好　F.其他(请注明)

③是非两分型题。其答案简明清晰,但只适用于不需要反映被调查者态度的问题。

[例]　您是否购买过有机农产品吗?　　A.是　B.否

④李克特量表。即通过被调查者在同意和不同意之间选择答案来设计提问的一种形式。

[例]　请您对××农产品展销厅的服务满意度进行评价。

A.非常满意　B.比较满意　C.一般　D.不太满意　E.非常不满意

⑤分等量表。通过被调查者对事物的属性从优到劣分等选择来设计提问的一种形式。如 5 代表很好,1 代表很差。

[例]　您认为 A 品牌小米糕的口味如何?

A.1　B.2　C.3　D.4　E.5

⑥混合式选择题。即将封闭式问题与开放式问题结合起来设计提问的一种形式。

[例]　在××超市购物时，影响您购买的主要因素是什么？（可多选）

A.质量　B.价格　C.品牌　D.口味　E.其他（请注明）

⑦排序式选择题。要求被调查者把列出的各个选项按其重要性或时间性标准的顺序排列出来。

[例]　影响您在××超市购物的主要因素是什么？（请按重要程度排序）

A.质量　B.价格　C.品牌　D.口味　E.其他（请注明）

⑧区间式选择题。各个选项只列出大概的区间范围，由被调查者进行选择。

[例]　请问下面哪一项最能代表您家每月的总收入？（单选）

A.2000元及以下　B.2001～4000元　C.4001～6000元　D.6001～8000元　E.8000元以上

⑨过滤式选择题。即通过逐步缩小提问范围，引导被调查者很自然地对所要调查的某一专门主题做出回答的提问形式。这种提问不是开门见山、单刀直入，而是采取投石问路的方法，一步一步地深入，最后引出被调查者对某个所要调查问题的真实想法。它通常用于被调查者对回答有顾虑或者一时难以直接表达其真实想法的调查。

[例]　某农产品企业欲了解消费者对购买某产品的意见。若采取一次性提问（非过滤式提问）方式：您不购买铁棍山药是因为价格贵吗？该问句会给被调查者一种很唐突的感觉，是不妥的提问法，因为不购买铁棍山药往往是多种原因引起的，很难直接回答，可用如下过滤式提问：

您对铁棍山药印象如何？您是否准备购买铁棍山药？您不购买铁棍山药的原因主要有哪些？有人说铁棍山药太贵，也有人认为没有需求，也有人可能是不了解铁棍山药的功效，您是如何看待这个问题的？

3.收集的资料性质

(1)事实性问题。事实性问题是要求被调查者回答的一些有关事实的问题，其主要目的是获得有关事实性资料。因此，问题必须清楚，使被调查者容易理解并回答。通常，在一份问卷的开头或结尾处要求被调查者填写其个人资料，如职业、年龄、收入、家庭状况、教育程度、居住环境等，这些问题均为事实性问题。对此类问题进行调查，可以为分类统计和分析提供资料。

[例]　请问您的年龄？

A.20岁及以下　B.21～30岁　C.31～40岁　D.41～50岁　E.50岁以上

(2)行为性问题。行为性问题是对被调查者的行为特征进行调查。

[例]　通常您多久去××超市购物呢？

A.每天　B.每周2次　C.每周1次　D.两周1次　E.一月不到1次

(3)动机性问题。为了解被调查者行为的原因或者动机，需注意被调查者的行为是有意识还是无意识的。对于无意识动机，因被调查者不清楚自己的动机，因此会造成回答上的困难；对于有意识动机，有时被调查者会因种种原因不愿真实回答，因此，调查者可以掩藏调查目的，挖掘被调查者潜意识的动机和态度。对于该类问题，调查者经常使用投影法，也可以使用词语联想技术、完成句子、讲述故事等方法。采取这种方法进行调查可以解决敏感性问题、回答率较低的问题等,但答案的审核、编码、分析比较烦琐,不同研究者对同一答案可能得出不同的结论,因而可靠性较差,主要适用于探索性调查。

[例]　您不去××超市购物的原因是?（可多选）

A.没听说过　B.物品单一　C.价格偏贵　D.质量不放心　E.其他

（4）态度性问题。态度性问题是有关被调查者的态度、评价、意见等方面的问题。

[例]　您是否喜欢××品牌的速溶咖啡饮品?

在实际调查中,几种类型的问题往往是结合使用的。在同一个问卷中,既有开放式问题,也有封闭式问题,甚至同一个问题中,也可将开放式问题与封闭式问题结合起来,组成混合式问题。

5.2.2　决定问题的措辞

思考题　在问卷设计过程中,提问的艺术有哪些?

在问卷设计过程中,问题措辞的重要性很容易被忽略。问题的措辞是指将问题的内容和结构具体化成调查对象可以清楚而轻松地理解的用语。这是设计问卷的关键,同时也是最困难的任务。如果一个问题的措辞很拙劣,调查对象可能会拒绝回答或者回答不正确。因此,在设计问卷问题时要注意以下五个方面:

拓展知识:问卷
问题的设计
技巧和禁区

1.简明扼要,避免回忆性问题

通俗的语言容易被不同文化背景、不同阶层的消费者理解和接受,也可以避免因理解错误而产生回答偏差。设计的问题应简明扼要,尽量避免以下几种情况:

（1）使用长而复杂的复合句和双重否定的句子结构。例如,"您赞不赞成某些酒店不允许自带酒水的规定?"该结构的问题往往使被调查者不能轻易读懂真实含义,无法顺利回答问题。若改为"您赞成酒店不允许自带酒水的规定吗?"就显得通俗易懂。

（2）使用难懂的语句与文字、专业用语和流行语。例如,"您认为淘宝C2C的经营模式如何?"有些被调查者可能不知道"C2C"是什么意思,因而也就无从回答。但在调查对象为相关爱好者、专家等对特殊用语非常熟悉的群体的情况下,也可以积极地使用专业术语。

（3）设计对被调查者的记忆力要求过高的问题,特别是长时间以前的回忆,准确率会很低。

2.意思明确,避免诱导性问题

（1）问题含糊不清。设计问题要使用确定的词汇,应该是特定的而不是泛指的。如对"时时""常常""邻近""通常情况""正常情况""经常的"等时间和范围的模糊提问,会产生很多歧义,被调查者不知道该以何种标准来选择答案。因此,为了避免产生歧义,问句措辞必须追求具体,以做到标准统一。

[例]　考察大学生周末回家频率的调查中有这么一个问题:一个月中,您的回家情况如何?

模糊选项:A.不回　B.偶尔　C.经常　D.定期

准确选项：A.少于1次　B.1到2次　C.3到4次　D.超过4次

[例]　您通常几点上班？这是一个不明确的问题，到底是指何时离家还是指何时在公司开始工作？问题应改为：通常情况下，您几点离家去上班？

（2）出现诱导性问题。诱导性或倾向性提问将容易使被调查者得出肯定性的结论或因反感此种问法而简单得出结论，未能反映被调查的真实态度和购买意愿，得出的结论也缺乏客观性，可信度较低。例如为了提高知名度，把品牌名称直接设计在问句中，这样的诱导性提问会歪曲调查结果。

[例]　"消费者普遍认为海尔冰箱好，您的印象如何？"这个问题带有明显的倾向性，它会导致被调查者选择问题中暗示的结论。如果把问题改为："您认为海尔冰箱如何？"就可以避免这种诱导性。

如果访问开始的几个问题都与某品牌或某机构有关，那么被调查者很快就会识别出调查发起者，这样就可能引发"主体诱导"，使回答发生偏差。

非诱导性指的是问题要设置在中性位置、不参与提示或主观臆断，完全将被访问者的独立性与客观性摆在问卷操作的限制条件的位置上。

[例]　您认为这种化妆品对您的吸引力在哪里？

A.色泽　B.气味　C.使用效果　D.包装　E.价格

这种设置是客观的。若换一种答案设置：

A.迷人的色泽　B.芳香的气味　C.满意的效果　D.精美的包装　E.优惠的价格

这样一种设置则具有了诱导性和提示性，从而在不自觉中掩盖了事物的真实性。

3.巧妙设计，避免敏感性问题

敏感性问题是指涉及被调查者秘密、禁忌而不愿意公开表态或陈述的问题。如果问卷中问题涉及被调查者的心理、习惯和个人生活的隐私或敏感问题，如私人财产、青少年的婚前性行为、偷税漏税、犯罪记录等，即使将其列入问卷也不易得到真实的结果。问卷的问句设计要有艺术性，避免对被调查者产生刺激而使其不能很好地合作。遇到有此类问题时，可以采用以下几种方式进行处理：

（1）释难法。通过在问卷的开头运用说明性语言或者在问句之前加一段不使被调查者感到为难的文字，以消除被调查者的顾虑，使提问自然化。

[例]　在"在校大学生恋爱观及性观念调查"中，可在问卷开头说明："您好，我们是××调查公司的调查员。为了解目前在校大学生的恋爱观及性观念，我们将征询您的看法。请您客观陈述您的观点，我们将对您的回答和个人信息予以严格保密。谢谢您的支持和配合！"

（2）转移法。又称人称代换法，将要直接向被调查者询问的问题，改成关于第三人称的问题，使被调查者处于纯客观的地位，便于回答问题。

[例]　"许多同学在考试中都存在作弊的情况，您知道是什么原因吗？"通过问其他人而不是被调查者自己，调查者也许能够更多地了解到个人对考试作弊行为的看法。

（3）数值归档法。将要研究的变量的取值划成几个连续的区间，由被调查者选择。尤其是在询问年龄、收入等敏感问题时，尽量考虑以"20～29岁""2000～3999元"等数值区间方式来进行提问。

（4）假定法。假设某一情景或现象存在,然后再询问被调查者的看法。

[例] "假定允许各类人员自由调动工作,您会更换目前的工作吗?"

4.一分为二,避免双管问题

双管问题是指一个问句中涉及两个或两个以上的问题。如果一次提出两个问题,就很难获得某一个观点的答案。因此,要避免设计问题处于同一纬度,造成选择的混乱,应采取相关的多个问题来综合测量。

[例] "您认为可口可乐的味道和原料如何?""您认为某航班安全准时吗?"这些问题实际上是询问了两件事情,应该把问题分成两个问题来提问。

5.整体系统性,避免逻辑错误

问卷的设计要有整体感,主要体现在问题与问题之间要具有逻辑性,独立的问题本身也不能出现逻辑上的谬误,从而使问卷成为一个相对完善的小系统。

[例] 您通常每日读几份报纸?

A.不读报　B.1份　C.2份　D.3份及以上

5.3　组织和编排问卷

5.3.1　组织和编排问卷

思考题 问卷在组织和编排时应考虑什么?

一份好的调查问卷不仅受到整体结构的影响,还与问卷内容格式、大小规格、纸张、印刷等有关。因此,在问卷的问题与答案设计好后,如何进行问卷的编排是问卷设计中的一个重要环节,需要很高的技巧。调研人员要精心设计,仔细推敲,不能随意进行编排。

1.确定问题的顺序

问题的排序通常遵照以下原则:第一,按照问题的类型、逻辑性、难易程度、思维习惯进行排列;第二,由浅入深、由易而难、从简到繁。

在排序时要考虑几个要点:一是简单、有趣的开场白以及客观事实方面的问题应放在前面;二是困难的或者敏感的、尴尬的、复杂的、无趣的问题以及主观方面的问题应放在靠后的位置;三是中间的过渡和衔接要连贯自然;四是要考虑到人的思考习惯和思维逻辑,如按时间顺序、性质或类别来排列问题,基础问题在前、分类问题在后等。

2.排列问卷的选项

对于问卷来说,一般选项的排列方式有三种:

（1）行式排列。指将所有备选项排成一行的排列方式。

[例] 在众多网站广告方式中,您比较喜欢哪种形式?（多选,限选2项）

A.弹出式　B.滚动式　C.浮动式　D.FLASH　E.文字类型　F.图片类型

（2）列式排列。指将所有备选项排成一列,放在每个问题下边的排列方式。

[例] 您一天通常使用几次洗手液呢?（单选）

A. 不使用

B. 1～2 次

C. 3～4 次

D. 5～6 次

E. 6 次以上

（3）矩阵排列。指将同类的多个问题和答案排列成一个矩阵,通过数字区间值进行衡量评分,适用于绩效考核、满意度调查等场景。

[例] 您对该品牌的满意程度如何呢?（用 5 分制来进行评判,5 分代表最满意,1 分代表最不满意,0 代表不知道）

指标	5	4	3	2	1	0
价格						
质量						
效果						
使用方便性						

3. 设计问卷的布局

拓展知识:问卷设计的八大原则

问题的格式、间隔和位置会对结果产生显著的影响。调研人员可以将问卷分成几个部分,对每一部分的问题和答案进行编码;问题本身要有序号,这样便于对问卷进行现场控制及编码和分析。如微软合作伙伴调查问卷将主体部分设计成网站、渠道杂志、E-DM（一种最常用的电子邮件行销）、SMS 短信等四部分。

5.3.2 评估和制作问卷

思考题 问卷问题设计好后,如何评估问卷的合理性?

1. 问卷的评估原则

问卷调查与访问调查不同,只要问卷一发放,一切缺陷和错误都将直接展现在被调查对象面前,不能再修改和补充。因此,问卷初稿设计好后,不能直接将它用于正式调研,而必须对问卷初稿进行评估和试用。

在问卷评估过程中,应当考虑的主要原则:问题是否必要? 问卷是否太长? 问卷是否包括了调研目标所需的信息? 邮寄及自填问卷的外观设计是否恰当? 开放式问题是否留足了空间? 问卷说明是否用了明显字体? 等等。

2. 问卷评估的步骤

（1）邀请相关人员进行评估。第一,专家评价。将问卷初稿提交专家或有关领域的研究者进行评审,提出意见,以便修改。专家评价一般侧重于技术性方面。第二,上级评价。问卷初稿复印件应当分发到直接有权管理问卷调查的各部门。实际上,营销经理在设计问卷过程中可能会多次加进新的信息、要求或关注点。不管经理们提出什么新要求,对问卷经常进行修改都是必需的。相关部门经理的认可表明他们想通过具体的问题来获得信息。上级评价侧重于政治性方面。第三,被调查者评价。可以在调研工作完成以后进行事后性评价,也可使调研工作与评价工作同步进行。第四,自我评价。设计者对自我成果的一种肯定或反思。因此,问卷的认可再次确认了决策所需要的信息以及它将如何获得。例如,假设有关新产品的问卷询问了形状、材料以及最终用途和包装,意味着新产品开发经理已经知道"什么颜色用在产品上"或"这次决定用什么颜色并不重要"。

拓展知识:
试调查

(2)试调查和修订问卷。当问卷获得专家的最终认可后,还必须进行试调查。在进行试调查时,调研者不是进行正式的询问调查,而是通过访问寻找问卷中存在的错误解释、不连贯的地方等,为封闭式问题寻找额外的选项以及考虑被调查者的一般反应。在试调查完成后,问卷任何需要改变的地方都应当切实修改。在进行实地调查前,问卷应当再一次获得各方的认同,如果试调查导致问卷产生较大的改动,应进行第二次测试。

3.问卷制作的注意事项

制作设计问卷时应该注意以下问题:

(1)表面设计明快简洁、庄重认真,纸张高级,切忌粗制滥造,以显示对被调查者的尊重。

(2)排版应相对宽松,不能显得拥挤,当一个问卷较长时应该装订成册。

(3)文字的大小应适当,在行距不使人感到过密的情况下,尽可能把内容排得紧凑些,尽量减少页数。问卷应易于阅读和回答,文字清晰。

(4)单面印刷。不要将问题和答案选项分开,单个问题应该使用垂直的答案栏,指示或说明应该放在离问题尽可能近的位置。

(5)统一编号,条理清楚。

课程思政

对故宫文创引发的国风"吸睛力"的思考

2018年底故宫角楼咖啡正式营业后就成了北京网红打卡景点。咖啡馆以《千里江山图》为主题进行内饰装修,"康熙最爱巧克力""三千佳丽奶茶"等颇具特色的水单充满趣味,就连咖啡纸杯也带着满满古色古韵的气质。而这已经不是故宫系列IP产品第一次取得这么大的成功,之前小小一卷故宫胶带就曾一跃晋升为断货王。国风元素似乎成了时下新的流行趋势。

思政视频:故宫文创引发的国风思考

近些年兴起的文化类综艺，题材愈加丰富多样，书信阅读类、诗词国学类、博物馆赏析类、传统曲艺类等层出不穷。诸如《上新了·故宫》《国家宝藏》等兼具文化底蕴、美学修养，甚至焕发新意的精良佳作打破"格调高即收视低"的局面，渐渐被观众广泛接受，不仅一度成为社交媒体上讨论的焦点，更是成功打破了清一色"娱乐至上"的综艺节目格局。这些综艺节目通过文物、诗书、信件的传播，弘扬了中国文化，进一步坚定了大众的文化自信。

调研数据显示，随着国产古装剧的服装、化妆、道具制作越来越精良，受众对于国风的审美水平也大大提升。品牌若想要借助国风元素取悦消费者，必须建立在对中国古代文化与价值理解的基础之上，用匠心品质打动消费者。

品牌如何借国风助力产品销售是新时代商家重要考虑的关键问题之一。CNRS（中国城市居民调查）的数据表明，颜值经济时代，好看的包装对消费者的吸引力逐年上升，而且对18—40岁人群的购买决策影响最大。品牌们显然已经洞察到消费者不仅抱有对"品质生活"的物质追求，更展现出对"美好生活"的精神需要，开始与国风元素联合营销。2017年9月，百雀羚曾与京剧大师王珮瑜联名合作，推出以国粹京剧为元素的限量款面膜，将国风与趣味性相融合。而作为老字号的国产护肤品牌，消费者对其产品本身的质量也有较高的信任度。2018年8月，"大自然的搬运工"农夫山泉与故宫联名推出限量版"故宫瓶"，以清朝皇帝或后妃画像为背景，配以轻松幽默的现代风文案，将国风元素与情绪营销巧妙结合，让原本"高冷"的国风以更生活化的方式展现，成功吸引消费者目光。

对于国外品牌而言，在充分地尊重和理解中国文化，并且了解中国消费者需求后，就会发现历经千百年流传下来的中国传统元素远不止"福"字、生肖和金与红的配色，恰到好处地借鉴国风元素，寻找与自己品牌风格相契合的中国元素，能更好地助力品牌本土化，拉近品牌与消费者之间的距离。

（资料来源：https://www.sohu.com/a/288293720_99958508，经作者整理改编）

【反思与启示】

1. 企业品牌如何借助中国传统文化来提升影响力？

2. 通过对不同年龄段消费者对中国风产品的喜爱程度调查分析，企业应该如何有效提高消费者的产品接纳度？

5.4 能力训练：设计调查问卷

拓展知识：调查问卷等于还原新品真实购买行为？

问卷调查是一种数据收集手段，是调研人员运用统一设计的问卷向被调查对象了解情况或征询意见的方法。调研人员将所要研究的问题编制成问题表格，以邮寄、当面作答或者追踪访问方式收集信息，从而了解被调查者对某一现象或问题的看法和意见。因此，问卷调查法的运用，关键在于如何设计编制问卷，而设计好的调查问卷是一项技术含量极高的专业活动。

5.4.1　训练内容

现以企业角度设计一份消费者对企业产品需求和购买行为的调查问卷。结合消费者调研项目的主要内容,即消费者购买动机、购买行为特点、购买渠道等内容,设计具体问题和备选答案,并组织和编排问卷。

5.4.2　训练步骤

一份完整的调查问卷设计的流程分为三个阶段十个步骤(见图5-2)。

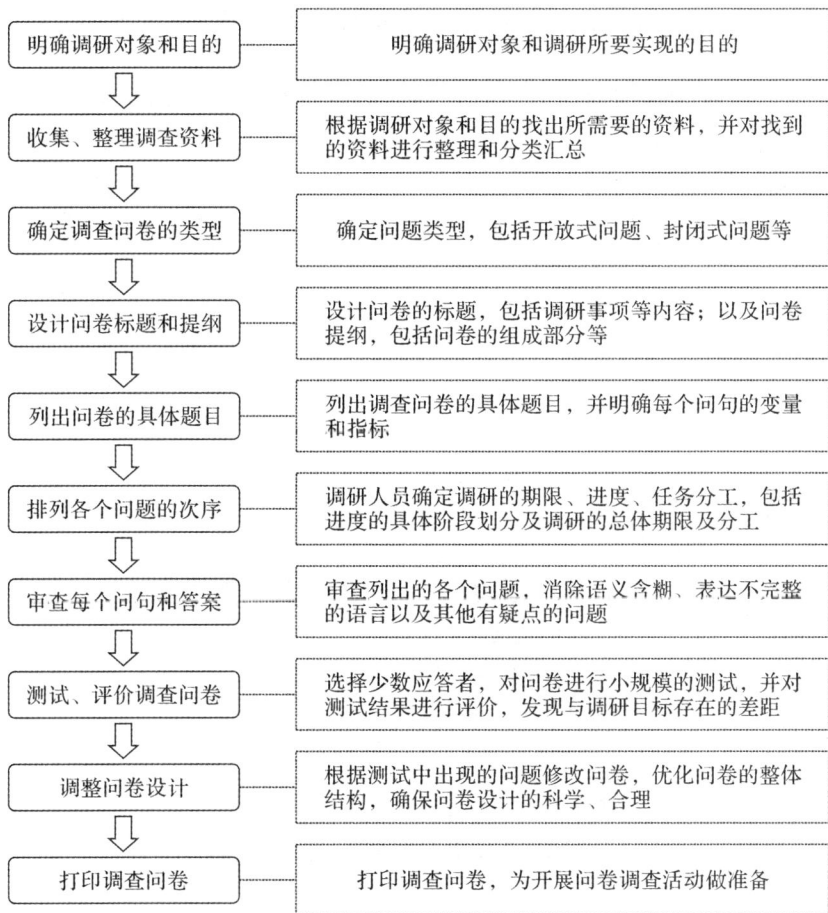

明确调研对象和目的	→	明确调研对象和调研所要实现的目的
⬇		
收集、整理调查资料	→	根据调研对象和目的找出所需要的资料,并对找到的资料进行整理和分类汇总
⬇		
确定调查问卷的类型	→	确定问题类型,包括开放式问题、封闭式问题等
⬇		
设计问卷标题和提纲	→	设计问卷的标题,包括调研事项等内容;以及问卷提纲,包括问卷的组成部分等
⬇		
列出问卷的具体题目	→	列出调查问卷的具体题目,并明确每个问句的变量和指标
⬇		
排列各个问题的次序	→	调研人员确定调研的期限、进度、任务分工,包括进度的具体阶段划分及调研的总体期限及分工
⬇		
审查每个问句和答案	→	审查列出的各个问题,消除语义含糊、表达不完整的语言以及其他有疑点的问题
⬇		
测试、评价调查问卷	→	选择少数应答者,对问卷进行小规模的测试,并对测试结果进行评价,发现与调研目标存在的差距
⬇		
调整问卷设计	→	根据测试中出现的问题修改问卷,优化问卷的整体结构,确保问卷设计的科学、合理
⬇		
打印调查问卷	→	打印调查问卷,为开展问卷调查活动做准备

图 5-2　调查问卷设计的具体流程

(1)选定问题范围。

描述性研究和因果研究需要足够的先验知识,以便形成具体的假设进行研究,然后指导研究,以反过来帮助指导书写调查问卷。假设决定了寻求什么样的信息,以及何处收集信息,因为这些假设明确指出了什么样的对象将接受研究。一般情况下,消费者调研项目主要内容包括以下几个方面:被调查者的信息资料,如性别、年龄、职业、文化程度(专业)、收入水平等;消费心理和动机,如质量保证、价格便宜、安全可靠、服务周到、品牌信誉、新潮时尚等;购买行为特点,如购买的产品和品牌、购买时间、购买地点、购买方式、购买频率等;获得购买信息的渠道,如产品广告、商业促销、媒体宣传、熟人介绍、个人体验等。

（2）设计问题和答案。

在设计具体问题和答案之前,首先必须要确定调查问卷的类型和问卷执行采用何种方式,如邮件、电话、访谈、传真、电子邮件、网络等。不同的调查方法对问卷设计的要求是不同的。例如,拦截式的面对面访谈比入户访谈在时间等方面有更多的限制;邮寄调查和互联网调查则要求问卷设计得非常清楚,而且相对要短一些,因为访问人员不在场,没有解释问题的机会;电话调查要求调查者在尽量短的时间内,用较为清晰的语言表达,使被调查者尽快了解正在调查的问题;在个人访谈中,访问员可以给应答者出示图片以解释或证明某个概念。由于消费者对名特优农产品的需求和购买行为调查主要采取拦截式访谈,设计的问题不能太多。其次,确定提问的类型和答案的类型。研究者要确定由被调查者自由发挥还是选择回答,选择回答的答案是单一的还是两个以上的。最后,决定问题的措辞。

（3）组织和编排问卷。

问卷的组织和编排会影响到被调查者的反应、回答的准确性和操作的简便性。消费者调查问卷中的问题应按顺序排列,使其在逻辑上相连,即将问题成组排列,使应答者更易理解,不要随意从一个主题跳到另一个主题。

5.4.3 训练要求

1.训练过程

通过小组协作、教师指导的方式完成训练任务。

（1）教师布置任务;

（2）学生小组团队确定本次项目任务的成员分工;

（3）明确调研目的和内容,选定问题范围;

（4）设计具体问题和备选答案;

（5）组织和编排问卷,评估问卷初稿;

（6）讨论修改并定稿调查问卷。

拓展知识:××
杂志市场调研问卷

2.训练课时

建议训练课时:课内 6 课时,课外 6 课时。

5.4.4 训练成果

问卷调查表 1 份。

本章测试

任务六

调研组织实施

任务六目录

学习目标

知识目标

通过本任务学习,你应该:

- ◆1.理解常见的调研团队的管理结构类型
- ◆2.理解直线式调研团队的特点及适用情形
- ◆3.理解职能式调研团队的特点及适用情形
- ◆4.理解直线职能式调研团队的特点及适用情形
- ◆5.理解矩阵式调研团队的特点及适用情形
- ◆6.了解调研人员的基本职业要求
- ◆7.理解选择考察调研人员的基本因素
- ◆8.了解调研人员培训的具体内容
- ◆9.理解调研人员培训的途径和方法
- ◆10.了解问卷复核的具体方式

技能目标

通过本任务学习,你应该:

- ◆1.能够根据具体项目有效地选择调研团队的类型
- ◆2.熟悉市场调研工作的职业要求
- ◆3.能够熟练地选择和考察优秀的调研人员
- ◆4.能够掌握调研人员培训的内容、技巧和程序
- ◆5.能够掌握调研人员培训的基本途径及方法
- ◆6.能够熟练地开展调研人员培训

◆7.能够有效地控制调研项目的质量和进度

◆8.能够采取现场监督、问卷复核等形式对调研人员进行控制

素养目标

通过本任务学习,你应该：

◆1.懂得人际交往的基本礼仪,与被调查者礼貌交谈

◆2.在访谈过程中遵循保密、中立等职业道德准则

◆3.具有热情、坦率、谦虚的品质

◆4.具有诚信为本的职业道德

◆5.具有真诚友善的团结协作精神

案例导入

麦肯锡如何组建和维护高效能团队？

视频:《我的前半生》里的咨询公司到底是啥样

麦肯锡公司由美国芝加哥大学商学院教授詹姆斯·麦肯锡于1926年在美国创建,现在已经成为全球最著名的管理咨询公司之一。麦肯锡公司在全球设有100多家分公司,有9000多名咨询师,每天都同时在为75个国家600多位客户进行着1000多个咨询项目,是一家真正的全球公司。在麦肯锡,你不会独行——至少不会独自作战。从前台的客户项目工作到后台公司内部的决策制定,公司里的每件事都是由团队来完成的。麦肯锡公司的团队由少数有互补技能,愿意为了共同的目的、业绩目标和方法而相互承担责任的员工组成(见图6-1)。麦肯锡之所以信赖团队,是因为它能最好地解决客户面临的问题。一个人去解决复杂的问题很不现实,更多人就意味着更多的力量去收集和分析数据,更重要的是,这也代表有更多的思想来思考数据的真实含义。

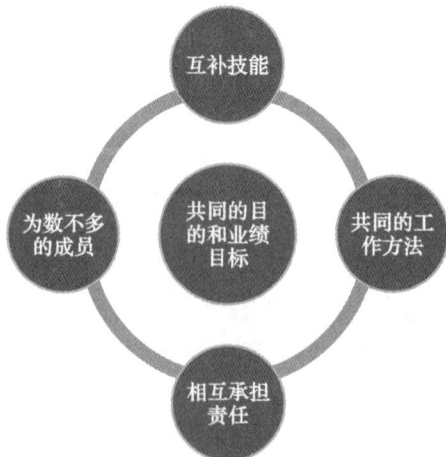

图 6-1　团队组成

1.合理选拔团队成员

不能随意挑选几个人让他们去解决问题，要考虑具备哪种技能和个性的人对你的项目最有帮助，然后仔细挑选团队成员。要想成功解决商业问题，必须谨慎地选择你的团队，对现有资源进行最好的组合。即使你不能调动到合理的资源，选拔团队成员的经历对你来说也是大有裨益的。麦肯锡人有两种团队选拔理论。第一种理论认为，智慧最重要——要为你的团队挑选最聪明的成员，不管他们的阅历或者个性如何。第二种理论认为，最重要的是成员的特定经历和技能；聪明在麦肯锡是基本的——每一名麦肯锡咨询顾问都很聪明，否则，他就待不下去了。这两种理论都不是完全正确的，但也不都是错误的。选拔合适的团队依问题和客户的不同而异。

一些问题需要做大量的分析，例如，有海量的数据等待分析时，就需要两三个数据计算方面的强人，你不会管他们是否会边走路边嚼口香糖。另一方面，假如你正在处理一个大型的组织架构重组项目，期间要做很多敏感的决定，这就需要你的团队里有善于人际交往、在实施变革方面颇具经验和影响力的人士。

麦肯锡的团队配置过程也很值得借鉴。一个项目开始时，项目经理和合伙人会在当时的人力资源库中选出团队成员。"职业发展经理"（manager of associate development）会告诉他们哪些员工现在没有项目，并且给他们一张清单，列明每位顾问的经历，以及对其分析能力、客户管理技能等进行的评估。在选拔团队的过程中，最容易出现的错误就是按评估信息挑选团队成员。

2.联络感情的活动

团队成员相处融洽，团队就会表现优异，成员也会过得愉快。作为一名团队领导，应该努力增强团队的凝聚力，别让大家感到乏味。对麦肯锡人来说，团队活动是少不了的。一个项目中，少说也有几次这样的活动，比如去当地最好的餐厅，或者看看演出和比赛。麦肯锡总会乐意出资赞助此类活动。有一位项目经理曾经把他的整个团队带到佛罗里达州去度周末。因此，在管理团队的时候，对团队活动的选择要慎重。

3.掌握火候，保持团队士气

保持团队士气是一项自始至终的任务。如果忽略了这一点，团队的表现就会不佳。要确保你了解团队成员的感受。

（资料来源：华章管理和麦肯锡公司官网，经作者整理改编）

在市场调研组织实施过程中，调研人员的素质、能力、责任心直接影响着市场调研的质量，影响着市场调研结果的准确性和客观性。因此，组建合适的调研团队，加强对调研人员的培训与管理，提高调研人员的素质和能力，强化调研过程的管理和质量控制是市场调研中一项非常重要的工作。

成语典故

下马看花

下马看花是比喻停下来，深入实际，认真调查研究。出自毛泽东的《在鲁迅艺术学院的讲话》:"俗话说:'走马看花不如驻马看花,驻马看花不如下马看花。'我希望你们都要下马看花。"①

毛泽东说:"调查有两种方法,一种是走马看花,一种是下马看花。走马看花,不深入,因为有那么多的花嘛。……还必须用第二种方法,就是下马看花,过细看花,分析一朵'花',解剖一个'麻雀'。"②

在本任务学习中,开展调研需要下马看花。我们只有妥善组织调研过程,认真开展调研活动,才能全面掌握事物的情况。

6.1　组建调研团队

微课视频:
组建调研团队

市场调研工作通常由专门的市场调研组织、专业的调研团队和人员来承接、组织、实施完成。市场调研团队是调研工作的主体,其质量直接影响市场调研的结果,因此,市场调研机构一般会根据调研工作量的大小及调研工作的难易程度,配备由一定数量并有较高素质的工作人员组成的调研团队。

思考题　调研团队有哪些类型? 其特点是什么?

一般来说,市场调研团队由项目主管、实施主管、调研督导和调研员组成。不同的调研项目需要组建不同结构的调研团队。常见的调研团队的管理结构有直线式、职能式、直线职能式和矩阵式四种。

6.1.1　直线式调研团队

项目负责人首先明确调研人员和督导员,组成一个调研团队,然后在咨询机构或咨询人员的协助下完成制定调研方案、确定日程、进行分组等任务,并组织培训,最后由项目负责人指挥几个组的督导员展开调研。这样的团队组织形式可以节省人员,效率较高,一般比较适合所需要的调研员较少、样本数量少、可在较小范围内调研的小项目。

6.1.2　职能式调研团队

项目负责人领导若干职能人员,分别负责所有调研小组的培训、质量检验或复核、经费等;而职能人员根据自己的职能,与各组督导员联络,对其提出一些要求和支持,协助他们完成某个方面的全部或部分工作,并向项目负责人汇报。

6.1.3　直线职能式调研团队

如果承担的项目是一个较大的课题,则需要大量样本数和调研人员,并且在一个较大

---

① 中共中央文献研究室.毛泽东文集:第2卷.北京:人民出版社,1993:124.
② 中共中央文献研究室.毛泽东文集:第7卷.北京:人民出版社,1999:134.

的范围内展开调研,调研小组的规模比较大,任务分配复杂,往往需要后勤工作、质量检验和复核工作相互配合。对于督导员来说,工作量骤增。因此,项目负责人统一对各职能部门或职能组进行统一管理,也可以直接与督导员联系。每一个调研组需要配备若干职能人员,职能人员根据自己的工作职能展开工作,如财务和后勤负责调研组的生活安排、居住旅行、设备采买、经费管理等事宜。他们向本组的督导员负责,由本组的督导员负责指挥,而督导员则向上一级的职能部门或职能组反映情况。这样的团队形式可以减轻项目负责人和督导员的工作量,便于分工和专业化管理,保证调研的效率。

6.1.4　矩阵式调研团队

思考题　*为什么独立的调研公司多采用矩阵式调研团队?*

企业的调研部门、独立的调研公司和学术性调研机构的组织模式多采用矩阵式。调研机构的常设机构由调研机构负责人和各职能部门或人员组成,如专职培训部门或人员、督导部门或人员、项目部门或人员、问卷设计和分析部门或人员、财务部门或人员等。他们的日常工作由机构负责人统一指挥,工作内容是市场开发、宣传推广等。一旦确定了调研项目,就要召集调研员展开调研活动,有时可能若干个调研项目同时开展。调研小组的管理工作由督导员负责。调研规模较小时,则全部督导工作主要由督导员完成。这时,他可能兼调度、复核、财务、后勤等于一身。如果规模较大,整个督导工作就由督导员和其他职能人员共同完成。这时,督导员仅是一名管理人员,而不是技术人员。

6.2　培训调研人员

市场调研行业发达的国家,对调研工作的要求比较高、比较严格,调研人员都要经过一系列的考试,取得执业资格证书才能上岗。我国目前尚未能达到这样的管理水平,但规模大的调研公司往往都有自己常备的调研人员队伍。这些调研人员都是经过多次的培训和访谈实践后挑选出来的,具备了调研人员的一般特质:专业、真诚。

微课视频:
培训调研人员

思考题　*一名合格的调研人员需要具备哪些素质和能力?*

6.2.1　调研人员的职业要求

1.知识能力要求

市场调研人员应具备接触和调查受访者的流程、问问题的正确程序、记录答案的方法等相关知识,拥有阅读、表达、书写、记忆、注意力分配、独立外出、自我约束、探测等能力以及减少拒绝率等人际交往技能。

2.思想素质要求

市场调研人员应了解并遵守国际准则和惯例,在访谈过程中应做到保密、保持中立等道德准则,应具有责任感、热情、坦率、谦虚、礼貌等职业素养。

6.2.2　调研人员的考察选择

企业如果能考察选择出一批优秀的调研人员,将会大大提高调研质量。重点可以从以下几个方面着手:

1.道德品质

通过简短的面试,企业很难对应聘者的道德品质做出真实客观的判断。为了保证录用者在道德品质方面尽可能符合企业的要求,可以采取三种方法:

(1)在正式录用前,向调研人员收取一定的风险保证金,并在签订的协议中明示违约处罚条款。

(2)事先声明每个人交回的问卷都将按一定比率进行抽查,让调研人员了解企业可以明确判断调研人员的执行质量。

(3)在招聘调研人员的面试中尽量将访谈工作描述成一种辛苦且报酬低的工作。

通过较低的工作期望与高昂的舞弊成本,可使少数好逸恶劳、品德不佳者自动退出调研人员的应聘队伍。

2.能力表现

(1)应变能力。在面试调研人员的过程中,可增加一些应变能力方面的测试题,对他们的应变能力进行认真考察。

(2)语言能力。一个合格的调研人员必须具有清晰的口齿、流利的语言。如果调查区域的普通话普及率不高且受访者有老年人,尤其是农村地区,应注意同时考察调研人员的方言水平。

3.外在仪表

良好的外在仪表在挑选调研人员时必须予以重视。因为调研人员面对的受访者通常是陌生人,调研人员外表是否诚实可靠,不仅会影响到受访者的合作态度,甚至会影响到访谈能否顺利开展。

6.2.3　调研人员的工作培训

调研人员培训是项目实施成败的核心环节,是整合整个研究梯队最重要的步骤,是保证数据采集质量的关键所在。对调研人员进行培训的内容根据调研目的和受训人员的具体情况而有所不同,通常包括职业素养、调研内容、调研技巧和调研程序四方面。

1.职业素养培训

(1)思想道德方面的教育。组织调研人员学习市场经济的一般理论,国家有关政策、法规,充分认识市场调研的重要意义,使他们有强烈的事业心和责任感,端正工作态度和工作作风,激发其调研的积极性。

(2)性格修养方面的培养。在热情、坦率、谦虚、礼貌等方面对调研人员进行培训。

2.调研内容培训

调研内容培训大体上分为基础培训、专业培训和项目培训。

(1)基础培训。基础培训是指对调研人员进行诸如自我介绍、入户方式、应变能力、工作态度、安全意识、报酬计算标准、奖惩条例、作业流程、纪律与职业道德等内容的培训,以及调研的基本理论及研究方法、访谈工作流程、访谈技巧及应对方法、访谈及记录方法、相关表格和访谈工具的使用、问卷结构及题型介绍、问题的追问方式和要求、访谈时突发事件的处理方法等内容的培训。如果时间允许,调研人员的基础培训内容可以更多更详细。

(2)专业培训。专业性培训是指针对某一份具体问卷所涉及的诸如如何甄选被访对象、如何统一理解或向被访者解释某些专业概念与名词、如何跳问问题、如何做好笔录、如何追问以及如何自查问卷等技术性问题的培训。

(3)项目培训。项目培训是根据调研项目的不同而必须举办的项目说明会,这时往往会有更针对性的访谈要求。主要包括项目背景、调研目的、调研方式、调研要求、现场实施流程、问卷内容讲解、标准答案给定、问卷内容模拟和总结、现场试访等内容的培训。

3.调研技巧培训

调研技巧培训主要包括地址抽样、访谈形式、对象甄别、持卷姿势、填写方法、不同问题的追问技巧、记录技巧、常见情况和意外情况的处理技巧等。为了切实保障数据的准确性,企业通常会设立调研督导,通过开展现场审查、补问、复核等工作有效提升数据采集的水平。在访谈过程中调研人员应该掌握的基本访谈技巧:

(1)注意与调研对象的沟通。最大限度争取被调查者的支持,并且使调查过程保持愉快。因为被调查者的情绪对问卷的质量有很大的影响。

(2)不要误导调研对象。比如调研某一款饮料的口味,调研员应该说"请您说说您对口味的看法",而不应该说"您是不是觉得口味上有点太甜了?"

(3)说明调查时间。如果调研项目回答时间比较长,应先向被调查者说明大约需要的时间,避免被调查者因赶时间而草率地应付作答。

(4)礼品处理。如果调研项目有礼品赠送,应在适宜的时机告诉被调查者,并应向其说明是他们配合调研应得到的合理报酬,避免被调查者因感恩心理而做有倾向性的回答。

访谈技巧的培训如图 6-2 所示。

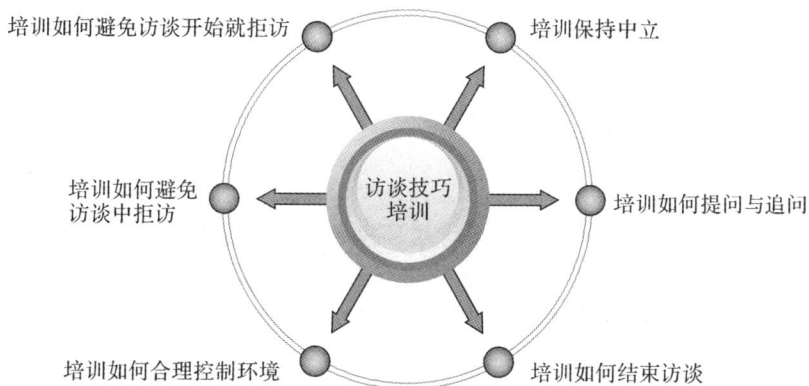

图 6-2　访谈技巧培训

4.调研程序培训

在调研人员掌握调研内容、调研技巧等培训内容后，在调研项目正式开始之前，企业要向调研人员说明问卷要求、项目进度、酬金标准、项目难度、赏罚标准，并要求调研人员结合自己的实际情况决定是否进入该项目。该阶段的具体任务和流程是解释问卷问题、统一问卷填写方法、分派任务、准备访谈、陪访、跟访、检查调研结果、统计项目进度、检查问卷、做访谈总结并评价。

在课程培训结束后，企业先拿出少量问卷，将调研任务分派给每个调研人员，让他们按照正式要求去试访几份。与此同时，督导以旁观陪同者的身份，对每一个调研人员的入户进行一次陪访，实地观察调研人员在实际工作中是否存在什么问题。在试访和陪访结束后，督导应再对调研人员进行一次集中总结，及时纠正试访中存在的问题，并及时淘汰部分难以胜任工作的调研人员。

培训结束后，要鼓励调研人员互相提问，迅速熟悉问卷和项目要求，同时也务必强调市场调研的保密原则，警告调研人员泄露商业机密的严重后果。总之，对调研人员的培训越细致，要求越高，调查的实施就会越顺利，留下的遗憾越少，调查自然越有效。

6.2.4　培训的途径和方法

1.培训途径

培训有两条基本途径：业余培训和离职培训。

（1）业余培训是提高调研人员素质的有效途径，是调动调研人员学习积极性的重要方法，它具有投资少、见效快的特点。

（2）离职培训是一种比较系统的训练方法，可以使调研人员集中精力和时间进行学习。它可以采取两种方式：一种是举办各种类型的调研人员培训班；另一种是根据调研人员的工作特点和本部门的需要，送他们到各类经济管理院校相应专业系统学习专业基础知识、调研业务知识、现代调研工具使用知识等。这种方法能使调研人员有较扎实的基础，但投资较大。

2.培训方法

根据培训目的和受训人员情况选用不同的培训方法。

（1）集中讲授。就是邀请有关专家、调研方案的设计者对调研课题的意义、目的、要求、内容、方法及调研工作的具体安排等进行讲解。在必要的情况下，还可讲授一些调研基本知识，介绍一些背景材料等。这是目前培训中采用的主要方法。采用这种培训方法，应注意突出重点、加强针对性、讲求实效。

（2）以会代训。即由主管市场调研的部门召集研讨会或经验交流会。开研讨会的目的主要是就需要调研的主题进行研究，从调研题目拟定到调研设计，资料搜集、整理和分析等各项内容逐一研究确定；开经验交流会是为了可以互相介绍各自的调研经验、先进的调研方法和手段、成功的调研案例等，以集思广益，博采众长，共同提高。这种形式的方法，一般要求参加者有一定的知识和业务水平。

（3）以老带新。这是一种传统的培训方法，由有一定理论和实践经验的人员，对新接触调研工作的人员进行传、帮、带,使新手能尽快熟悉调研业务和提高调研水平。这种方法能否取得成效,取决于带人者是否无保留地传授,学习者是否虚心求教。

(4)模拟训练。即人为地制造一种调研环境,由培训者和受训者或受训者之间相互分别装扮成调查者和被调查者,进行二对一的模拟调研,练习某一具体的调研过程。模拟时,要将在实际调研中可能遇到的各种问题和困难表现出来,让受训者做出判断、解答和处理,以增加受训者的经验。采用这种方法,应事先做好充分准备,模拟时才能真实地反映调研过程中可能出现的情况。

(5)实习锻炼。即在培训者的策划下,让受训者到自然的调研环境中去实习和锻炼。采用这种方法,能将理论和实践有机地结合,在实践中发现各种问题,在实践中培养处理问题的能力。同时,应注意掌握实习的时间和次数,并对实习中出现的问题和经验及时进行总结。

6.3　管理控制调研

思考题 为什么要管理控制调研?

6.3.1　调研项目控制

1.调研实施中的质量控制

调研实施中的质量控制主要通过督导员的督导实现。督导可分为现场督导和非现场督导。督导内容一般包括三类:第一类是作业管理或工作管理,包括分配任务和调度人员、监督调研进度、控制调研进程、保证调研质量;第二类是对调研人员的再培训;第三类是财务和后勤管理,包括管理和使用经费、管理物资和设备、照顾组员生活。

微课视频:
管理控制调研

(1)实施过程的质量评估。第一,调研人员的工作质量,包括访谈过程是否规范、问卷填写是否合格、工作记录是否齐备、完成的时间是否正确等;第二,管理的工作质量,包括培训材料、操作控制文件(问卷收集表、项目进度表、配额表等)以及检查性文件等的质量。

(2)原始数据的质量评估。良好的现场调研操作也不能保证数据质量就一定是高的,在数据分析阶段之前对原始数据的质量进行评估是十分必要的。从两个方面进行评估:第一,受访者的配合程度。在调查问卷的尾部,一般要设计几个题项,内容主要包括被调查者对问卷的理解程度和被调查者的配合程度;第二,问卷回答率,这是评价数据质量的一个重要的量化指标。

拓展知识:如何投放网络问卷

2.调研实施中的进度控制

(1)项目时间管理。确保项目按照时间计划进行是非常重要的。例如调研结果必须在某个时间之前提交,否则会影响到委托方是否开发新产品的决策,就要判断是否可以加快项目进程、是否需要额外增加调研人员来加速。如果项目要延期,必须与客户沟通,通知客户。

（2）进度合理安排。一个调研项目要做到有计划、按步骤、平稳地进行，对实施进度进行合理安排是至关重要的。调研人员每天的工作量过大，质量就难以保证。对于具体的调研项目，调研人员也需要一个不断熟悉的渐进过程：第一阶段，调研实施初期应该采用慢节奏；第二阶段，快节奏；第三阶段，慢节奏，需要对有问题的问卷进行补做等，根据调研人员的实际能力、被调查者所在的地点远近以及其他相关因素综合考虑。最后还要考虑督导员的检查工作能够同步进行。

6.3.2 调研人员控制

调研人员所收集的问卷是研究者重要的信息来源。但在实际工作中，由于受各种因素的影响，调研人员的问卷来源不一定真实、可靠，因此，就必须对调研人员进行适当的监控，以保证调查问卷的质量。一般可以先采取下列两种方式来判断调研人员访问的真实性，然后再根据每个调研人员的任务完成质量从经济上给予相应的奖惩。

1. 现场监督

在调研人员进行现场调查时，有督导员跟随，以便随时进行监督并对不符合规定的行为进行指正，提高访谈质量。督导员根据情况可以现场通过电话补问，一审不合格问卷中的问题；也可以由质控人员陪同调研人员回访被调查者进行补问；或者要求调研人员再次找到被调查者进行问卷补问。这种方法对于电话访谈、拦截访谈、整群抽样调研比较适合。

2. 问卷复核

思考题 为什么要进行问卷复核？

问卷复核是指在调研人员完成的问卷中有针对性地抽取一定数量的问卷，针对被调查者甄别合格性及问卷中比较重要且容易出现人为错误的题目进行问卷回访，比如是否有质量问题、是否有遗漏、答案之间是否有前后矛盾、笔迹是否一致等，以确认调研人员在访问过程中是否按照企业对访谈的基本规定及项目中的特殊要求进行了访谈，完成的问卷是否真实有效。常见面访项目中如入户访谈、拦截式访谈都会使用到问卷复核。

回收问卷的复核主要是对调研对象（确认是否为调研对象本人的回答）和问卷填写内容（是否是虚假的回答、回答错误、填写错误）的复核。通常使用的复核方式有电话复核、实地复核和录音复核等。

（1）电话复核。又称电话回访，是指根据回收问卷上被访者提供的电话号码，由质量控制部门督导或专门负责复核工作的复核员通过电话联络被访者，按照企业设计的复核问卷向被访者提问并记录答案的方式。

（2）实地复核。它是指根据回收问卷上的被访者的详细地址，由项目督导或专职负责复核工作的复核员按照地址到被访者家里，当面进行回访复查问卷的工作。这种方法比电话回访真实可靠，但需要花很多的时间和精力。

（3）录音复核。随着现代科技发展，许多企业为了保证访谈质量，开始要求调研人员在访谈过程中提供录音，主要是针对一些无场地拦截式访谈、商务面访、预约上门访谈等。由于被访者身份比较特殊，有些不太适合做电话回访复核，只能采取检查录音的方式。通常检查比例为每个调研人员完成任务量的 15%～20%。它的优点是能够真实再现访谈的情形,能够帮助对调研人员的访谈过程有非常清晰的了解;但检查需要花费比较多的时间,需要设备支持。

在电话复核和实地复核过程中,通常要根据以下几个方面来判断调研人员访问的真实性:

①电话能否打通或地址能否找到;

②家中是否有人接受访谈;

③受调查的问题是否跟该调研吻合;

④调研时间是否跟问卷记录时间相符;

⑤受访者所描述的调研人员形象是否与该调研人员相符;

⑥访谈过程是否按规定的程序和要求执行。

课程思政

问卷调查造假危害有多大?

问卷调查是社会各行业用来搜集相关信息数据的一种途径和手段,其目的是为了摸清真实情况,为政府和企业等相关单位的科学决策提供依据。电视剧《我的前半生》中,罗子君被马路边的阿姨叫去做调查问卷,全是造假的。问卷调查如此弄虚作假的场景在现实生活中也屡有发生。

思政视频:问卷调查作假引发的思考

例如在学术研究方面,2018 年某高校主持的"新时代中国农民工回流情况"问卷调查被曝光存在造假现象。此次问卷调查由在校学生来进行,但由于时间紧迫,很多学生无法通过调研、分发、访问等常规调研手段完成问卷调查。因此,为了完成任务,有的学生通过手机地图搜寻地点填写假地址进行"合理编造",干脆自己"当了一次农民工";还有的学生在网络平台发出了 10 元每份的报酬来"雇佣"学生填写问卷;等等。这种乱象是由于问卷设计和培训不尽完善、工作方式简单粗糙造成的。众所周知,越是严肃的学术研究,越离不开最基础的信息资料,问卷调查就是重要的信息获取渠道,而保障问卷调查的真实性、专业性尤为重要。否则,调查结果就有可能失真,反馈到学术研究的结论及至它对公共政策制定的参考,就可能产生偏差。同时,这对参与学生日后的学术态度乃至价值认知,都将可能形成负面暗示。

再如在民意调查方面,某市某区在辖区内进行了一次"社会公众安全感"民意调查。根据群众反映,这份调查有包办民意的嫌疑,调查问卷每道选择题后面都附有诸如"有明显好转""能及时解决"等参考答案,并且工作人员叮嘱要按照提示的"参考答案"填写。这种让民意被代表的现象,有损政府的形象和社会公信力。

问卷调查造假违反实事求是的原则,必然会导致偏向性的结果,信息失真,甚至会导致决策失误,实则害人害己,误人误事,危害性极大,千万不可小觑。因此,问卷调查应该秉持严谨科学的态度,实事求是,对造假零容忍,对学术或调研的严肃性有起码的敬畏,不能太任性和随意,容不得半点虚假,不然就是对学术专业性、调研缜密性的损害。

(资料来源:网络资料,经作者整理改编)

【反思与启示】

1.在实施问卷调查的过程中,应如何管理控制项目质量?

2.一名合格的调研人员,需要具备哪些基本素质和能力?

6.4　能力训练:实施项目调研

调研的组织实施是整个市场调研过程中非常重要的环节,是保证市场调研顺利进行和资料准备的必要前提,包括组建调研团队、培训调研人员、管理和控制调研三部分。合理地把控每个流程是完成整个调研组织实施的必要手段。

6.4.1　训练内容

现以某一农业企业的名特优农产品消费者调查为例,根据消费者市场调研方案,利用设计好的调查问卷,组建调研团队,对调研人员进行培训,再对消费者进行抽样调查,最终需要提交一定数量的原始调查问卷和网络调查问卷。

6.4.2　训练步骤

一般而言,组织实施市场调研需要经过以下三个步骤:

1.组建调研团队

按照企业或委托方的要求,调研人员认真组织实施各阶段的调研工作。为了保证项目实施的顺利,需要建立项目调研团队,主要负责管理控制调研项目的实施,并及时向企业或委托方反馈调研进程和调研工作的有关信息。一个完整的项目调研团队包括项目主管、实施主管和调研督导,其具体职责如下所示:

(1)项目主管协调各部门的关系,起草初步的计划,制定预算并监督资源的使用。其责任是确保项目的目标、预算和计划的执行。

(2)实施主管。责任主要包括了解调研项目的目的和具体的实施要求,根据调研设计的有关内容和要求挑选调研员,负责督导团队的管理和培训,负责调研实施中的质量控制。实施主管是项目主管和调研督导的中间桥梁,要求既要掌握市场调研的基本理论和方法,又要有比较强的组织和运作能力,还要有丰富的现场操作经验。其水平的高低,决定一个市场调研机构的水平。

(3)调研督导负责对调研人员工作过程的检查和对调研结果的审核。督导可分为现场督导和技术督导。现场督导主要负责日常工作的管理,技术督导主要负责调研人员访谈技巧的指导,很多情况下二者合二为一。

2.培训调研人员

由调研人员亲自进行调研,调查问卷的回收率较高,在访谈过程中调研员可以帮助被访者理解并完成问题,问卷的可信度高。为了更好地完成本次调研项目,需对调研人员进行培训,培训的内容包括农业企业的产品及其行业背景、调研员的责任、调研项目操作及调研访谈所需的技巧等方面。通过培训,培养调研员的工作技能,降低拒访率,使访问工作更加有效率。

3.管理控制调研

一个调研项目的实施要做到有计划、按步骤、平稳地进行,要对调研项目实施控制。市场调研活动是一个团队活动,因此,市场调研活动的组织与控制包括市场调研项目本身的控制和市场调研人员的控制。

6.4.3　训练要求

1.训练过程

通过小组协作、教师指导的方式完成训练任务。

(1)教师布置任务;

(2)学生组建调研团队(以5至6人为一小组),确定团队成员的分工;

(3)开展对调研团队成员内部培训,保证调研过程的顺利开展和实施;

(4)在选定的调研地点进行调研,体验实地调研的过程。

2.训练课时

建议训练课时:课内4课时,课外6课时。

6.4.4　训练成果

原始纸质调查问卷和网络调查问卷。

本章测试

数据回收处理

任务七目录

学习目标

知识目标

通过本任务学习,你应该:

◆1.理解数据审核的具体内容

◆2.了解数据编码的具体作用、原则和类型

◆3.掌握编码时应注意的具体事项

◆4.了解数据录入的方式

◆5.了解数据录入的基本流程

◆6.理解缺失数据的内涵

◆7.理解数据整理技术的类型

◆8.理解数据调整的具体方式

技能目标

通过本任务学习,你应该:

◆1.能够熟练地掌握数据回收处理的基本流程

◆2.能够根据相关指标对数据进行有效的审核

◆3.能够熟练地掌握问卷处置的具体方法

◆4.能够快速地设计数据编码表

◆5.能够准确地处理缺失数据

◆6.能够根据实际选择合适方式对数据进行统计调整

◆7.能够掌握数据整理过程中的注意事项

素养目标

通过本任务学习,你应该:
- ◆1.具有严谨负责、善学乐学的态度
- ◆2.具备清晰的逻辑思维
- ◆3.养成实事求是的科学精神
- ◆4.具有对数据的敏感性和批判性思维
- ◆5.养成踏实细致的做事风格

案例导入

错误的数据不如没有数据

普瑞辛格调研公司给《中国财富》出示的两组数据,证明了调研数据的严谨性。两份相同的调查问卷,两种结构完全相同的抽样,却产生了差异巨大的两组数据。普瑞辛格公司的副总经理邵志刚称,国内某家知名电视机生产公司因这次调研将20多人的市场研究部门注销、人员全部辞退。

该调查问卷的问题是:列举您比较青睐的电视机品牌。第一组得出的结论是:15%的消费者首选本公司的电视机。第二组得出的结论是:将近40%的消费者认为购买电视机首选本公司。公司高层面对两个差异巨大的数据非常生气,两个完全相同的调研抽样,为何会出现如此矛盾的结果?公司随即进行了调研诊断,要找出问题所在。

普瑞辛格接受了这个任务。执行人员与调研小组进行了深入交流,很快得出了诊断结论:第二组调研小组的数据存在异常,是不可信的;调研小组在调研的过程中对被访问者存在误导行为。原来,第二小组在进行访问的时候,所有成员都佩戴了公司发放的领带,而领带上有明显的本公司标志。被访问者通过观察一般都可以猜测出调研的主办方是谁。第二组还犯了一个错误,就是在调研过程中向被访问者出示的选项记录板上,把本公司的名字放在了预备选项的第一位。这样,被访问者接收到了调研的主办方信息,从而影响了本身的客观选择。

公司董事长开除调研部门主管时说:"如果我相信了你们的数据,公司将增加一倍的生产计划,这给公司带来的损失可能超过千万元,这个责任不知谁能承担得起。"

尽管大数据对公司发展来说有着重要意义,但是由于人为原因导致统计出现了错误数据,还不如没有数据。

(资料来源:https://blog.csdn.net/bingdata123/article/details/79626849,经作者整理改编)

鞭辟入里

鞭辟入里原指做学问切实，现多形容说明问题透彻，切中要害。出自清代盛宣怀的《上张香帅书》："佺忝承付托，责无旁贷，必当鞭辟入里，成一完全商办大厂，为天下创。"

为学要鞭辟入里，一味追求速成，必定华而不实。我们学习要有鞭辟入里、入木三分的"钉钉子"精神。

在本任务学习中，我们分析回收的数据要鞭辟入里，这样才能得到相对合理的结果，供决策参考。

7.1　数据回收与编码

微课视频：数据
回收与编码

数据资料整理是数据统计分析的前提和基础。通过前期问卷调查得到了大量的原始资料，但是这些资料相对分散凌乱，不能完整、系统地反映总体的情况。因此，调研人员需要对数据资料进行审核、筛选、排序等数据整理工作，才能得出正确的合乎事物发展规律与趋势的分析结果。

数据整理就是根据调研的目的与任务，对通过调查、观察、实验等各种调查方法所搜集到的资料进行检验、归类和数字编码，并以图表的方式显示数据特征，以符合数据分析需要的过程。一般分为数据审核、数据编码、数据录入、数据调整四个步骤（见图7-1）。

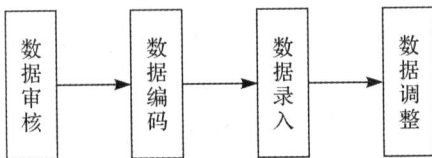

```
┌────┐    ┌────┐    ┌────┐    ┌────┐
│数据 │ →  │数据 │ →  │数据 │ →  │数据 │
│审核 │    │编码 │    │录入 │    │调整 │
└────┘    └────┘    └────┘    └────┘
```

图 7-1　数据整理步骤

在小数据时代，数据整理包括数据审核清洗、数据转换、归类编码和数字编码等过程，其中数据审核清洗占据最重要的位置，就是检查数据一致性、处理无效值和缺失值等。而这些工作在大数据时代中被弱化，在有些大数据的算法和应用中基本不再进行数据清洗，因为大数据的多样化使得其数据有一定的不精确性，但数据转换和编码过程还是需要的。

7.1.1　数据审核

思考题　问卷审核的具体内容包括哪些？

数据审核是指在整理数据之前对所收集数据进行审查和核对，并根据数据分析的需要剔除有明显错误的数据和不符合要求的数据。审核的目的就是要保证调研最后所得的数据的完整性、准确性、一致性和时效性。问卷审核是数据审核的重要组成部分,其中有效性审核和一致性审核是对单张问卷进行的审核,分布审核则是对全部问卷或部分问卷的数据一起进行审核。

1.问卷回收

为了保证问卷的质量,调研人员应考虑调研问卷的回收处理,具体做好以下几个方面的工作:

(1)编号存放问卷。如果是一个大型调研项目,可能涉及多个调研地点,调研人员需要将各种问卷及时进行编号,分门别类地存放或移交给分析部门。

(2)填写问卷登记表。为了加强对回收问卷的管理,一般需要专门设计等级表格,具体内容包括调查地区及编号、调查人员及编号、调查实施的时间、问卷交付的日期、问卷编号、问卷份数等。尤其是问卷编号,这与后期的数据编码紧密相关。

(3)做好标记。回收的问卷应分别按照调查人员和不同地区放置,标明编号或注明调查人员和地区、单位,以方便整理和查找。

2.**数据审核**

数据审核不仅是对问卷等实地调查收集的原始资料进行审核,也是对通过其他途径收集的二手资料进行审核。主要从完整性、准确性、一致性和时效性等四个方面内容进行审核和处理。

(1)完整性审核。

完整性审核的主要内容和处理技巧:

①应调查的单位或个体是否有遗漏,所有的调查项目或指标是否填写齐全。答案缺失可能是被调查者不能回答或不愿回答,也可能是调研人员遗忘所致。资料整理人员应决定是否接受该份问卷。如果接受就应马上向原来的被调查者询问,填补问卷的空白;或者询问调研人员有无遗漏,能否追忆被调查者的回答。否则,就应放弃该份问卷,以确保资料的可靠性。

②收回的问卷或调查表的份数是否齐全,是否达到了调研方案设计的样本量的要求。如果调查问卷或调查表份数不够,应查明原因,采取补救措施,如重新拜访或更换调查对象。

三种不完整的填答情形的处理方法:

①大面积的无回答,或者相当多的问题无回答,对此应做废卷处理。

②个别问题无回答,应视为有效调查问卷,所留空白待后续工作采取补救措施,或将它直接归入"暂未决定""其他答案"的类别中。

③有相当多的调查问卷对同一问题无回答,仍作为有效调查问卷,对此项提问可做删除处理。

(2)准确性审核。准确性审核的重点是审核调研过程中所发生的误差,其主要内容包括两个方面:一是检查数据资料是否真实地反映了客观实际情况、内容是否符合实际、前后是否一致;二是检查数据是否有错误、计算是否正确等。

审核数据准确性的方法主要有经验判断、逻辑检查和计算检查:

①经验判断是根据问卷审核者的经验判断问卷填写的准确性。例如，如果被调查者年龄填写为 132 岁，根据经验判断，其填写肯定有误。

②逻辑检查主要是审核标志、数据之间是否符合逻辑，内容是否合理，各项目或数字之间有无相互矛盾的现象，此方法主要适合对定性（品质）数据的审核。例如在审核中发现少年儿童年龄段的居民文化程度的填写却是大学以上，即属于不符合逻辑的情况。

③计算检查是检查调查表中的各项数据在计算结果和计算方法上有无错误，主要用于对定量（数值型）数据的审核。如地区居民户数不可能大于地区居民人数，地区居民总人数应等于城镇居民人数与农村居民人数之和，产品全国的销售总额应等于其在各省、市、自治区的销售额之和，等等。例如在家庭收支结构中，家庭总收入远小于总支出和储蓄之和，那肯定有错。

对出现以下三种准确性问题情形的处理方法：

①对于逻辑性错误的情况，审核人员应决定是再向被调查者询问，还是将该份问卷作为无效问卷剔除。

②对于答非所问的答案，应通过电话询问进行纠正，或按"不详值"对待。

③对于所有问题都选择同一固定编号答案或者一笔带过若干个问题等错误，如仅属个别问卷，应彻底抛弃；如这类回答的问卷有一定的数目，且集中出现在同一类问题群上，应把这些问卷作为独立的子样本看待，在资料分析时给予适当的注意。

（3）一致性审核。二手资料相对原始资料而言来源渠道多，有些数据可能是为特定目的通过专门调研而获得的，或是已经按照特定目的需要做了加工处理。因此，审核数据时要重点弄清楚数据的来源、数据的口径以及有关的背景资料，确定这些数据资料是否符合当前分析研究的需要、是否需要重新加工整理等，不能盲目生搬硬套。

（4）时效性审核。时效性审核主要是对调查问卷或调查表的访问时间、有关数据的时间属性进行检查，以评价调研数据是否符合时效性的要求；经审核确认适合于实际需要的数据，才有必要做进一步的加工整理。不同需求场景下数据资料的及时性和有效性会有所不同，如果数据过于滞后，可能失去了研究的意义。一般来说，应尽可能使用最新的统计数据。据统计，商业和医疗信息库中平均 50% 的用户信息在 2 年内可能过时，而过时信息将会导致严重后果。一般调研人员应在规定的时间内完成所有样本单位的访谈，如延迟了访谈，则应做出不同情况的处理：如延迟访谈对调查结果没有什么影响，则问卷仍是合格的；若延迟访谈使数据的时间属性不一致，则应废弃这样的调查表或问卷。

对于通过不同途径获取的数据资料，在数据审核的内容和侧重点上有所不同。对于原始数据，应主要从完整性和准确性两个方面去审核；对于二手资料，除了对其完整性和准确性进行审核外，还应该着重审核数据的适用性和时效性。

3.问卷处置

有效问卷是指市场调研中能够真实反映接受调查者相关信息及态度的问卷。判定一份问卷是否为有效问卷，一般通过人工判读：当回答问题的选项或答案有总计超过 15% 无法使人明确了解被调查者对问题的观点时，此份问卷即判断为无效问卷。只有有效问卷才能成为进一步统计研究并得出相关结论的依据。对于有问题的问卷有三种具体处理方法：

（1）返回现场重新调查。此方法适用于规模较小、被调查者容易找到的情形。但是由于调查时间等的变化，可能会影响二次调查的数据结果。

（2）视为缺失数据。在不能重新调查的情形下，可以将这些不满意的问卷中的选项作为缺失值处理。如果不满意的问卷数量较少，而且这些问卷中令人不满意的回答的比例也很小，涉及的变量也不是关键变量，可采取这种方法。

（3）视为无效问卷。在进行问卷调查时，常会面临有效问卷与无效问卷的判读，设定太宽会被认为没信度没效度，收回的问卷就算有效，设定太严又怕有效问卷数不足。存在以下情况，问卷应该被视为无效问卷，可放弃不用：

①缺损的问卷（缺页或无法辨认）；

②回答不完全的问卷（缺失回答大于10%）；

③关键变量回答缺失的问卷；

④全部勾选同一个答案的问卷；

⑤在截止日期之后回收的问卷；

⑥由不属于调查对象的人填写的问卷；

⑦前后矛盾或有明显错误的问卷。

同时要注意，无效问卷应有记录。在问卷统计过程中，要注意问卷回收率及有效回收率这两个指标的计算：

$$回收率 = \frac{实际回收问卷数}{发放问卷数} \times 100\%$$

$$有效回收率 = \frac{有效问卷数（实际回收问卷数 - 废问卷数）}{发放问卷数} \times 100\%$$

4　数据整理

从商业角度来看，从前未知的统计分析模式或趋势的发现为企业提供了非常有价值的洞察力。数据整理技术可以分成群集、分类和预测三类，它们能够帮助企业对未来的发展形成一定的预见性。

（1）群集技术是指在无序的方式下集中信息，如对未知特点的群体商业客户的分析，通过输入相关信息就可以很好地定义客户的特点。

（2）分类技术是指集中和指定对象以预先确定事先定义好值的集合，如按照收入水平将客户分成特定的销售群体。

（3）预测技术是指对某些特定的对象和目录输入已知值，并且把这些值应用到另一个类似集合中，以确定期望值或结果。

数据整理过程中需要注意的事项有：

（1）现场收集数据，应将所收集的数据做核对，以求整理真实且具有代表性的数据。

（2）数据整理，改善前、后所具备的条件要一致，如此所做的数据整理和比较才有意义。

（3）异常发生要采取措施，一定要以整理后的数据为研究依据。

（4）使用别人发表的次级数据应注意：原搜集数据的目的与数据的来源如何；原使用的单位是否与所要研究者一致，如不一致应如何调整才合用；原来搜集所得的数字可靠程度如何，如可靠当然可以取用，不可靠时应寻找原因以解决；原来的搜集方法如何，有无重复或遗漏之处；如根据两种以上不同原始来源的数据，使用之前应查明其内容互异之处，寻求错误原因再决定取舍。

7.1.2 数据编码

思考题 *编码是做什么工作？*

对问卷回收、审核和处置后，需要对每个问题的答案进行整理、汇总。为了充分利用问卷中的调查数据，提高问卷的录入效率及分析效果，需要对问卷中的数据进行科学的编码。

编码是把原始数据转化成符号的技术化程序，即将问卷的问题及答案转化为计算机可以识别的数字或符号。编码过程就是为每个问题的每种可能答案分配一个代码，通常是一个数字。因此，问卷编码工作是问卷调查中不可缺少的流程，也成为数据整理汇总阶段重要而基本的环节。

1.编码的作用

编码的作用主要体现在以下方面：

（1）将定性资料转化为定量数据，使问卷信息转化为规范标准的数据库，进而可以利用统计软件进行计算分析。

（2）减少数据录入和统计分析的工作量，节省时间和费用，提高工作效率。

（3）降低误差。资料经过量化后，清晰明了，不易丢失。另外，利用编码技术修正答案误差，替代缺失值，都可以降低误差。

2.编码的原则

在编码过程中，应遵循以下基本原则：

（1）准确性原则。设计的代码要能准确有效地替代原信息。

（2）完整性原则。在转换信息形式的同时尽量不丢失信息，减少信息的损失和浪费。编码时一般需预留足够位置，以适应调整代码或插入新代码的需要。

（3）效率性原则。易于操作，节约人力、物力。

（4）标准化原则。一般每一个代码只代表一个数据，代码的设计要避免混淆和误解。

（5）兼容性原则。即通用性原则，以便与其他系统接轨，增加调查资料的使用范围。

3.编码的类型

由于问卷的问题及答案设计有单选、多选、排序、开放式等不同类型，因此，数据编码可以分为事前编码与事后编码两种类型。

（1）事前编码。事前编码是指在设计问卷时就给每一个变量和可能答案分配代码，主要适用于封闭式问卷。它是针对结构性问题的一种编码方法，编码方法相对简单，因为问题事先都已规定备选答案，所以每一个问题的每个答案都可以赋予编码，并对答案代码的含义和所在栏目予以说明。

（2）事后编码。事后编码是在数据收集完成以后正式整理开始之初，对调查问题的可能答案所进行的编码。对封闭式问题的"其他"项、开放式问题或非结构性问题等三类问题，只能采取事后编码的方式。以上三类问题的回答较为复杂，答案多样化，所以一般需要在数据收集完成后再进行编码设计。对于开放式问题的答案进行整理和编码，不是机械性的工作，它所依据的不应该仅是答案的文字，更重要的是这些文字所反映出来的被调查者的思想、认识和心理。

4.编码的方法

(1)单选题编码设计。单选题只用一个编码,即以题干为一个变量,单选题编码的取值就是各选项的序号。如单选题"您的性别",将备选答案分别赋值编码:男性为"1",女性为"0"。

[例] Q1:您的性别? A.男　B.女

以上是将"性别"定义为变量,用"1"代表"男",用"0"代表"女"。单选题,在1和0两个选项中只能选择一个答案。

(2)多选题编码设计。多选题的编码方法和单选题不同,变量定义是每一个选项有一个编码,变量个数即选项个数,按照选项排列顺序分别定义各变量。多选题采用二分变量法,即将每个选项设为二分变量,选中的编码为1,未选中的编码为0。

[例] Q12:您喜欢的促销类型有哪些?(可多选)

①打折(0,1)(23)

②会员价格(0,1)(24)

③购物积分(0,1)(25)

④买一送一(0,1)(26)

⑤其他(0,1)(27)

以上是多选题,即答案可以选择两个或以上,编码处理方式是将每个选项设为二分变量,即对于每个选项给予"0""1"两个编码,选中的标"1",未被选中的则标"0",括号中的数字表示这个变量记录在编码表中的变量序号,如"23"表示变量序号。

(3)排序题编码设计。排序题变量定义和多选题比较相似,都是每一个选项有一个编码,变量个数即选项个数,按照选项排列顺序分别定义各变量。但是排序题的取值定义和多选题不同,排序题数据取值即为重要性排列顺序。若认为数值越大表示越重要,排序题有五个选项,从高到低依次可以赋值为5、4、3、2、1,若未选中,则可以赋值为0。当然,排序题的变量赋值可以根据数据编码人员的习惯来定。

[例] Q10:影响您在××超市购物的主要因素有哪些?(请按重要性程度从高到低排序)

A.质量　B.价格　C.促销　D.环境　E.服务

应按被调查者实际选择的排列顺序和选项数分别赋值编码,最重要为5,最不重要为1,未选中为0,赋值即为重要性排列顺序,数值越大表示越重要(见表7-1)。

表7-1　排序题编码设计

变量序号	变量名称	变量含义	对应题号	变量类型	变量宽度	数据说明
17	V101	质量				
18	V102	价格				1—最不重要,2—不太重要,3—
19	V103	促销	Q10	数值型	8	一般,4—比较重要,5—最重要,
20	V104	环境				0—未选中
21	V105	服务				

（4）系列编码设计。是指用一个标准对数据进行分类，并按一定的顺序用连续数字或字母进行编码的方式。这种编码方法操作简便，但不便于进行分组处理。

[例] Q23：请问您每月的收入水平是多少？

A. 2000 元以下　B. 2000～3500 元　C. 3501～5000 元　D. 5000 元以上

为消费者收入水平调研设计编码时，可将每月收入水平划分为四个档次，用"1"代表"2000 元以下"，用"2"代表"2000～3500 元"，用"3"代表"3501～5000 元"，用"4"代表"5000元以上"。

（5）开放式问题编码设计。开放式问题的编码设计一般有以下几个步骤：

①统计各答案。挑选少量具有代表性的答卷，对答案进行全面的阅读和初步分类，以便初步判断答案的分布状况。通常会抽取全部问卷数的 20％来实施这一步工作。

②将所有有效的答案列成频数分布表。

③拟定适宜的分组数。要从调研目的出发，考虑分组的标准是否符合调研目的，同时也要考虑计算机的处理能力和数据处理软件的处理要求。

④根据拟定的分组数，对列在答案频数分布表中的答案进行选择和归并。在不影响调研目的的前提下，保留频数多的答案，然后把频数分布较少的答案尽可能归并成意义相近的几组，对那些含义相距甚远或虽然含义相近但合起来数仍然不够多的，一律并入"其他"一组。

⑤为所确定的分组选择正式的组别标志。

⑥根据分组结果为数据制定编码规则。

⑦对全部回收问卷（开放式问题答案）进行编码。

[例] 问卷中"Q18：您认为××超市应该如何改进以增加客户的满意度？"问题，调研人员收集到以下回答：

①降低价格

②价格有待改进

③多做促销

④增加商品品种

⑤多上一些新货

⑥多搞一些活动

⑦价格便宜点

……

这么多回答，如果不进行归类处理，就不好分析。所以，应该将一些意思相近的答案归到某一类中去，再从中分析该如何改进以增加客户满意度。上述答案合并归类如表 7-2所示。

表 7-2　答案合并与编码

回答类别描述	答案归类	分配的数字编码
降低价格	①②⑦	1
增加商品品种	④⑤	2

续表

回答类别描述	答案归类	分配的数字编码
多促销	③⑥	3
……		

（6）分组编码设计。又称为区间编码法，是根据调研数据的属性特点和处理要求，将具有一定位数的代码单元分成若干组（或区间），每一个组（或区间）的数字均代表一定的意义。例如某项关于消费行为的调研中，对被调查者的性别、年龄、家庭规模等基本情况进行调查，运用分组编码法对有关信息进行编码，如表 7-3 所示。

表 7-3　分组编码

性别		年龄		家庭规模（人数）	
选项	编码	选项	编码	选项	编码
男	1	25 岁以下	1	单身	1
女	0	25—35 岁	2	夫妻	2
		36—45 岁	3	3 人	3
		45 岁以上	4	4 人	4

分组编码法应用比较广泛，容易记忆，处理方便，但有时位数过多，造成系统维护上的困难。

（7）信息组编码设计。它是把调研数据划分成不同的组，给每一个组以一定组码（数字区间）来进行编码的方法。例如，对某地区市场上的 20 种商品的价格变动进行调研，运用该编码法时，首先可以将这 20 种商品划分为食品组、日化用品组、服装组和其他组，然后给每一个组分配一个组码，即食品组（1—5）、日化用品组（6—10）、服装组（11—15）和其他组（16—20）。这种编码法能以较少的位数分组，但一旦编码体系确定后又遇到某些组内资料增加的情况，处理起来就会相当麻烦。

（8）表义式文字编码设计。表义式文字编码法是用数字符号等表明编码对象属性，并依此方式对调研数据进行编码的方法。例如用 180BXJ 表示容量为 180 升的进口电冰箱，180 表示容量，BX 表示冰箱商品，J 表示进口。该编码法比较直观，易于理解和记忆。

5.编码注意事项

（1）编码符号在绝大多数情况下都采用数字，个别情况下也可采用英文字母。

（2）赋予某些数字特定的编码意义，便于整理识别。如对于问卷中所有问题的答案，规定 0 表示否定，1 表示肯定，9 表示不知道或没回答。

（3）编码位数应根据具体情况予以确定。对于给出了固定答案的单项选择题，编码位数与答案数目的位数或与答案中数字的最大位数一致；对于对固定答案进行多选的问题，则编码位数等于答案数目的位数与允许选择的答案数目的乘积。

6.设计编码表

为了查找、录入及分析的方便，编码人员要编写一张编码表，说明各编码所代表的意义。录入人员可以根据编码表说明来录入数据，数据分析人员根据编码表来处理数据，研究者阅读统计分析结果不清楚各种代码的意义时，可以从编码表中查询。一般编码表包括变量序号、变量名称、变量含义、对应题号、变量类型、变量宽度、数据说明等指标。其中，变量名称、变量含义、对应题号、变量类型、变量宽度是变量的定义，数据说明是取值的定义。

（1）变量序号是给各变量的一个新的数码，表示各变量在数据库中的输入顺序。

（2）变量名称是变量的代号，便于计算机识别与统计操作。

（3）变量含义是指问卷中问题意思的概况。

（4）对应题号是指变量属于问卷中的第几题。

（5）变量类型一般包括字符型、数值型等。

（6）变量宽度是指变量的数据最多是几位数。

（7）数据说明是对各数码代表受访者的某种反应的说明。

为上述例题设计的编码表如表 7-4 所示。

表 7-4   编码表

变量序号	变量名称	变量含义	对应题号	变量类型	变量宽度	数据说明
1	V1	性别	Q1	数值型	8	1—男，0—女，9—缺失
……						
17	V101	质量				
18	V102	价格				1—最不重要，2—不太重要
19	V103	促销	Q10	数值型	8	3——一般，4—比较重要
20	V104	环境				5—最重要，0—未选中
21	V105	服务				
……						
23	V121	打折				
24	V122	会员价格				
25	V123	购物积分	Q12	数值型	8	1—选中，0—未选中
26	V124	买一送一				
27	V125	其他				
……						
35	V18	建议	Q18	数值型	8	1—降低价格，2—增加商品品种，3—多促销，……

7.1.3 数据列表

列表是统计那些落入各种分类的情况的频数。列表有两种基本形式:单边列表和交叉列表。单边列表涉及计算一个单一变量,可能针对每个变量不断重复,但是每个变量的列表和其他变量的列表是独立的。交叉列表同时考虑两个或更多的变量,拥有共同特点情形的数目可以合并。有关数据分析的许多重要问题可以通过单边列表来阐明。

1.单边列表

单边列表在进行研究结果交流时非常有用,同时也用于判定题项未回答的程度、找出失误、找出离散或不寻常的观察、判定问题中变量的经验性分配和计算简略统计量。例如在数据的编辑、编码、录入时会因粗心大意导致错误的发生,利用单边列表可以发现这样的错误并在分析前将其纠正。单边列表示例如表 7-5 所示。

表 7-5 2017 年浙江居民家用汽车拥有量

区域	汽车拥有量(每百户)
全国	29.7 辆
浙江	47.9 辆
浙江城镇常住居民家庭	55.5 辆
浙江农村常住居民家庭	33.3 辆

2.交叉列表

交叉列表又称交叉表,是报表当中常见的类型,属于基本的报表,是行、列方向都有分组的报表。分组表是所有报表当中最普通、最常见的报表类型,也是所有报表工具都支持的一种报表格式。从一般概念上来讲,分组表就是只有纵向的分组。传统的分组表制作方式是把报表划分为条带状,用户根据一个数据绑定向导指定分组,汇总字段,生成标准的分组表。

拓展知识:
数据分组

交叉表是营销研究中应用最为广泛的数据分析技术。大多数营销研究不会使用更复杂的分析方法,那些采用更多复杂分析方法的研究仍然将交叉表作为重要的一部分。交叉表可以帮助我们研究变量之间的关系。交叉列表示例如表 7-6 所示。

表 7-6 汽车拥有量情况

样本数	年收入(元)			家庭规模		
	小于 10 万	10 万~20 万	大于 20 万	3 人以下	3~5 人	5 人以上
100	25	34	41	18	39	43

7.2 数据录入与调整

思考题 *数据录入完成以后我们还需要做什么？*

编码完成以后，就可进行数据录入。数据的录入是指将问卷或调查表上的编码数字通过键盘或扫描、光标阅读器等光电录入方式输入计算机的工作过程。

微课视频：

数据录入与整理

7.2.1 录入方式和流程

1.数据录入方式

数据录入方式有手工录入和光电录入两种。手工录入是由录入人员通过键盘录入；光电录入是一种自动化录入技术，采用光电扫描方式，识别、记录问卷或登录卡上的编码信息，直接记录到计算机中。数据录入过程结束后，就可以向计算机发布指令，通过计算机来整理数据和分析数据。现以 PASW19.0 为例进行数据录入。

2.数据录入流程

(1)打开 PASW19.0 开始界面。在计算机程序中选择 PASW19.0 并运行，在默认情况下弹出对话框(见图 7-2)。如果选择最左边部分的两个选项，可进行如下选择：打开现有数据的数据源或打开其他文件类型。或者选择右边的四个选项之一：运行教程、输入数据、运行现有查询和使用数据库向导创建新查询。现选择"输入数据"选项，可以输入全新的数据。

图 7-2　PASW19.0 开始界面

(2)打开数据编辑器。PASW19.0 数据编辑器有两个界面：数据视图(见图 7-3)和变量视图(见图 7-4)。数据编辑器显示活动数据文件的内容，数据编辑器中的信息由变量和个案组成。在数据视图中，列表示变量，行表示个案(观察值)。

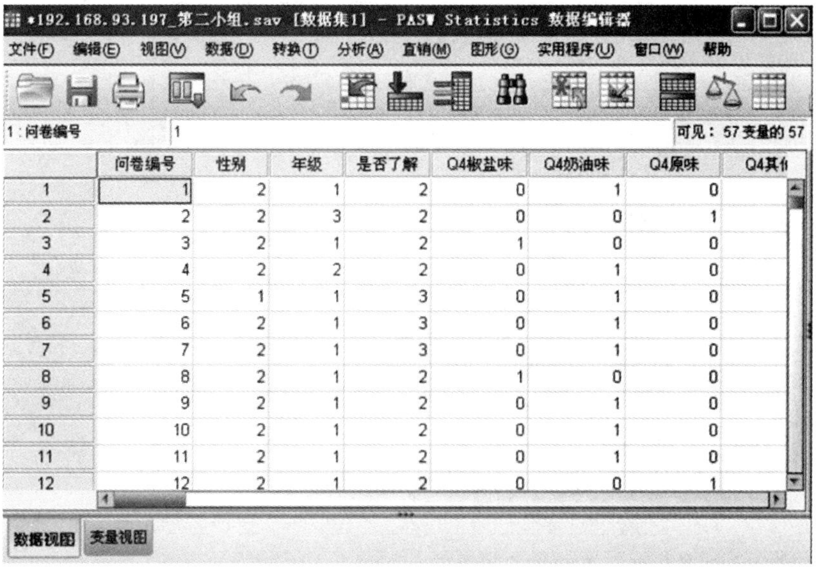

	问卷编号	性别	年级	是否了解	Q4椒盐味	Q4奶油味	Q4原味	Q4其(
1	1	2	1	2	0	1	0	
2	2	2	3	2	0	0	1	
3	3	2	1	2	1	0	0	
4	4	2	2	2	0	1	0	
5	5	1	1	3	0	1	0	
6	6	2	1	3	0	1	0	
7	7	2	1	3	0	1	0	
8	8	2	1	2	1	0	0	
9	9	2	1	2	0	1	0	
10	10	2	1	2	0	1	0	
11	11	2	1	2	0	1	0	
12	12	2	1	2	0	0	1	

图 7-3 数据视图

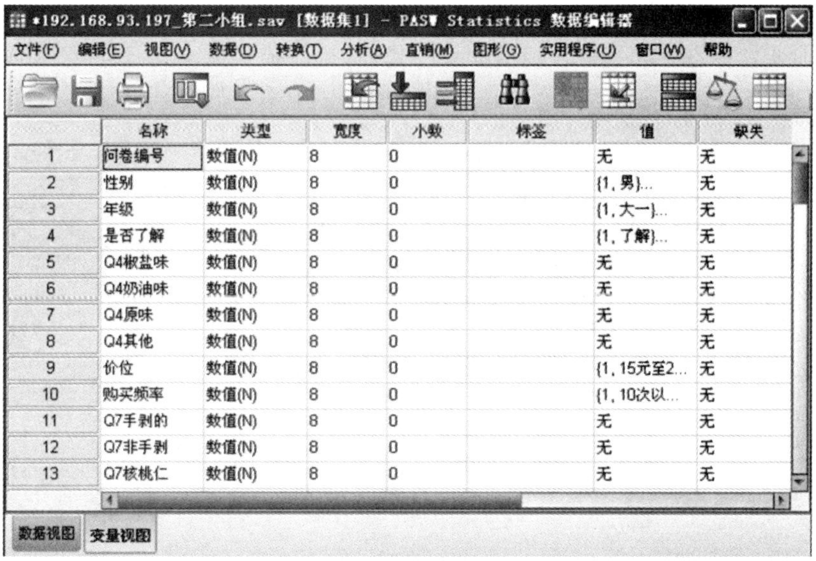

	名称	类型	宽度	小数	标签	值	缺失
1	问卷编号	数值(N)	8	0		无	无
2	性别	数值(N)	8	0		{1, 男}...	无
3	年级	数值(N)	8	0		{1, 大一}...	无
4	是否了解	数值(N)	8	0		{1, 了解}...	无
5	Q4椒盐味	数值(N)	8	0		无	无
6	Q4奶油味	数值(N)	8	0		无	无
7	Q4原味	数值(N)	8	0		无	无
8	Q4其他	数值(N)	8	0		无	无
9	价位	数值(N)	8	0		{1, 15元至2...	无
10	购买频率	数值(N)	8	0		{1, 10次以...	无
11	Q7手剥的	数值(N)	8	0		无	无
12	Q7非手剥	数值(N)	8	0		无	无
13	Q7核桃仁	数值(N)	8	0		无	无

图 7-4 变量视图

(3)定义变量名称等属性。在变量视图中，每一行为一个变量，每一列为与该变量相关的一个属性。变量名称是指给出变量或者属性的名称，用于表示已编译的不同类型的数据，如性别。以问卷调查为例，对调查中每个问题的响应相当于一个变量。变量类型是指选择变量的显示方式，有多种不同的类型，包括数值、字符串、货币、日期等(见图 7-5)。

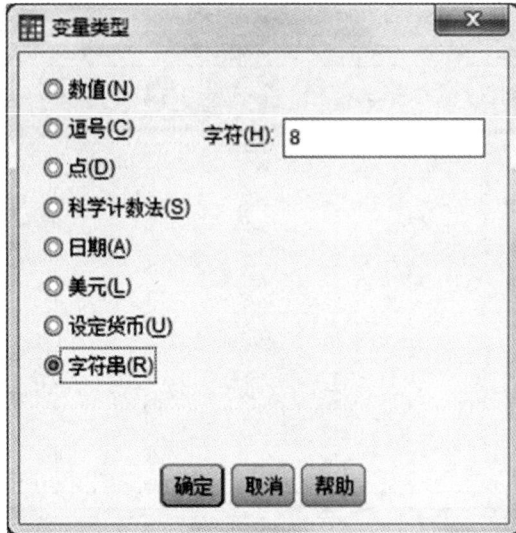

图 7-5 变量类型

除了定义数据类型之外，还可以为变量名称和数据值定义描述性变量标签和值标签。这些描述性标签用于统计报告和图表。

(4)添加变量标签。标签旨在提供变量的描述，这些描述通常是变量名称的较长版本。标签最多可达 255 个字节。这些标签在输出中用于标识不同的变量(见图 7-6)。

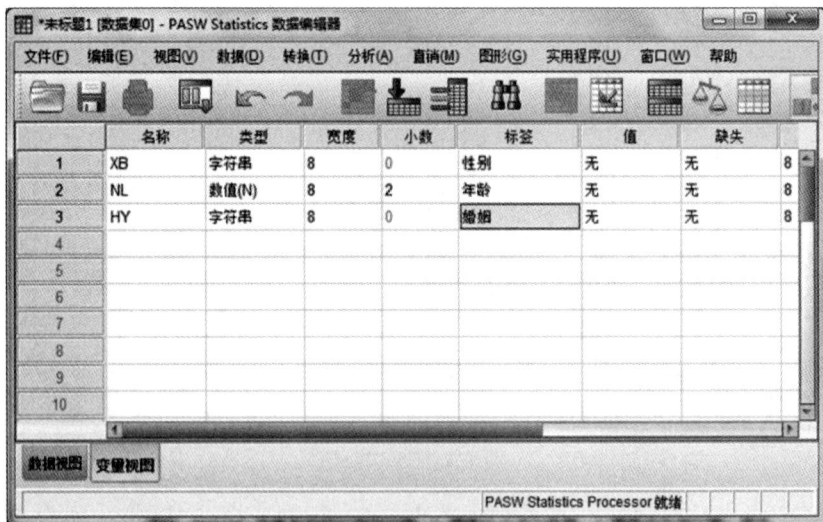

图 7-6 添加变量标签

(5)添加值标签。值标签提供了一种将变量值映射为字符串标签的方法。在本示例中，HY 变量有两种可接受的值。0 值表示主体未婚，1 值表示主体已婚。单击"HY"一行的"值"单元格，然后单击该单元格右侧的按钮打开"值标签"对话框(见图 7-7)。

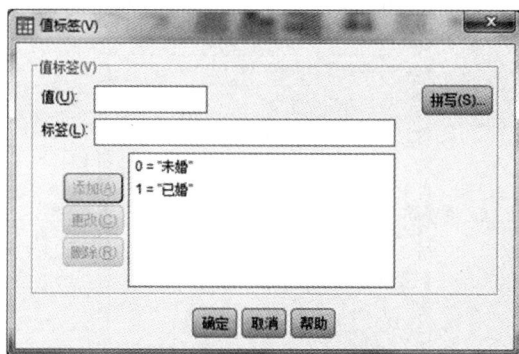

图 7-7　添加值标签

7.2.2　处理缺失数据

缺失数据或无效数据通常很容易被忽略。被调查者可能拒绝回答某些问题，可能不知道答案，或者可能以意外的格式回答。如果不过滤或标识这些数据，则所做分析可能无法提供准确结果。

对于数值数据，空数据字段或包含无效输入的字段将转换为系统缺失值，系统缺失值可使用"."来标识；而对于字符串型数据，系统默认值为空，如果字符串有意义，那么需要在变量视图对缺失值进行定义（见图 7-8）。值缺失的原因可能对分析非常重要。例如，可能会发现对区分拒绝回答问题的被调查者与由于不用而未回答问题的被调查者很有帮助。

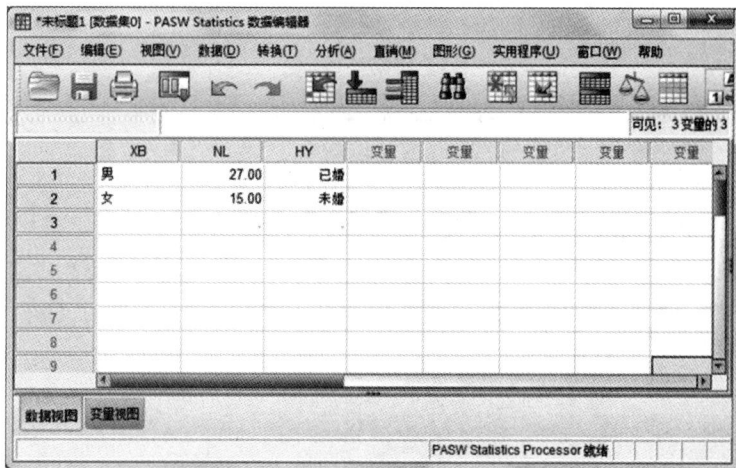

图 7-8　数值变量的缺失值

1.指定缺失值

单击数据编辑器窗口底部的"变量视图"选项卡，单击"NL"一行的缺失单元格，然后单击该单元格右侧的按钮打开"缺失值"对话框（见图 7-9）。在此对话框中，可以指定多达三个不同的缺失值，也可以指定值范围加上一个附加的离散值。

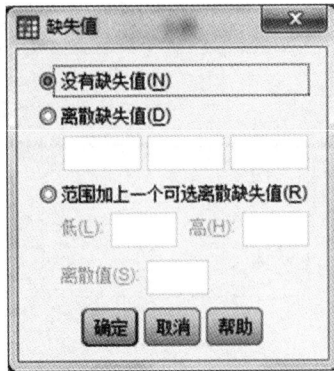

图 7-9　"缺失值"对话框

2.处理数值变量的缺失值

选择"离散缺失值"，在第一个文本框中键入"999"（见图 7-10），并将另外两个文本框保留为空。单击"确定"保存更改并返回到数据编辑器。

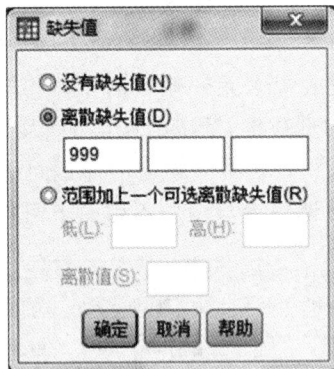

图 7-10　选择"离散缺失值"

现在已添加了缺失数据值，接下来可对该值应用标签。单击"NL"一行的"值"单元格，然后单击该单元格右侧的按钮打开"值标签"对话框，在"值"字段中键入"999"，在"标签"字段中键入"无响应"，单击"添加"将此标签添加到数据文件中（见图 7-11），单击"确定"保存更改并返回到数据编辑器。

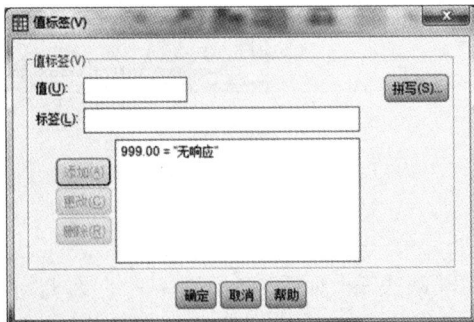

图 7-11　"值标签"对话框

3. 处理字符串变量的缺失值

字符串变量的缺失值与数值变量的缺失值的处理方法类似。不过,与数值变量不同,字符串变量中的空字段未指定为系统缺失。相反,它们被解释为空字符串。单击数据编辑器窗口底部的"变量视图"选项卡,单击"XB"一行的缺失单元格,然后单击该单元格右侧的按钮打开"缺失值"对话框,选择离散缺失值,在第一个文本框中键入"NR"。

字符串变量的缺失值区分大小写,因此,值 NR 不会被视为缺失值。单击"确定"保存更改并返回到数据编辑器。现在可以为缺失值添加标签。单击"XB"一行的"值"单元格,然后单击该单元格右侧的按钮打开"值标签"对话框,在"值"字段中键入"NR",在"标签"字段中键入"无响应"(见图 7-12)。单击"添加"将此标签添加到项目中,再单击"确定"保存更改并返回到数据编辑器。

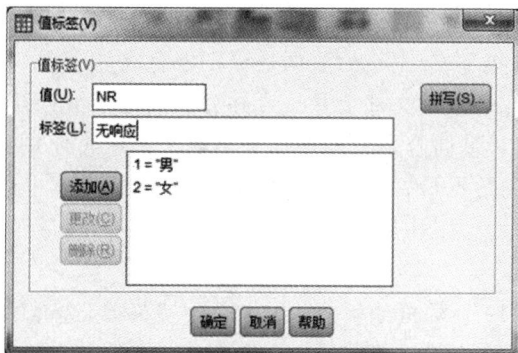

图 7-12 字符串变量的缺失值

7.2.3 数据调整

对数据进行统计上的调整包括数据赋权、变量转换、量纲转换、数据合并。这些调整不总是必需的,但能够提高数据分析的质量。

微课视频:
数据调整

1. 数据赋权

赋权是指为数据库中的每个样本或问卷赋予一定的权重,以表示其相对于其他样本或问卷的重要性。权重为 1.0 表示样本未被赋权。赋权的作用是提高或降低样本中具有某种特征的个体的数量。它被广泛应用于使样本数据更能代表具有某种特点的目标人群。

2. 变量转换

变量转换是为了使变量更符合研究的目的,将数据进行转换,生成新变量,或者改变现有变量。

(1)减少变量。例如,假设原始变量为产品使用量,共有十个类别,这些可以合并成频繁使用、一般使用、偶尔使用和不使用四个类型。

(2)合成变量。就是将几个变量结合成一个新变量。例如可以将顾客向批发商查询的信息、促销资料和其他一些变量结合在一起,成为信息搜索指数的新变量。也可选用某些变量的比值生成新变量,如研究中测量了消费者在商场的购物量(X_1)和刷卡支付的金额

（X₂），就可以用 X_2/X_1 生成商场刷卡消费比例的新变量。

（3）虚拟变量。就是采用虚拟变量（又称为二分变量、工具变量）重新定义分类变量，这类变量的取值只有两种，如0和1。例如在分析性别这个两类别的变量时，就只需要一个虚拟变量，样本中男性所占百分比信息可以从女性所占百分比信息中得知。

拓展知识：
语义差异量表

3.量纲转换

量纲转换是指对定量值进行处理，保证其相互间具有可比性，符合分析的要求。不同变量通常会使用不同的单位，如关于印象的变量往往采用7级的语义差别量表衡量，而关于长期态度和生活方式的变量则采用5级李克特量表衡量，为了使其具有可比性，有必要对不同的尺度进行转换。

4.数据合并

拓展知识：
李克特量表

有时一个完整的数据是分别保存在几个 PASW 文件中的，所以有必要将几个数据文件合并。合并方式分为纵向合并和横向合并两种。

（1）纵向合并。即增加个案数。在纵向合并中，不同数据文件中具有含义的数据最好有相同的变量名，且数据类型也最好相同，否则需要人工处理，加大工作量；含义不同的数据的变量名最好不相同。具体操作步骤如下：

步骤1：打开 PASW19.0 数据编辑器，单击"数据"菜单，选择"合并文件"，此时右侧弹出子菜单，从中选择"添加个案"，如图7-13所示。

图7-13 打开"添加个案"

步骤2：弹出"将个案添加到原始数据.sav"对话框，选择"外部 PASW Statistics 数据文件"，点击"浏览"，选择需要合并的数据文件，如图7-14、图7-15所示。

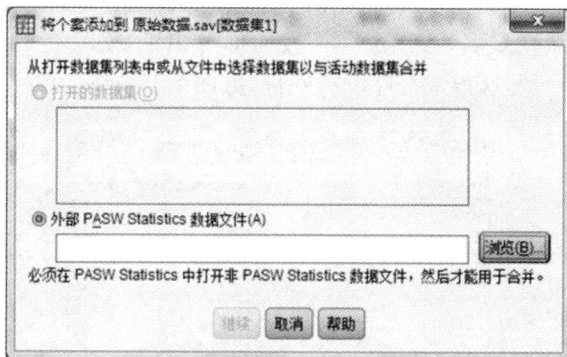

图 7-14　个案添加 1

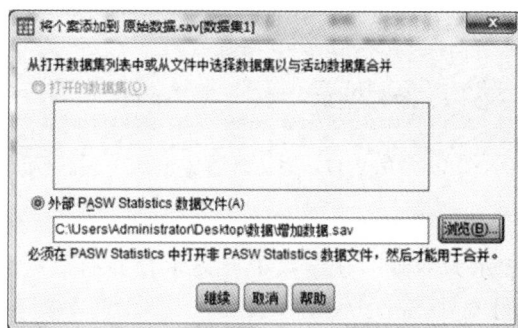

图 7-15　个案添加 2

步骤 3：点击"继续"，"新的活动数据集中的变量"是最后会显示在结果中的变量，因为两个文件中有的变量名是一样的，所以自动识别匹配，如"WJBH"问卷编号、"XB"性别等，如图 7-16 所示。

图 7-16　新的活动数据集中的变量

步骤4：在"未成对变量"中，ZGXL 和 XL 两个变量含义一样，但是变量名不一样。通过按住 Ctrl 键选择此两个变量名，再点击"对"按钮即可识别，变量名后的"＊"表示当前数据编辑窗口中的变量，"＋"表示指定文件中的变量，如图 7-17 所示。

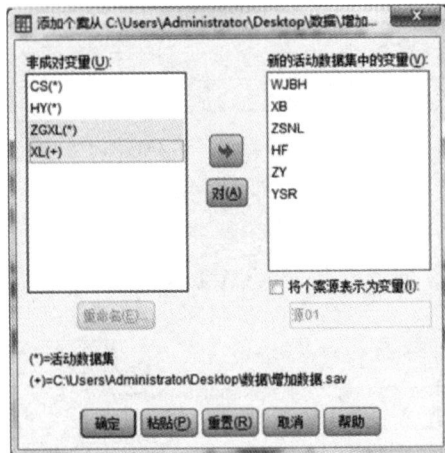

图 7-17　未成对变量处理

步骤5：把所需要显示的变量显示在最后结果中，则全部选择到"新的活动数据集中的变量"。勾选"将个案源表示为变量"，在结果中会显示合并后数据的来源，0 表示来自第一份文件，1 表示来自第二份文件，如图 7-18 所示。

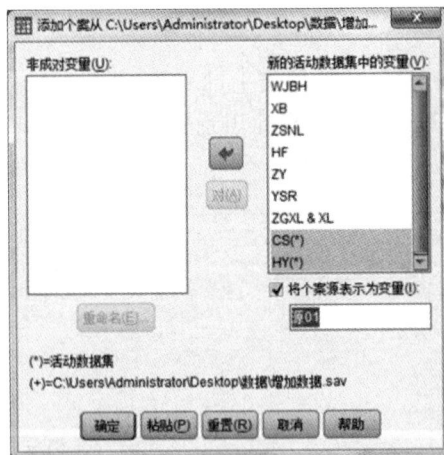

图 7-18　将个案源表示为变量

步骤6：点击"确定"，图中显示了结果，例如变量名"源 01"中的"0"和"1"，对于没有的数据，PASW 自动视为缺失值，如图 7-19 所示。

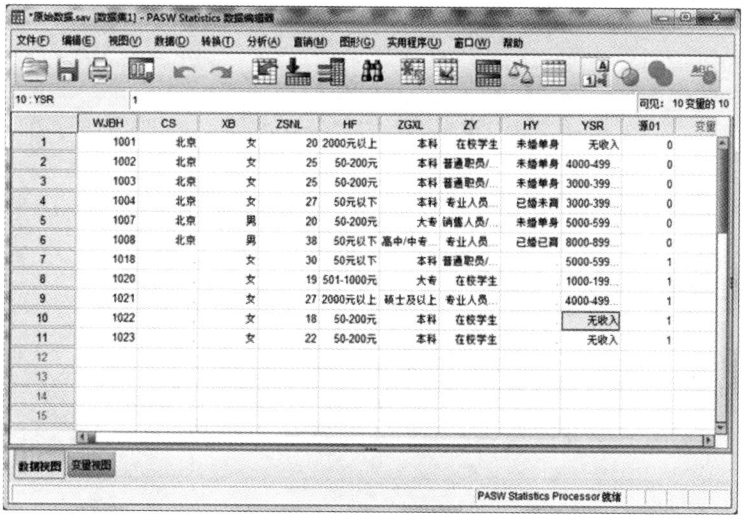

图 7-19　合成的数据视图

（2）横向合并。就是增加变量个数，即添加变量。合并的前提是两个数据文件至少有一个名称相同的变量，此变量是合并时的重要依据，称为关键变量，且两个数据文件都要事先按照关键变量值的升序排列，便于合并；数据含义不同时，相应的变量名最好不相同。具体操作步骤如下：

步骤 1：打开 PASW19.0 数据编辑器，选择数据中的"合并文件"，再选择"添加变量"，如图 7-20 所示。

图 7-20　打开"添加变量"

步骤2：选择显示合并的数据文件，如图7-21所示。

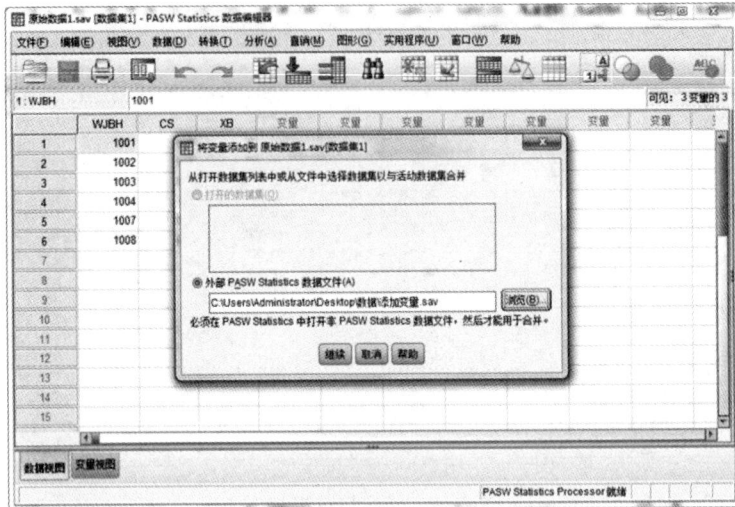

图7-21 选择"合并文件"

步骤3："已排除的变量"是两个文件中共同拥有的变量名，选择它作为"关键变量"；"新的活动数据集"是最后展示在结果中的变量名。变量名后的"＊"表示当前数据编辑窗口中的变量，"＋"表示指定文件中的变量。如图7-22所示。

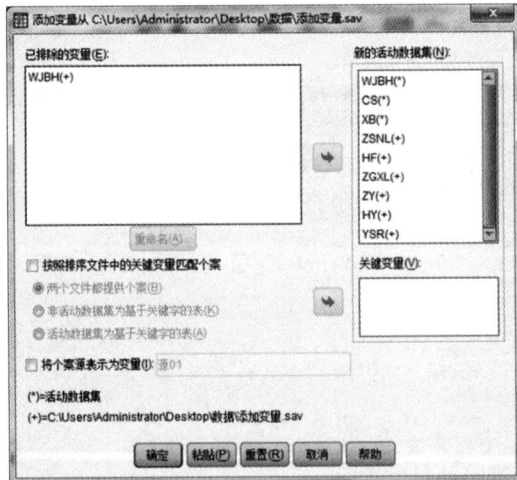

图7-22 已排除的变量

步骤4："按照排序文件中的关键变量匹配个案"中通常选择第一个，即"两个文件都提供个案"，如图7-23所示。

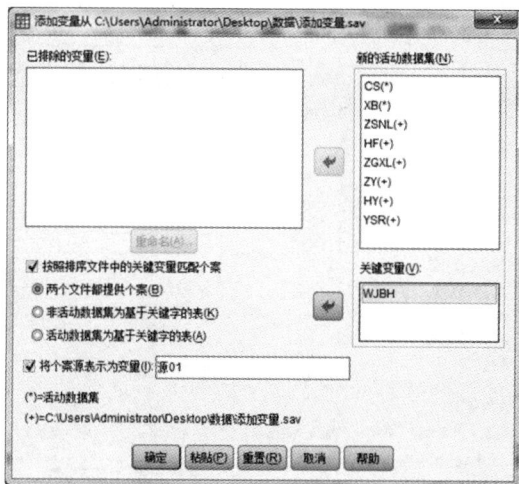

图 7-23　按照排序文件中的关键变量匹配个案

步骤 5：合并后的数据仍是升序的，合并后其中没有的数据，PASW19.0 视为缺失值，如图 7-24 所示。

图 7-24　合并后的数据视图

（3）重复数据处理。重复数据处理需要进行分步操作，先将重复记录找出并标记，然后根据是否重复标记排序，将重复记录排在一起，再将其删除。具体操作步骤如下：

步骤 1：打开"数据录入整理分析.sav"数据文件，单击"数据"菜单，选择"标识重复的个案"，弹出"标识重复的个案"对话框，如图 7-25 所示。

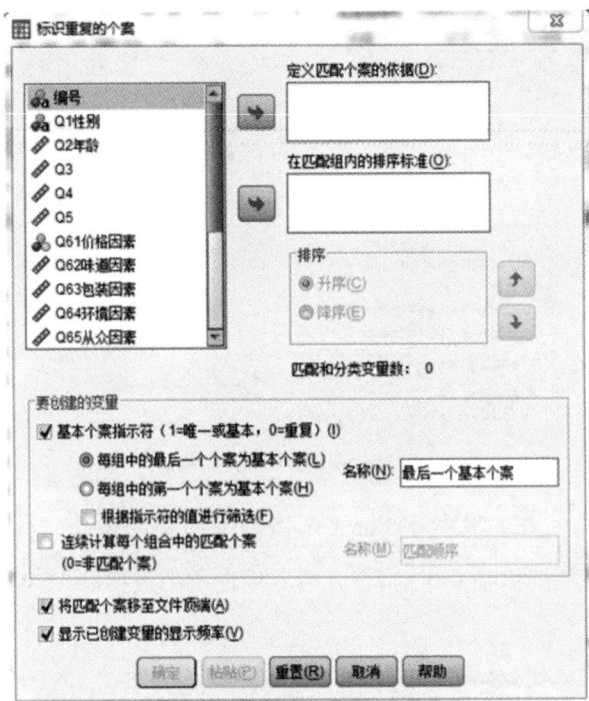

图 7-25　标识重复的个案

步骤 2：在"标识重复的个案"对话框中，将所有的变量都放入"定义匹配个案的依据"中，其他选项如无特殊要求保持默认设置即可，单击"确定"按钮，这时就生成一个重复数据记录标识变量"最后一个基本个案"，如图 7-26 所示。

图 7-26　生成"最后一个基本个案"

步骤 3：选中"最后一个基本个案"变量，单击鼠标右键，选择"升序排列"项，将"最后一个基本个案"变量值为"重复个案"的个案都排在前面。

步骤4:选中"最后一个基本个案"变量值为"重复个案"的个案,单击鼠标右键,选择"清除"项,将重复的个案删除。

![课程思政]

借助信息化手段开展经济普查

经济普查是了解国情国力状况,查实我国家底的重要途径。随着我国经济实力和综合国力大幅增强,经济社会呈现出形态复杂、变动频繁的特点,经济主体数量庞大且在不断增加,企业组织结构日益复杂,经济结构变化明显,新业态新动能层出不穷。为适应新的形势,确保普查数据真实准确、完整及时,国务院对《全国经济普查条例》进行修改,充分利用信息化手段开展第四次全国经济普查。

思政视频:
信息化为全国经济普查带来什么?

1. 充分利用部门行政记录,实现部门信息共享,降低普查成本,提高数据质量

随着现代信息技术和大数据的飞速发展,统计方式发生了巨大变革。历次经济普查都存在普查员和普查指导员选调难、入户登记难、普查对象配合难等问题,而充分利用部门行政记录可以有效缓解这些难题,不仅是拓展统计信息来源的重要渠道,也是提高统计数据质量、深化统计数据应用,实现对经济运行更为准确的监测、分析、预测和预警的有效途径。此外,数据准确是统计工作的灵魂,数据质量是经济普查的生命线,普查数据是否真实准确也事关国家宏观调控和科学决策。因此,广泛应用部门行政记录,对普查数据与部门数据进行匹配性分析,开展普查数据质量抽查,间接验证普查数据,辅助评估普查结果,可以确保普查数据质量,提高统计数据的社会公信力。

2. 借助现代化信息手段,提高普查数据的准确性和及时性

国家统计局一直非常重视现代信息技术在统计工作中的应用,不断地推进数据采集、数据获取等方面的改革。例如在数据采集环节,开发了企业联网直报系统,在居民消费价格调查和住户收支调查中使用手持电子终端采集数据。当前经济普查的数据采集、审核和上报等已从填报纸质经济普查表并逐级审核上报的传统方式,转变为主要使用电子设备现场采集数据和网上填报相结合的方式。在单位清查阶段,全部采用手持移动采集终端(PAD)采集数据;在普查登记阶段,对规模以上的单位实行联网直报,对个体经营户和规模以下的单位使用PAD和网络报送的方式进行数据采集;在审核上报阶段,各级普查机构采取数据在线审核、验收上报,实现对上报数据的质量监控。这为推进现代信息技术在普查工作中的应用奠定坚实的基础,进一步提高普查工作的效率及普查数据的准确性和及时性。

(资料来源:国家统计局网站,经作者整理改编)

【反思与启示】

1.针对以往普查过程中数据回收录入工作烦琐、容易出错的问题,第四次全国经济普查如何简化数据录入工作流程、提高数据准确性?

2.信息化发展对调查数据回收处理还将有哪些影响?我们该如何应对?

7.3 能力训练:回收处理数据

数据整理是数据分析过程中最重要的坏节,调研数据的分析思路和目的决定着数据整理分类或分组。通过消费者调查问卷所获得的原始资料在能够被用于统计分析之前,必须转化成适合分析的形式。统计分析结果的质量与数据准备过程密切相关,对数据准备重视不够,将严重影响统计结果,会导致结论偏颇或解释不正确。

7.3.1 训练内容

现以企业的角度对实地调查回收的消费者调查问卷进行数据整理。每个调研团队利用 PASW 等统计分析软件对回收的问卷开展数据审核、编码、录入等回收处理工作。

7.3.2 训练步骤

一般情况下,数据整理从回收问卷的最终核查开始,并按数据资料确认、数据编码和录入、数据清理及缺失数据处理等顺序实施。因此,调研团队在整理消费者调研资料时大体可以按以下四个步骤开展工作:

1.数据审核

此阶段主要需要完成的工作就是对实地调查收集的原始数据从以下几个方面进行详细的审核确定:

(1)完整性审核。重点审核被调查对象是否有遗漏、调研项目或指标是否填写齐全等。

(2)准确性审核。从数据的真实性与精确性角度,重点审核调研过程中所发生的误差,如数据是否反映客观实际、数据是否有错误。

(3)一致性审核。从数据资料的匹配度和可比性角度,重点审核数据的来源、数据的口径以及背景材料是否符合当前分析研究的需要。

(4)时效性审核。从不同需求场景下数据资料的及时性和有效性角度,重点审核数据是否是最新数据、是否有必要进一步加工整理。

2.数据编码

此阶段主要需要完成的工作就是为每一个问题及其每种可能答案赋予一个代码。调研团队首先根据前期设计的调查问卷中的问题及备选答案的类型,判断编码类型属于事前编码还是事后编码,然后结合实际情况选择具体的编码方法,对具体问卷的问题和答案进行编码设计,定义变量名称、变量含义、变量类型、数据说明等详细指标项目,最后形成编码表。

3.数据录入

此阶段主要需要完成的工作就是将所有收集的有效问卷或调查表中的编码数据录入到 PASW 软件中。首先打开 PASW 软件数据编辑的变量视图窗口,根据第二步骤中的数据编码表的设计,对变量视图窗口中的每一个变量的属性进行完整定义;然后点击打开数据视图窗口,对每一个个案进行录入;最后对缺失数据或无效数据进行过滤或标识等处理。

4.数据调整

此阶段主要需要完成的工作任务就是对数据进行赋权、变量转换、量纲转换、数据合并等调整。调研团队根据回收数据的实际情况进行减少变量、合成新变量、增设虚拟变量以及添加个案、添加变量等相应的数据调整。

7.3.3 训练要求

1.训练过程

通过小组协作、教师指导的方式完成训练任务。

(1)教师布置任务;

(2)学生确定本次任务团队成员的内部分工;

(3)对收集的数据资料进行审核;

(4)对数据进行编码设计;

(5)对数据进行录入和转化;

(6)对相应的数据进行适当的调整。

2.训练课时

建议训练课时:课内 4 课时,课外 4 课时。

7.3.4 训练成果

原始数据表 1 份,调整后数据表 1 份。

本章测试

任务八 ◀◀◀

数据分析预测

任务八目录

学习目标

知识目标

通过本任务学习,你应该:

◆1.掌握数据集中趋势和离散程度分析的指标

◆2.掌握描述性分析的基本方法

◆3.理解趋势分析的内涵及方法

◆4.了解个案及异常分析的步骤

◆5.理解关联分析的含义和分类

◆6.理解聚类分析的特点及应用

◆7.掌握购买意向调查法、消费水平预测法、德尔菲法等定性预测方法

◆8.掌握马尔柯夫市场占有率预测法和时间序列预测法等定量预测方法

技能目标

通过本任务学习,你应该:

◆1.能够根据实际情况有效地选择数据分析的具体方法

◆2.能够对调研数据进行描述性分析、趋势分析、个案及异常分析

◆3.能够根据实际情况有效地选择大数据挖掘的相关技术

◆4.能够对调研数据进行关联分析、聚类分析

◆5.能够根据实际情况有效地选择市场预测方法

◆6.能够对市场购买意向进行分析及预测

◆7.能够对消费水平进行有效的预测

◆8.能够熟练地掌握市场占有率预测的具体流程

◆9.能够有效地实施德尔菲法

素养目标

通过本任务学习,你应该:

◆1.具备较强的责任心

◆2.养成关联性、预测性思维

◆3.树立数据价值意识,对市场有敏锐的嗅觉

◆4.形成阅读、利用、分析和质疑数据的素养

◆5.突破墨守陈规思想,树立创造意识,形成创新精神

案例导入

亚马逊"用户行为分析"数据挖掘

亚马逊在1995年首创网上售书,从图书行业开始彻底颠覆了很多行业的市场规则及竞争关系,通过互联网手段获取了极其丰富的用户行为信息,并且进行深度分析与挖掘。

和门店通常能收集到的购买、退货、折扣、返券等和最终交易相关的信息相比,电子商务的突出特点就是可以收集到大量客户在购买前后的行为信息,如搜索、浏览、打分、点评、加入购物筐、取出购物筐、加入期待列表、购买、使用减价券和退货等;甚至包括在第三方网站上的相关行为,如比价、看相关评测、参与讨论、在社交媒体上的交流、与好友互动等。

亚马逊通过对这些行为信息的分析和理解,制定针对客户的贴心服务及个性化推荐。例如,当客户浏览了多款电视机而没有做购买的行为时,在一定的周期内,把适合客户偏好品牌、价位和类型的另一款电视机的促销信息通过电子邮件主动发送给客户;再例如,当客户在网站上对电冰箱进行浏览时,可以在网页上给客户A推荐国产中等价位的冰箱,而对客户B推荐进口高档价位的商品。这样的个性化推荐服务往往会起到非常好的效果,不仅可以提高客户购买的意愿,缩短购买的路径和时间,还可以在比较恰当的时机捕获客户的最佳购买冲动,也降低了传统营销方式对客户的无端骚扰,还能提高用户体验,是一个一举多得的好手段。

(资料来源:https://36kr.com/p/205901.html,经作者整理改编)

数据分析的目的是整个研究方案的起点,决定着后续研究的内容、数据的来源、使用的方法。数据分析的目的无非就是两个:分析现状和过去,预测未来。调研数据分析可以帮助企业形成调研结论,从而帮助企业找到解决问题的方法与思路。在企业经营管理活动中,调研人员可以根据市场调研所取得的有关资料,运用相应的统计方法,通过科学的预测分析,对市场供求变化及其他因素的发展变化趋势做出专业性的描述和推断,探测消费趋势的走向,判断未来市场的发展情况,甚至还可以了解竞争对手的状况。

成语典故

见微知著

　　见微知著是指见到事情的苗头就能知道它的实质和发展趋势，比喻小中见大、以小见大。出自战国韩非的《韩非子》："圣人见微以知萌，见端以知末，故见象箸而怖，知天下不足也。"汉代袁康的《越绝书》："故圣人见微知著，睹始知终。"

　　细节，看起来微不足道，但很多时候，这些微不足道的细节可以折射出事物的发展和变化。微探究，从细微处发现问题，结合自己的知识储备，在仔细揣摩后得到以简驭繁的结论。

　　在本任务学习中，我们要从数据分析里见微知著，预测发展和变化。

8.1　选择数据分析方法

拓展知识：数据分析应有的逻辑思维及分析方法

　　调研数据经过整理后，可利用科学的分析方法，对整理后的数据进行统计分析，从而达到去伪存真、由表及里的加工，进一步得出有指导意义的结论，揭示调研资料内含的现象和规律。例如研究人员对消费群体的调研特点和调研目的进行剖析，从而得出有关整个分析过程的方向和侧重点。

　　一般情况下，调研资料经过研究人员的整理之后，有效性及其特点都已经十分清晰，根据调研数据的表现形式不同而选择不同的数据分析方法：一种是以数量表示的资料，可采用定量分析的方法；另一种是以文字为主的描述性资料，可采用定性分析的方法。在消费者调研数据分析中，选择用定性分析还是定量分析，取决于问卷问题的内容和性质。有些资料要用定性分析或以定性分析为主，而另一些资料则要求用定量分析或以定量分析为主。但多数情况下，要求定量和定性相结合进行分析。根据变量数量多少，数据分析技术又可以分为单元分析技术（见图 8-1）和多元分析技术。

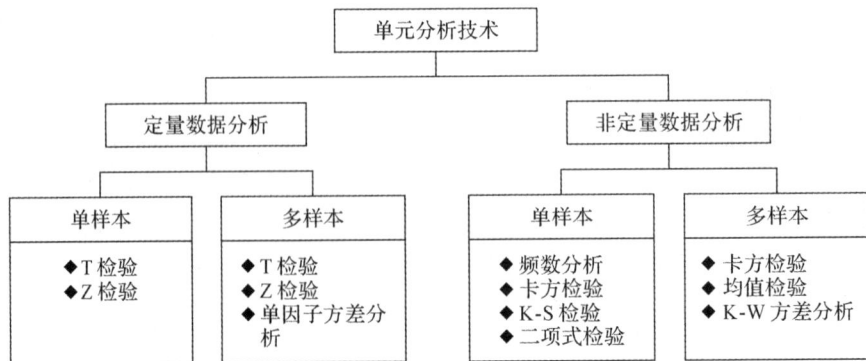

图 8-1　单元统计分析技术类型

多元分析技术可以分为相依分析技术和互相依性分析技术两种类型(见图 8-2)。其中相依分析技术适用于一个或多个变量可以作为因变量,其他变量作为自变量的情况;互相依性分析技术是指变量没有自变量和因变量之分,而是测试变量之间的相关性或对象之间变量的相似性。

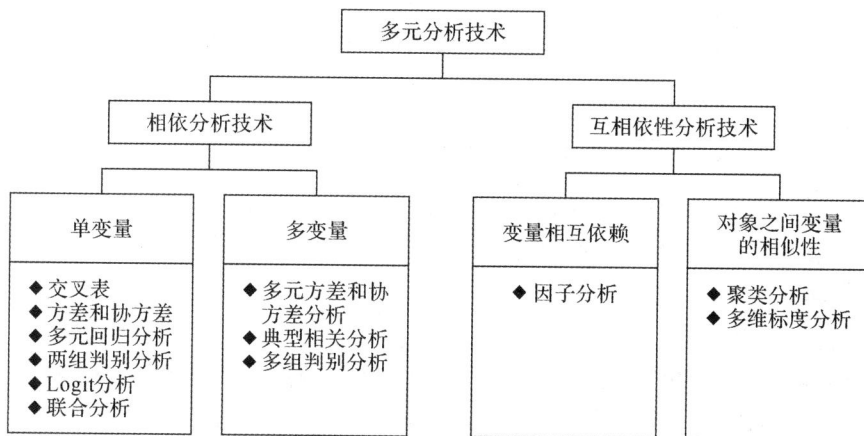

图 8-2　多元统计分析技术类型

定量数据分析是指从事物的数量特征方面入手,运用一定的数据处理技术进行数量分析,从而挖掘出数量中所包含的事物本身的特性及规律性的分析方法。简单而言,就是对社会现象的数量特征、数量关系与数量变化进行分析,其中定量数据是指用定距或定比尺度测量的数据,非定量数据是用定类或定序尺度测量的数据。

定量数据分析一般有描述性分析和解析性分析两种。描述性分析是解析性分析的基础,解析性分析是描述性分析的升华。在具体研究中,采用何种分析方法,应视具体的研究目的而定。如果研究的目的是要描述数据的特征,则要用描述性分析;若还要对多组数据进行比较或要以样本信息来推断总体的情况,则要用解析性分析。

8.1.1　描述性分析

描述性分析是指应用分类、制表、图形及概括性数据指标(如均值、方差等)来对所收集的数据进行分析,得出反映客观现象的各种数据分布特征的一种分析方法。它是对数据进一步分析的基础,主要包括数据的集中趋势分析、数据离散程度分析、数据的频数分布分析等。市场调研分析中最常用的描述性统计量分为三类:一类是表示数据的中心位置即集中趋势,如均值、中位数、众数等;一类是表示数据的离散程度,如方差、标准差、极差等,衡量个体偏离中心的程度;还有一类是表示数据分布的情况,即分布形状(见表 8-1)。

拓展知识:
分析思维模型
——设计思维

表 8-1　描述性统计量

集中趋势		离散趋势		分布情况	
均值	Mean	标准差	Std. deviation	偏度	Skewness

续表

集中趋势		离散趋势		分布情况	
中位数	Median	方差	Variance	峰度	Kurtosis
众数	Mode	极小值	Minimum		
和	Sum	极大值	Maximum		
		全距	Range		
		均值的标准误差	S. E. mean		

1. 频率分析

思考题 如何进行正确的频率分析操作？

频数是分布在各组中的单位数，也叫次数。如果用相对数形式表示，各组次数与总次数之比便是比重或频率。各组次数或比重的大小，意味着相应的变量值在决定总体数量表现中所起的作用不同。次数或比重大的组，其变量值在决定总体数量表现中的作用就大，反之就小。

拓展知识：
频数分布数列

数据分析中的变量分类

数据分析中每种数据都有其特定的含义、使用范围和分析方法，同一个数据在不同环境下的意义也不一样，因此要明确分析目的，并准确理解当前的数据类型及含义。变量是指研究对象的特征，也称为属性。每个变量都有变量值，变量值就是分析的内容，它是没有含义的，只是一个参与计算的数字。不同的变量类型有不同的分析方法。

1. 按基本描述划分定性变量和定量变量

（1）定性变量。也称为名称变量、品质变量、分类变量，是描述事物特性的变量，目的是将事物区分成互不相容的不同组别，变量值多为文字或符号，在分析时需要转化为特定含义的数字。它又可以细分为：

①有序分类变量。描述事物等级或顺序，变量值可以是数值型或字符型，可以进而比较优劣，如喜欢的程度：很喜欢、一般、不喜欢。

②无序分类变量。取值之间没有顺序差别，仅做分类，又可分为二分类变量和多分类变量。二分类变量是指将全部数据分成两个类别，如男、女等，是一种特殊的分类变量；多分类变量是指两个以上类别，如血型分为 A、B、AB、O。

（2）定量变量。也称为数值型变量，是描述事物数字信息的变量，变量值就是数字，如长度、重量、产量、人口、速度、温度等。它又可以细分为：

①连续型变量。在一定区间内可以任意取值，其数值是连续不断的，相邻两个数值可做无限分割，即可取无限个数值，如身高、绳子的长度等。

②离散型变量。值只能用自然数或整数单位计算，其数值是间断的，相邻两个数值之间不再有其他数值，这种变量的取值一般使用计数方法取得。

2. 按照精确描述划分定类变量、定序变量、定距变量和定比变量

（1）定类变量。测量事物类别或属性，各类别没有顺序或等级，也就是无序分类变量，

所包含的数据信息很少,只能计算频数和频率,是最低层次的一种变量。

(2)定序变量。测量事物之间的等级或顺序,就是有序分类变量。由于它的变量值可以是数值型或字符型,并且可以反映等级之间的优劣,除了可以计算频数和频率之外,还可以计算累计频率,因此数据包含的信息多于定类变量。

(3)定距变量。测量事物的类别或顺序之间的间距,它不但具有定类和定序变量的特点,还能计算类别之间的差距,可以进行加减运算,数据包含的信息高于前两种。

(4)定比变量。测量事物类别比值。和定距变量相比,它不但可以进行加减运算,还可以进行乘除运算,包含的数据信息最多,是最高级的变量。

这四种变量可以从浅到深精确地描述事物,级别也是从低到高。高层次变量可以向低层次转化,代价是损失部分数据信息,但是低层次变量无法向高层次转化,这会得出错误结果。

3. 按照变量的取值划分连续数值和不连续数值

前面两种分类方法都是从变量对事物的描述角度进行分类,一旦对事物的描述确定了,那么变量的取值也就相应确定了,如定性变量的取值只能是某属性下的计数,比如客户数等,因此只能取特定的值,数值是离散的。而定量变量可以取某属性下的任意值,变量值既可连续也可离散,比如销售额等。

变量的类型及取值方法可以归纳如表 8-2 所示。

拓展知识:变量数列的编制

表 8-2 变量的类型及取值方法

变量类型		变量取值	举例
按基本描述	按精确描述		
定量			
连续型变量	定比变量、定距变量	连续数值	身高、体重、长度、重量
离散型变量	定类变量	不连续数值	人数、客户数
定性			
有序分类变量	定序变量、定类变量	不连续数值	喜欢、一般、不喜欢
无序分类变量(二分类)	定类变量	不连续数值	男女、对错、阴阳
无序分类变量(多分类)	定类变量	不连续数值	血型 A、B、AB、O

频率分析主要通过频率分布表、条形图和直方图,以及集中趋势和离散趋势的各种统计量来描述数据的分布特征,以便对数据的分布特征形成初步的认识,发现隐含在数据背后的信息,为后续数据分析提供方向和依据。频率分析主要包括分类变量的频率分析和连续变量的频率分析。

(1)分类变量的频率分析。以 PASW19.0 为例,实施分类变量的频率分析。

微课视频:分类变量频率分析

第一步:打开调研数据文件,单击"分析"菜单,选择"描述统计",此时右侧弹出子菜单,从中选择第一项"频率",则弹出"频率"对话框,如图 8-3 所示。

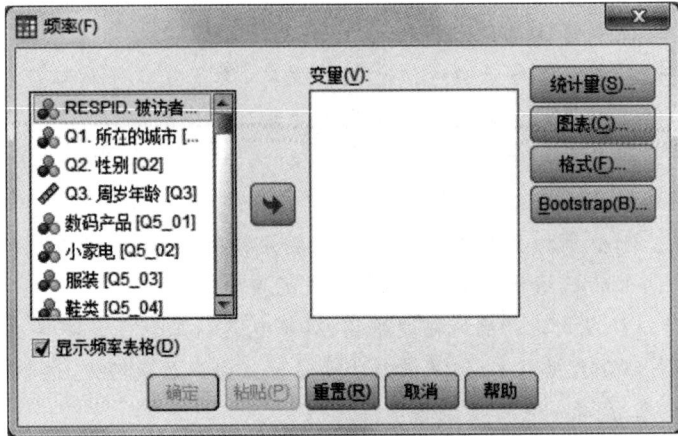

图 8-3 "频率"对话框

第二步：在"频率"对话框中，选中需要进行频率分析的变量，移至右侧的变量框中。在本例中，将"Q1""Q2"两个变量移至右侧的"变量"框中。

第三步：完成选中变量后，单击"确定"按钮，PASW 的输出窗口就显示出"Q1"和"Q2"两道题目的频率分析结果，如表 8-3、表 8-4、表 8-5 所示。

表 8-3 统计量

		Q1. 所在的城市	Q2. 性别
N	有效	1300	1300
	缺失	0	0

表 8-4 Q1. 所在的城市

		频率	百分比	有效百分比	累积百分比
有效	北京	163	12.5	12.5	12.5
	上海	182	14.0	14.0	26.5
	广州	161	12.4	12.4	38.9
	深圳	110	8.5	8.5	47.4
	成都	130	10.0	10.0	57.4
	武汉	146	11.2	11.2	68.6
	大连	97	7.5	7.5	76.1
	西安	120	9.2	9.2	85.3
	杭州	191	14.7	14.7	100.0
	合计	1300	100.0	100.0	

表 8-5　Q2.性别

		频率	百分比	有效百分比	累积百分比
有效	男	620	47.7	47.7	47.7
	女	680	52.3	52.3	100.0
	合计	1300	100.0	100.0	

在输出的结果中,表 8-3 显示了本次频率分析操作中全部变量的个案数,包括有效个案数和缺失个案数。有效个案数是指在该变量下,一共有多少个个案是有数值并且没有被定义为缺失值的;缺失个案数是指在该变量下,全部个案数减去有效个案数,包括本身没有数值和被定义为缺失值的数值。在本例中,有效个案数为 1300 个,缺失个案数为 0 个。

表 8-4 和表 8-5 详细地显示了城市、性别这两个变量每个选项的频率及其百分比,可以清晰地了解到被访者的城市及性别分布情况,从城市频率表中可知排名前三的有效个案数依次为杭州(191 个,占比 14.7%)、上海(182 个,占比 14.0%)、北京(163 个,占比 12.5%);从性别频率表中可看出女性的有效个案数最多,为 680 个,占比 52.3%,男性为 620 个,占比 47.7%。

表格最后三列都是百分比,包括百分比、有效百分比、累计百分比,这三列百分比有着各自不同的含义,具体说明如表 8-6 所示。在本例中,由于没有缺失值,所以百分比和有效百分比的数值是一样的。

表 8-6　百分比说明

百分比	有效百分比	累计百分比
计算每类别有效值和缺失值个数占总体的比例	计算每类别有效值个数占总体的比例	从第一个类别依次累加有效百分比

(2)连续变量的频率分析。连续数据分析有丰富的描述统计量,包括百分位值、集中趋势、离散程度和数据分布特征。

①百分位值。百分位值主要用于对连续变量数据离散程度的测量。常用的百分位值一般是四分位数,它是将变量中的数据从小到大排序后,用三个数据点将数据分为四等份,与这三个点相对应的数值称为四分位数。由于是等分整个数据,这三个数据点分别位于数据的 25%(第一四分位数)、50%(第二四分位数,也就是常用的中位数)和 75%(第三四分位数)的位置。依此类推,十分位数是将数据排序后用九个数据点把数据分为十等份,百分位数则是用九十九个数据点把数据分为一百等份。在 PASW 中,除了可以直接选择四分位数外,还可以根据分析的需要任意定义百分位数。

②集中趋势。数据的集中趋势是指频数分布数列中被观察值有一种向中心集中的趋势,在中心附近的观察值数目较多,远离中心的较少。对数据进行集中趋势分析是对被调查总体的特征进行准确描述的重要前提。对于连续变量(尺度变量)和定序变量,描述数据集中趋势的指标有均值、中位数、众数和 5% 截尾均值;对于定性数据(名义数据),描述数据

微课视频:数据
集中趋势分析

集中趋势的指标只有众数。

a.均值即数据的平均数，是测定集中趋势的一种常用特征数，主要用于分析所研究对象在不同时空和历史条件下的各种事物变化发展的水平。常见的平均数有算术平均数、加权平均数、几何平均数三种。

b.中位数是指将观察值按照从小到大的顺序排列，位于中间位置的数值。现有一组按从小到大排序的数据：$X_1, X_2, X_3, \cdots, X_n$。

如果 n 为奇数，则中位数 $M = X_{(n+1)/2}$

如果 n 为偶数，则中位数 $M = (X_{(n/2)} + X_{(n/2)+1})/2$

中位数的确定可以以未分组资料为基础，也可由分组资料得到。它不受到资料中少数极端值大小的影响。在某些情况下，中位数比均值往往更能代表数据的集中趋势，尤其是对于两极分化严重的数据。

c.众数是观察值中出现次数最多的数值，也是测定数据集中趋势的一种方法，克服了平均数指标会受数据中极端值影响的缺陷。从分析的角度看，众数反映了数据中最大多数的数据的代表值。如果出现频率最高的值不止一个，则每一个都是一个众数。但若出现了双众数现象，则可能说明调查总体不具有同质性，资料可能来源于两个不同的总体。这类结果既可以用来检查方案设计中的总体一致性问题，也可以用来帮助验证数据的可靠与否。频率过程仅报告此类多个众数中最小的那个。

拓展知识："中国式现代化"百度指数

均值、中位数和众数都是反映总体一般水平的平均指标，彼此之间存在着一定的关系，使其各自的含义不同的调研数据类型，采用不同的指标分析，以期能把被调查总体数据的集中趋势最准确地描述出来。三者各自的优劣势及适用数据类型如表8-7所示。

表 8-7　集中趋势主要统计量比较

指标	平均值	中位数	众数
定义	全部数据的算术平均	位于数据中间位置	出现次数最多的数值
优势	充分利用数据全部信息	不受极端值影响	不受极端值影响
劣势	容易受到极端值影响	数据信息量不充分	数据信息量不充分
适用数据类型	定距、定比数据	定序、定距、定比数据	定类、定序数据

d.5%截尾均值。截尾均值是指把观察值按照从小到大的顺序排列，剔除掉排序后的数据序列两端的部分数值，然后计算得到的均值。PASW 的描述性分析提供的 5% 截尾均值，是把观察值升序排列后，剔除掉最小的 5% 和最大的 5% 后的数据的算术均值。这样避免了极端值的影响，如某些竞赛的最终得分计算，剔除最高分和最低分。

③离散程度。集中趋势反映的是数据的一般水平，用均值等数值来代表全部数据。但若要较全面地掌握这组数据的数量规律，还需要了解数据的离散程度。离散程度反映了数据远离中心值的程度，是衡量集中趋势值对整个数据的代表程度。数据的离散程度越大，说明集中趋势值的代表性越低；反之，数据的离散程度越接近于 0，说明集中趋势值的代

微课视频：数据离散程度分析

表性越高。离散程度包括极差、方差、标准差、平均差、变异系数等。

a. 极差。也称全距，是数据中两个极端值（最大值和最小值）之差，反映了变量的变异范围或离散程度。任何两个观察值的差距都不会超出全距。但极差没有充分利用全部观察值，容易受极端值的影响。一般来说，极差越大，平均值的代表性越小。所以，极差可以一般性地检验平均值的代表性大小。

极差＝最大值－最小值

b. 方差与标准差。方差是各个数据与平均数之差的平方的平均数。

$$s^2 = \frac{1}{n-1} \sum_{i=1}^{n} (x_i - \overline{x})^2$$

方差与标准差是幂的关系，前者是后者的平方。标准差的计算公式，也视资料的分组情况而分为简单平均式和加权平均式。

标准差用来度量观察值偏离平均数的大小，相当于平均偏差，可以直接描述数据偏离均值的程度。对于同质的数据，一个较大的标准差，代表大部分的数值和其平均值之间差异较大；一个较小的标准差，代表这些数值较接近平均值。在正态分布中，68% 的个案在均值的一倍标准差范围内，95% 的个案在均值的两倍标准差范围内。例如，在正态分布中，如果平均年龄为 45，标准差为 10，则 95% 的个案将处于 25 到 65 之间。

$$s = \sqrt{\frac{1}{n-1} \sum_{i=1}^{n} (x_i - \overline{x})^2}$$

这两个指标均是反映总体中所有单位标志值对平均数的离差关系，是测定数据离散程度最重要的指标，其数值的大小与平均数代表性的大小呈反方向变化。

极差和方差与标准差是表示离散程度的主要统计量（见表 8-8）。

表 8-8　离散程度主要统计量

指标	极差	方差与标准差
定义	数据中最大值与最小值的差	方差：各数据与均值偏差的平方和的均值 标准差：方差的平方根
优势	计算简单，易于理解	能准确反映数据的离散程度，应用广泛
劣势	容易受到极端值影响，无法准确反映数据离散情况	需要数据服从正态分布，有较明显的极端值时不建议使用

c. 平均差是各观察值与其算术平均数离差绝对值的算术平均数。平均差与平均数代表性的关系，与极差基本一致。不同的是，平均差的计算由于涉及了总体中的全部数据，因而能更综合地反映总体数据的离散程度。

d. 变异系数又称为离散系数，是为两组数据间进行比较而设计的，是一组数据标准差与均值相比较而得的相对值。在比较两组数据离散程度大小时，如果数据的测量尺度相差太大，直接比较二者的标准差并不合适，需要首先消除测量尺度和量纲的影响。变异系数可以剔除这些影响，其计算公式为：

$$V_\sigma = \frac{\bar{x}}{S}$$

e. 均值的标准误：取自同一分布的样本与样本之间的均值之差的测量。它可以用来粗略地将观察到的均值与假设值进行比较（即，如果差与标准误的比值小于-2或大于+2，则可以断定两个值不同）。

④分布特征。集中趋势和离散程度是数据分布的两个重要特征，但要全面了解数据分布的特征，还需掌握数据分布的情况，如分布图形是否对称、偏斜程度、扁平程度等，而反映这些分布特征的统计指标是偏度和峰度。这些统计量与其标准误一起显示。

a. 偏度是用来描述变量取值分布的偏斜方向，衡量分布对称与否、分布不对称的方向和程度。样本的偏度系数为：

$$\alpha = \frac{1}{ns^3} \sum_{i=1}^{n} (x_i - \bar{x})^3$$

偏度系数的取值一般在-3～3之间。当偏度系数大于0时，分布为正偏或右偏，分布图形在右边拖尾，分布图有很长的右尾，尖峰偏左；当偏度系数小于0，分布为负偏或左偏，即分布图形在左边拖尾，分布图有很长的左尾，尖峰偏右（见图8-4）；当偏度系数为0时，分布对称。因此，不论哪种偏态，偏度的绝对值越大表示偏斜的程度越大；反之，偏斜程度越小，分布形态越接近对称。

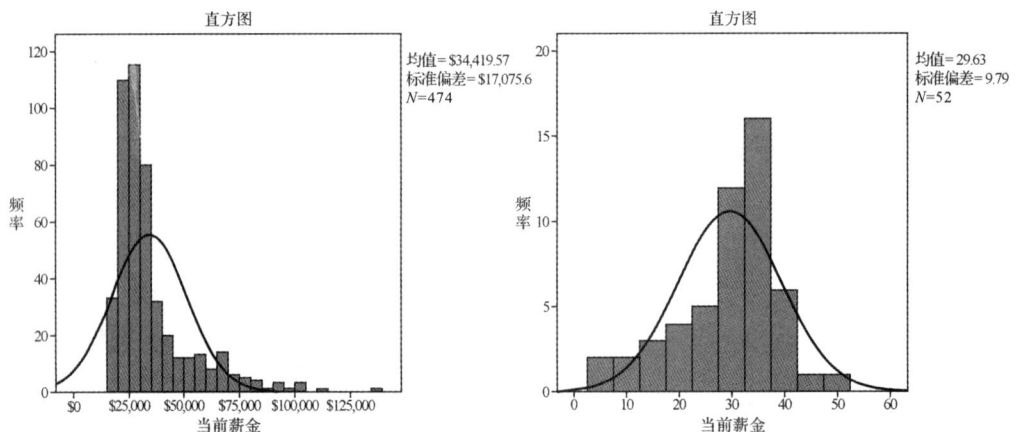

图 8-4 偏度

b. 峰度是用来反映频数分布曲线顶端尖峭或扁平程度的指标，是指分布图形的尖峭程度或峰凸程度。样本的峰度系数为：

$$\beta = \frac{1}{ns^4} \sum_{i=1}^{n} (x_i - \bar{x})^4$$

峰度系数大于3时，分布为高峰度，即比正态分布的峰要陡峭；峰度系数小于3时，分布为低峰度，即比正态分布的峰要平坦些；峰度系数等于=0时，分布为正态峰（见图8-5）。在PASW中，峰度计算公式是对上述公式变化后的：给出的峰度值为0，分布为正态峰；如果峰中度值为负值，为低峰度，观察值在分布中心附近没有正态分布那样集中，尾部更厚；如果峰度值为正值，为尖峰，即和正态分布相比，有更多的观察值聚集在分布的中心位置，尾部更薄。

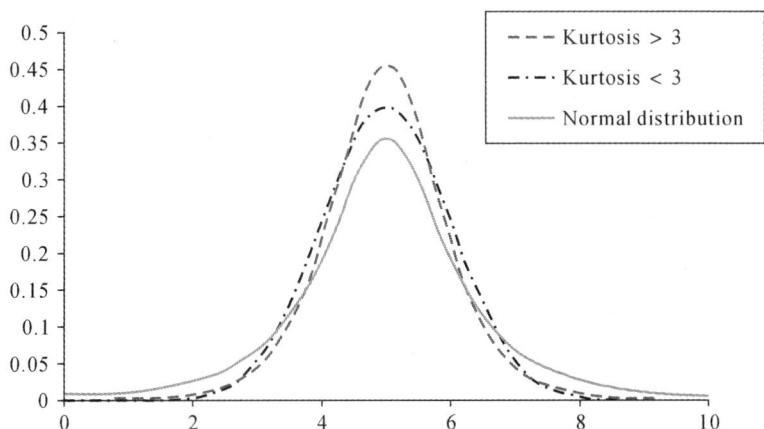

图 8-5　峰度

以"Q3.周岁年龄"这个变量为例进行连续变量频率分析介绍。

第一步：单击"分析"菜单，选择"描述统计"，从右侧弹出的子菜单中选择第一项"频率"，弹出"频率"对话框，将"Q3.周岁年龄"移至右侧的"变量"框中。

第二步：单击"统计"按钮，在弹出的"频率:统计"对话框中，选择所需要的统计量，设置完成后如图 8-6 所示。单击"继续"。

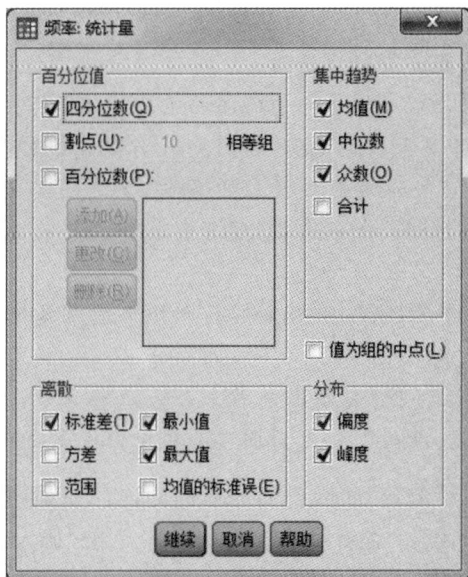

图 8-6　"频率:统计"对话框设置

第三步：单击第二个按钮"图表"，在弹出的"频率:图表"对话框中，选择相应的选项，本例选择"直方图"，并勾选"在直方图上显示正态曲线"复选框，如图 8-7 所示。

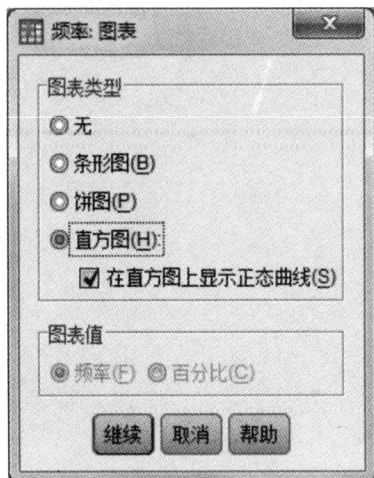

图 8-7　"频率:图表"对话框

数据图表的选择

在"频率:图表"对话框中,可以针对不同类型的数据及分析目的输出不同的图表。

对于分类数据,如果需要了解数据分布,则选择条形图;如果需要了解数据结构,则选择饼图。而对于连续数据,直方图较为适用。

条形图和直方图看着很相似,但是它们之间的差别具体如下:

条形图主要用于展示分类数据,而直方图主要用于展示连续数据;

条形图是用条形的长度表示各类别频数的多少;直方图是用面积表示各组频数的多少,矩形的高度表示每一组的频数或频率,宽度则表示各组的组距,因此直方图的高度与宽度均有意义;

直方图分组数据具有连续性,所以直方图的各矩形通常是连续排列的,而条形图表示分类数据,则是分开排列的。

另外,由于连续数据可以测量其数据分布是否为正态分布,所以在直方图的下方有一个选项"在直方图上显示正态曲线",勾选后即可一并输出正态曲线图。

第四步:返回"频率"对话框,由于我们要分析的是连续变量,重点分析数据的集中趋势和离散程度,所以可以取消勾选"显示频率表"复选框,单击"确定"按钮,即可得到如图 8-8 所示的输出结果。

根据数据输出结果,可以看到,左侧的统计表格给出了所勾选的统计量,可以大致了解数据的集中趋势和离散程度,从右侧绘制的直方图也可以看出,"周岁年龄"变量的数据分布特征大致符合正态分布。

统计量

Q3.周岁年龄

N	有效	1300
	缺失	0
均值		27.10
中值		26.00
众数		25
标准差		7.070
偏度		0.783
偏度的标准误		0.068
峰度		0.394
峰度的标准误		0.136
极小值		13
极大值		55
百分位数	25	22.00
	50	26.00
	75	31.00

直方图

均值 = 27.1
标准偏差 = 7.07
N = 1300

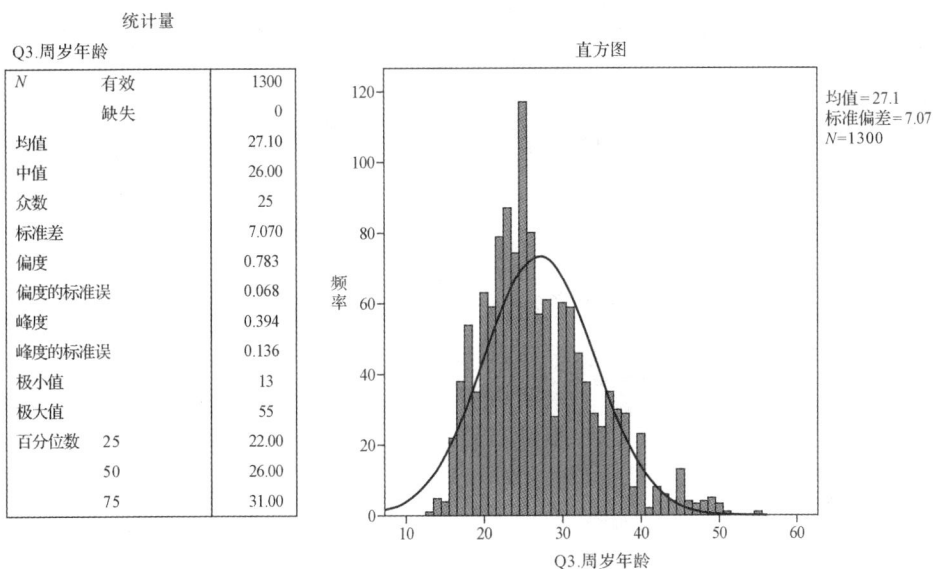

图 8-8　连续变量描述统计输出结果

2. 交叉表分析

交叉表是一种行列交叉的分类汇总表格,行和列上至少各有一个分类变量,行和列的交叉处可以对数据进行多种汇总计算,如求和、平均值、计数等。在实际研究分析中,除了对单个变量进行分析外,还需要掌握多个变量在不同取值情况下的数据分布情况,从而进一步分析变量之间的相互影响和关系,这就是交叉表分析。它用于分析两个或两个以上分组变量之间的关联关系,以交叉表格的形式进行分组变量间关系的对比分析。它的原理就是从数据的不同角度综合进行分组细分,以进一步了解数据的构成、分布特征,也是描述性分析中常用的方法之一。

微课视频:
交叉表分析

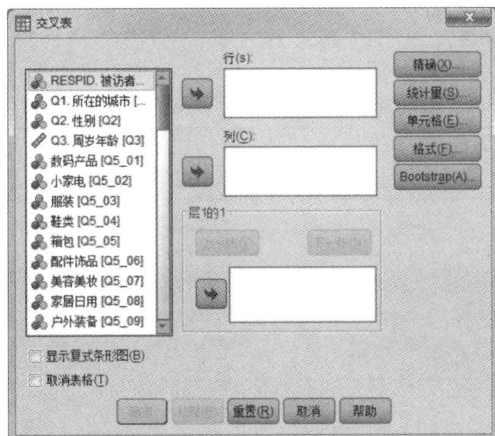

现以婚姻状况与性别为例进行交叉表分析操作。

第一步:单击"分析"菜单,选择"描述统计",此时右侧弹出子菜单,从中选择第四项"交叉表",则弹出"交叉表"对话框,如图 8-9 所示。

图 8-9　"交叉表"对话框

第二步：在"交叉表"对话框中，将"Q13.婚姻状况"移至"行"框中，将"Q2.性别"移至"列"框中。

第三步：单击右侧的"单元格"按钮，弹出"交叉表：单元显示"对话框，如图8-10所示。PASW默认选中"计数"下的"观察值"，还可以勾选"百分比"下的"列"复选框，以显示列百分比，行百分比和总计百分比可根据分析的需要进行选择。其他选项与描述统计分析的关系不大，故在此不做选择。

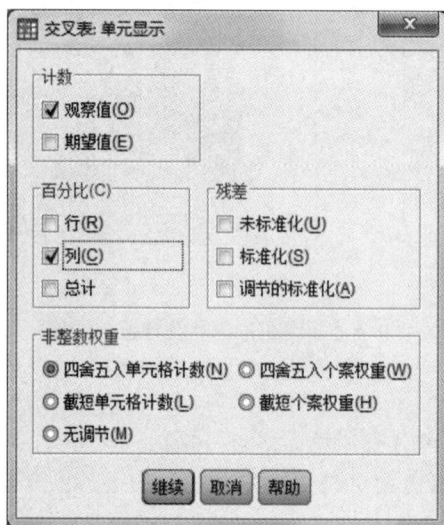

图8-10 "交叉表：单元显示"对话框

第四步：单击"继续"按钮，返回"交叉表"对话框，单击下方的"确定"按钮，输出结果如表8-9、表8-10所示。

表8-9 案例处理摘要

	案例					
	有效的		缺失		合计	
	N	百分比	N	百分比	N	百分比
Q13.婚姻状况 * Q2.性别	1300	100.0%	0	0	1300	100.0%

表8-10 Q13.婚姻状况 * Q2.性别交叉制表

			Q2.性别		合计
			男	女	
Q13.婚姻状况	未婚单身	计数	272	316	588
		Q2.性别中的百分比	43.9%	46.5%	45.2%

			Q2.性别		合计
			男	女	
未婚恋爱		计数	114	123	237
		Q2.性别中的百分比	18.4%	18.1%	18.2%
已婚未育		计数	55	62	117
		Q2.性别中的百分比	8.9%	9.1%	9.0%
已婚已育		计数	179	179	358
		Q2.性别中的百分比	28.9%	26.3%	27.5%
合计		计数	620	680	1300
		Q2.性别中的百分比	100.0%	100.0%	100.0%

输出结果中,表8-9为案例处理摘要,它对个案数进行了汇总,显示有效个案和缺失个案的数量与百分比:本例中有效个案数为1300个,占比100%,无缺失个案。

表8-10是交叉表。先从婚姻状况角度查看数据的分布,在四种婚姻状况中,"未婚单身"占比45.2%,所占比重最大;其次是"已婚已育",占比27.5%,在此基础上增加性别角度,进一步查看数据的分布,在四种婚姻状况中男、女的比例较为平衡。

3. 多重响应变量分析

思考题 *多选题如何进行数据分析?*

在PASW中,多选题也称为多重响应变量集,即针对同一个问题被访者可能回答出多个有效的答案,它是市场调研中十分常见的数据形式。多重应答资料因其特殊性,不方便应用传统的多元统计分析方法进行研究,利用二分变量法和多重分类法两种数据转换方式可以极大地丰富对其建模的方法。多重响应变量分析通过定义变量集的方式,能够对多选题选项进行频数分析和交叉分析,还可以对其进行回归分析、因子分析等操作。

微课视频:
描述分析——
单选多选题分析

现重点介绍二分变量法录入的多选题数据的分析操作方法。

第一步:单击"分析"菜单,选择"多重响应",此时右侧弹出子菜单,会发现"频率"和"交叉表"显示灰色,处于不可用状态,如图8-11所示。从中选择第一项"定义变量集",则弹出"定义多重响应集"对话框,如图8-12所示。

图 8-11 "多重响应"菜单

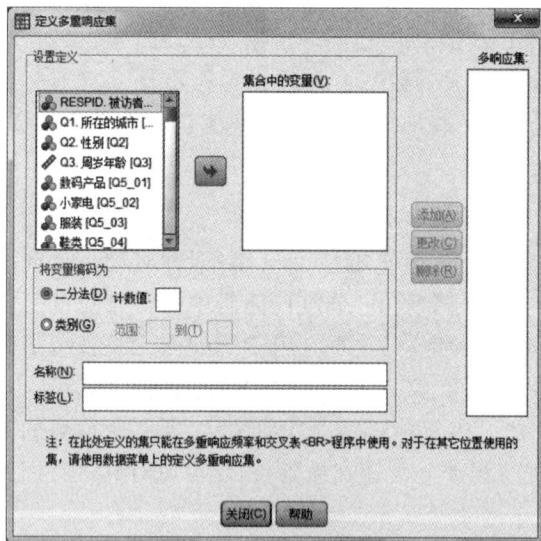

图 8-12 "定义多重响应集"对话框（初始状态）

　　第二步：选择"Q5"题的全部选项（"Q5_01"到"Q5_17"），移至右侧的"集合中的变量"框中。因为在数据编码和录入中采用"二分法"来定义多选题选项，所以变量编码选择默认的"二分法"，在"计数值"后面的栏中输入"1"，以便 PASW 统计汇总"1"的个数，也就是统计汇总选中的个数。"名称"和"标签"中输入多选题的变量名称和标签文字。此例中，"名称"输入"Q5"，"标签"输入"在该网站购买过的商品类型"。设置完成后，如图 8-13 所示。

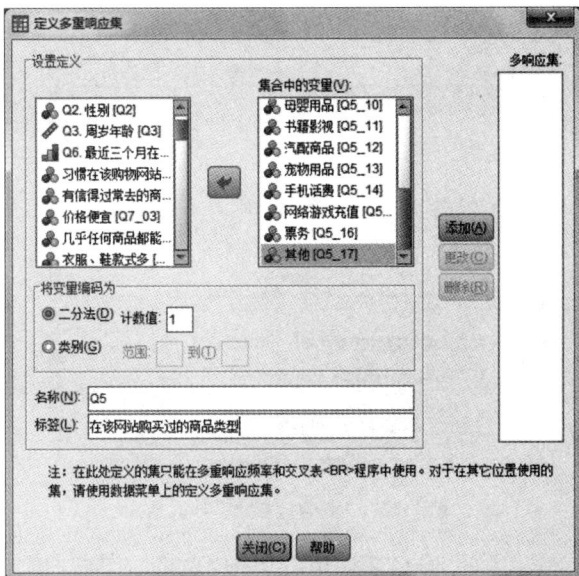

图 8-13 "定义多重响应集"对话框(二分法设置完成)

第三步:此时"添加"按钮由灰色变成黑色可用状态,点击"添加",在"多响应集"框中出现"＄Q5",如图 8-14 所示,说明该多选题定义完成。点击"关闭"。

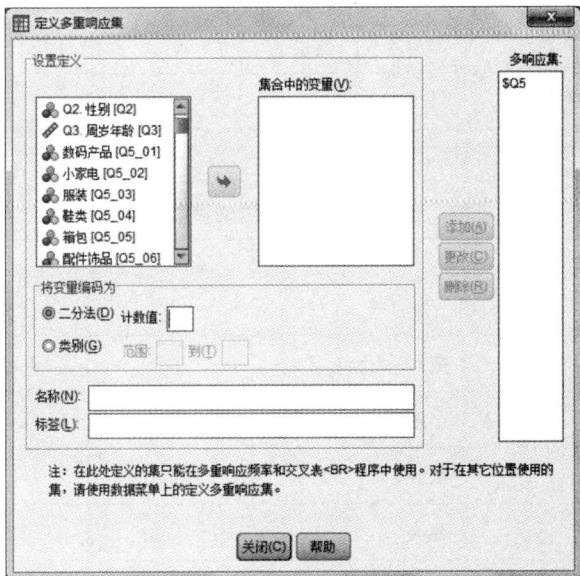

图 8-14 "多响应集"定义完成

第四步:单击"分析"菜单,选择"多重响应",此时右侧弹出的子菜单中,"频率"和"交叉表"显示黑色可用状态,选择"频率",弹出"多响应频率"对话框,如图 8-15 所示。

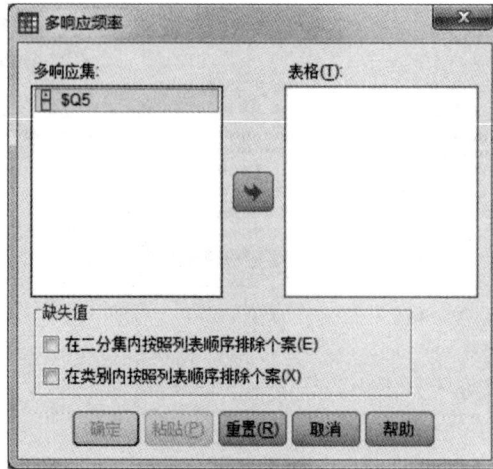

图 8-15 "多响应频率"对话框

第五步：将"多响应集"中的"＄Q5"移至右边的"表格"，单击"确定"按钮，输出结果如表 8-11、表 8-12 所示。

表 8-11 个案处理摘要

	个案					
	有效的		缺失		总计	
	N	百分比	N	百分比	N	百分比
＄ 在该网站购买过的商品类型[a]	1300	100.0%	0	0	1300	100.0%

a.值为 1 时制表的二分组。

表 8-12 ＄ 在该网站购买过的商品类型频率

		响应		个案百分比
		N	百分比	
＄ 在该网站购买过的商品类型[a]	数码产品	603	8.4%	46.4%
	小家电	383	5.3%	29.5%
	服装	1167	16.3%	89.8%
	鞋类	943	13.1%	72.5%
	箱包	650	9.1%	50.0%
	配件饰品	435	6.1%	33.5%
	美容美妆	407	5.7%	31.3%
	家居日用	447	6.2%	34.4%

		响应		个案百分比
		N	百分比	
	户外装备	194	2.7%	14.9%
	母婴用品	128	1.8%	9.8%
	书籍影视	546	7.6%	42.0%
	汽配商品	100	1.4%	7.7%
	宠物用品	76	1.1%	5.8%
	手机话费	683	9.5%	52.5%
	网络游戏充值	204	2.8%	15.7%
	票务	207	2.9%	15.9%
	其他	5	0.1%	0.4%
总计		7178	100.0%	552.2%

a.值为 1 时制表的二分组。

输出结果中,表 8-11 个案处理摘要与前面分析相同。表 8-12 是多选题各选项的频率。从结果可以看出,"在该网站购买过的商品类型"中,"服装"居首位,占比 89.8%;其次是"鞋类",占比 72.5%。

响应百分比及个案百分比

个案百分比:选择该项的人数占总人数的比例。个案百分比可以反映该选项在人群中的受欢迎程度。比如 200 个同学中,有 150 人选择"喜欢红牛",则"喜欢红牛"的个案百分比为 75%。

响应百分比:在做出的所有选择中,选择该选项的人次占总人次数的比例。响应百分比可以用于比较不同选项的受欢迎程度。比如 200 名同学对 5 种饮料分别选择了 150、85、130、95、140 次,共 600 次,则选择红牛的应答次数百分比为 $150/600 \times 100\% = 25\%$。

8.1.2 趋势分析

趋势分析就是通过对历史数据的分析来预测将来的指标数值。趋势分析分为两大类:单指标趋势分析和多指标趋势分析。

1.单指标趋势分析

趋势分析将一条原始的时序曲线,拆分成四个组成部分——趋势、周期、异常、波动,以助于对信息内涵的深入理解(见图 8-17)。单指标趋势

微课视频:
趋势分析

分析就是关注单个指标变化趋势的四种构成,通过拆解来透彻掌握趋势中的多种信息。很多业务场景下,企业不仅对业务指标感兴趣,对该指标随着时间变化的趋势更加关注,例如产品流量或商业收入的趋势曲线。

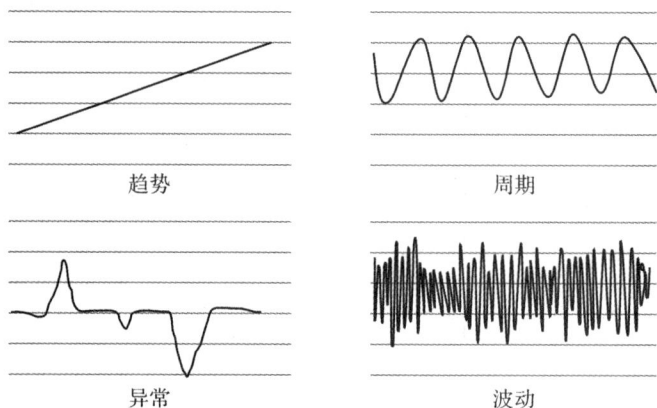

图 8-16　趋势分析的四种构成

（1）趋势。曲线的大趋势是上涨、下降还是平稳,通常是最受关注的信息。

（2）周期。曲线的波动是否会呈现周期性? 以小时、天、周、月、季度还是年度为周期? 很多互联网产品的流量均以一定的时间周期波动。比如,使用百度指数对网民的搜索需求做出分析,可发现如下规律:影视的搜索流量以周为单位波动,在每个周五到周六达到高峰;礼品行业的消费则根据节日的分布来周期波动,如中秋节集中消费月饼和大闸蟹。

（3）异常。曲线在某些时间点出现的非正常波动,如大幅度的突增突降。这可能是自然的原因导致的,也可能是人为的因素。例如百度指数显示,2022 年 12 月 5 日至 12 月 11 日,电解质水的搜索指数整体同比暴增 2711％,电解质水销量陡增,出现断货状态。在淘宝、京东等多个电商平台旗舰店搜索"电解质水",大部分商品显示"采购中""无货""补货中",仅少量还有现货。

（4）波动。从曲线中去除上述三种情况而剩下的自然波动,应该满足正态分布,可以用标准差衡量波动幅度。

2.多指标趋势分析

多指标趋势分析是关注多个指标变化趋势之间的相互影响,通过系统基模分析来掌握问题背后的全局逻辑。系统基模理论是对多个指标之间的变化趋势进行系统化的逻辑分析。它强调在一个整体系统中,多个指标的变化是互相作用和影响的,最终形成一套生态逻辑。

例如用多指标趋势分析员工的离职率变化过程。在企业实际项目中,经常会遇到离职率高导致工作进度延迟的问题。为了解决该问题,短期有效的策略是请其他员工分担离职者的工作,用高强度的加班追上原计划进度。但持续高强度的加班会产生延时的后遗症,部分在职员工由于压力过大而产生离职倾向。所以这个对策会加大团队的离职率,从而使进度延迟的问题更加严重。很多团队不停地忙于救火,短期还可以维持项目的进展,但从长期来看,这仅仅是延迟了问题的总爆发而已。

8.1.3 个案分析及异常分析

1. 个案分析

思考题 企业如何进行个案分析?

个案分析是指用观察具体个案的方法启发分析思路,辅以统计归纳的分析方法。具体分析分为两个步骤:第一,个案选择。个案选择是选择典型个案进行观察,通过细节场景获取分析思路。第二,统计归纳。统计归纳是根据个案分析得到思路,识别特征,统计识别同类情况。

微课视频:个案
分析及异常分析

现以某培训网站的课程存在的问题为例进行个案分析。一家教育领域的垂直网站,刚刚上线了一批培训课程,从线上效果来看,虽然搜索培训课程的流量很大,但是点击率较低。这样的问题该如何着手分析呢?如果只看宏观指标,流量大和点击率低的具体原因只能凭空猜测,所以选择典型个案进行观察,通过细节场景获取分析思路。

第一步:选择搜索词为"北京英语培训"的个案,发现平台提供的搜索结果数量太多且逻辑混乱,北京有数十家提供英语培训的机构,上千种培训课程,让用户难以做出选择。那么什么样的个案算适合分析的典型呢?第一,问题显著;第二,数量巨大。

第二步:用统计归纳圈定属于该原因的样本集合,直到绝大部分的样本均被分析归类。经过个案分析,总结出搜索培训课程点击率低的主要原因如下:第一,搜索词过于宽泛,结果过多且逻辑杂乱,需要对用户进一步引导和筛选,该情况占 40%;第二,搜索词过于细致,导致能精确满足用户需求的内容太少,需要引入推荐结果,该情况占 20%;第三,搜索词中带有个性化信息,搜索结果没有根据个性化信息进行匹配,该情况占 20%。所以,企业要有针对性地制定改进方案,可以更高效地提升系统效果。

微课视频:
星巴克选址
大数据分析

2. 异常分析

思考题 什么是异常数据?异常数据分析包括哪些步骤?

异常数据是足够不同于数据集中其余部分的数据,就是远离数据集中其余部分的数据或集中偏离大部分数据的数据,使人怀疑这些数据的偏离并非由随机因素产生,而是产生于完全不同的机制。在数据挖掘的过程中,数据库中可能包含一些数据对象,它们与数据的一般行为或模型不一致,这些数据对象被称为异常点,对异常点的查找过程称为异常分析。

(1)异常数据与类型。异常数据是指与众不同的数据,但是具有相对性。比如在图 8-17

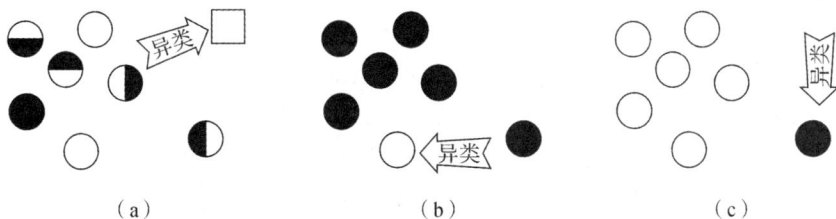

(a)　　　　　　　　(b)　　　　　　　　(c)

图 8-17 异常数据

（a）这一数据库中，有白球、黑球、黑白球、方块等种类，相对来讲，方块就是异常数据；在（b）这一组数据中，白球就是一堆黑球中的异常数据；在（c）这一组数据中，相反，黑球相对一组的白球来说是异常数据。

拓展知识：
数据异常归因

①根据数据范围不同，异常点分为全局异常点和局部异常点。一个对象可能相对于所有对象看上去异常，但它相对于它的局部近邻不是异常点。比如身高1.85米对于一般人群是不常见的，但是对于职业篮球运动员不算异常。

②根据变量数据不同分类，异常点分为单变量异常点和多变量异常点。理想体重较普遍采用的计算方法为：男性身高（厘米）－105＝男性标准体重（千克），女性身高（厘米）－100＝女性标准体重（千克）。如对于男生而言，身高1.6米，体重55千克，这个很正常；身高1.6米，体重75千克，这个有点异常；身高1.8米，体重75千克，又是基本正常。而相对于女生而言，则三组数值可能都不太正常。

③根据数据类型不同，异常点分为分类型异常点和数值型异常点。如图8-18所示，（a）图聚类数据集属于分类型异常点，（b）图序列数据集属于数值型异常点。

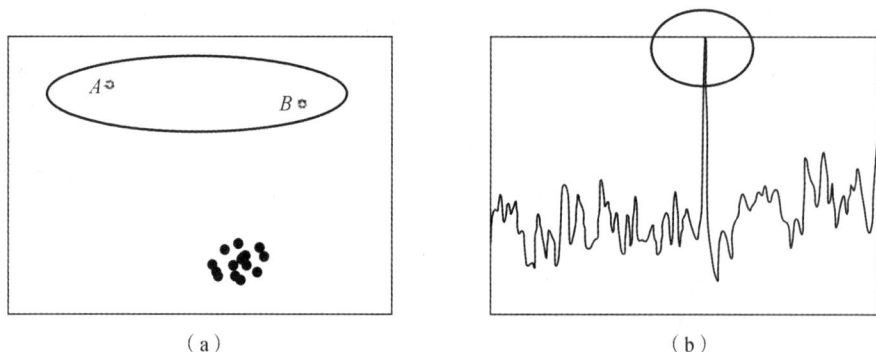

（a）　　　　　　　　　　　　（b）

图8-18　数据异常点分类

拓展知识：
网易如何做到
数据指标异常
发现和诊断分析？

（2）异常分析方法。异常分析，又称为孤立点分析、异常检测、例外挖掘、小事件检测、偏差检测等，是指给定 N 个数据对象和所期望的异常数据个数，发现明显不同、意外，或与其他数据不一致的前 k 个对象。

异常分析方法主要包括基于统计模型、基于距离模型、基于密度模型以及基于偏离模型，这些模型相对比较复杂。但是，一些简单的统计指标也是可以来分析数据的异常值的，例如通过分析统计数据的离散程度（数据变异指标）来对数据的总体特征有更进一步的了解，对数的分布情况有所了解，进而通过数据变异指标来发现数据中的异常点数据。常用的数据变异指标有极差、四分位数、均差、标准差、变异系数等。变异指标的值越大，表示变异越大、数据散布越广；值越小，表示离差小、较密集。

（3）异常分析的步骤。主要包括以下步骤：第一，识别和确认异常；第二，数据异常分析；第三，大胆设想；第四，小心求证。因为异常数据的产生机制是不确定的，异常分析算法检测出的异常数据是否真正对应实际的异常行为，不是由异常分析算法来说明、解释的，只能由领域专家来解释。异常分析只能为用户提供可疑的数据,以便使用户引起特别的注意并最后确定是否真正的异常。

一般来讲,出现异常数据的原因有以下几个方面:测量、输入错误或系统运行错误所致;数据内在特性所致;客体的异常行为所致。

(4)异常分析的应用。现有的数据挖掘研究大多数集中于发现适用于大部分数据的常规模式,在许多应用领域中,异常数据通常作为噪音而忽略,许多数据挖掘方法试图降低或消除异常数据的影响。但是,从知识发现的角度看,在某些应用里,那些很少发生的事件往往比经常发生的事件更加有趣、也更有研究价值。异常分析能为我们提供比较重要的信息,使我们发现一些真实而又出乎预料的知识。

异常数据分析有着广泛的应用:在欺诈检测中,用异常点检测来探测不寻常的信用卡使用情况或者电信服务;在入侵检测中,异常数据可能意味着入侵行为的发生,海关、民航等单位的安检部门推断哪些人可能有嫌疑;在营销定制中,分析客户的极低或极高消费异常行为;在医疗分析中,发现病人对多种治疗方式的不寻常的反应;通过异常数据对运动员的成绩进行分析;等等。

8.2 选择数据挖掘技术

8.2.1 关联分析

思考题 常用的关联分析方法有哪些?它们是如何应用的?

关联分析又称关联挖掘,就是在交易数据、关系数据或其他信息载体中,查找存在于项目集合或对象集合之间的频繁模式、关联、相关性或因果结构。简单而言,关联分析是发现存在于大量数据集中的关联性或相关性,从而描述了一个事物中某些属性同时出现的规律和模式。它是一种简单、实用的分析技术,可从数据库中关联分析出形如"由于某些事件的发生而引起另外一些事件的发生"之类的规则。

微课视频:
关联分析

大数据思维:沃尔玛的数据挖掘

20世纪90年代美国沃尔玛超市中,超市管理人员分析销售数据时发现了一个令人难以理解的现象:在某些特定的情况下,"啤酒"与"尿布"两件看上去毫无关系的商品会经常出现在同一个购物篮中。这种独特的销售现象引起了管理人员的注意,经过后续调查发现,这种现象出现在年轻的父亲身上。

在美国有婴儿的家庭中,一般是母亲在家中照看婴儿,年轻的父亲去超市买尿布。父亲在购买尿布的同时,往往会顺便为自己购买啤酒。如果这个年轻的父亲在卖场只能买到两件商品之一,则他很有可能会放弃购物而去另一家可以一次同时买到啤酒和尿布的卖场。由此,沃尔玛发现了这一独特的现象,开始在卖场尝试将啤酒与尿布摆放在相同区域,让年轻的父亲可以同时找到这两件商品,并很快地完成购物。这一做法帮助沃尔玛提高了商品销售收入。

关联分析的一个典型例子是购物篮分析。这是通过发现顾客放入其购物篮中的不同商品之间的联系，分析顾客的购买习惯。了解哪些商品频繁地被顾客同时购买，这种关联的发现可以帮助零售商制定营销策略，也可以应用在价目表设计、商品促销、商品的排放和基于购买模式的顾客划分等方面。

购物篮分析

微课视频：
购物篮分析

购物篮指的是超级市场内供顾客购物时使用的装商品的篮子，当顾客付款时这些购物篮内的商品被营业人员通过收款机一一登记结算并记录。所谓的购物篮分析就是通过这些购物篮子所显示的信息来研究顾客的购买行为，主要的目的在于找出什么样的东西应该放在一起。借由顾客的购买行为来了解是什么样的顾客以及这些顾客为什么买这些产品，找出相关的联想规则，企业挖掘这些规则获得利益与建立竞争优势。

通过购物篮分析挖掘出来的信息可以指导交叉销售和追加销售、商品促销、顾客忠诚度管理、库存管理、折扣计划等。举例来说，零售店可由此分析改变置物架上的商品排列位置或是设计吸引客户的商业套餐等。

购物篮分析技术可以应用在下列问题上：针对信用卡购物，能够预测未来顾客可能购买什么；对于电信与金融服务业而言，经由购物篮分析能够设计不同的服务组合以扩大利润；保险业能借由购物篮分析侦测出可能不寻常的投保组合并做预防；对病人而言，在疗程的组合上，购物篮分析能作为这些疗程组合是否会导致并发症的判断依据。

最常用的关联分析是相关分析和回归分析。

拓展知识：如何通过数据分析选品：以新零售为例

1.相关分析

思考题 什么情况下会使用相关分析？

相关分析是研究现象之间是否存在某种依存关系，并探讨具体有依存关系的现象的相关方向以及相关程度，用适当的统计指标描述。它是分析客观事物之间关系的定量分析方法。

（1）相关分析的类型。相关分析可分为线性相关和非线性相关。

拓展知识：数据分析方法和思维：相关性分析

①线性相关。当一个变量的值发生变化时，另外一个变量也发生大致相同的变化。在直角坐标系中，如现象观察值的分布大致在一条直线上，则现象之间的相关关系为线性相关或直线相关。线性相关又分为正线性相关和负线性相关，前者是指两个变量线性的相随变动方向相同，后者是指两个变量线性的相随变动方向相反。

②非线性相关。如果一个变量发生变动，另外的变量也随之变动，但是其观察值分布近似的在一条曲线上，则变量之间的相关关系为非线性相关或曲线相关。

（2）相关分析的工具。绘制散点图和计算相关系数是相关分析最常用的工具，它们的相互结合能够达到较为理想的分析效果。

①散点图。散点图是将数据以点的形式画在直角坐标系上，通过观察散点图能够直观

地发现变量间的相关关系及它们的强弱程度和方向。在实际分析中,散点图经常表现出某些特定的形式。如绝大多数的数据类似于橄榄球的形状或集中形成一根棒的形状,而剩余的少数数据点则零散地分布在四周(见图 8-19)。通常橄榄球状和棒状代表了数据的主要结构和特征,可以利用曲线将这种主要结构的轮廓描绘出来,使数据的主要特征更突出。

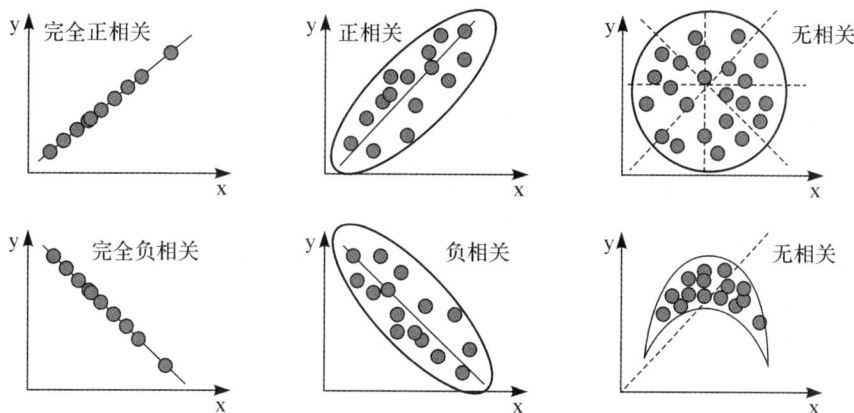

图 8-19　散点图

②相关系数。又称皮氏积矩相关系数,是变量之间相关程度的指标,它是说明两个现象之间相关关系密切程度的统计分析指标。样本相关系数用 r 表示,总体相关系数用 ρ 表示,相关系数的取值范围为 $[-1,1]$。$|r|$ 值越大,误差 Q 越小,变量之间的线性相关程度越高;$|r|$ 值越接近 0,Q 越大,变量之间的线性相关程度越低。

如果变量 Y 与 X 间是函数关系,则 $r=1$ 或 $r=-1$;如果变量 Y 与 X 间是统计关系,则 $-1<r<1$。一般来说,$|r|>0.95$ 显著性相关,$0.8\leqslant|r|\leqslant0.95$ 高度相关,$0.5\leqslant|r|<0.8$ 中度相关,$0.3\leqslant|r|<0.5$ 低度相关,$|r|<0.3$ 关系极弱,认为不相关。

对不同类型的变量应采用不同的相关系数来度量,常用的相关系数主要有 Pearson 简单相关系数、Spearman 等级相关系数和 Kendall 相关系数等。其中 Pearson 简单相关系数适用于两个变量都是数值型的数据且样本量大于 30 的情况,它是一种线性关联度量。其计算公式为:

$$R_{xy}=\frac{\sum(x_i-\bar{x})(y_i-\bar{y})}{\sqrt{\sum_{i=1}^{n}(x_i-\bar{x})^2\sum_{i=1}^{n}(y_i-\bar{y})^2}}$$

Pearson 简单相关系数的检验统计量为:

$$t=\frac{r\sqrt{n-2}}{\sqrt{1-r^2}}\sim t(n-2)$$

(3)相关分析的操作。现以"××共享单车消费者满意度问卷调查"数据为例,分析满意度与便捷性之间存在怎样的统计关系。

①散点图分析。

第一步:打开 PASW 软件,输入数据,然后点击"菜单栏—图形",选择"旧对话框",再选择"散点图/点图",出现散点图选择对话框,如图 8-20 所示。

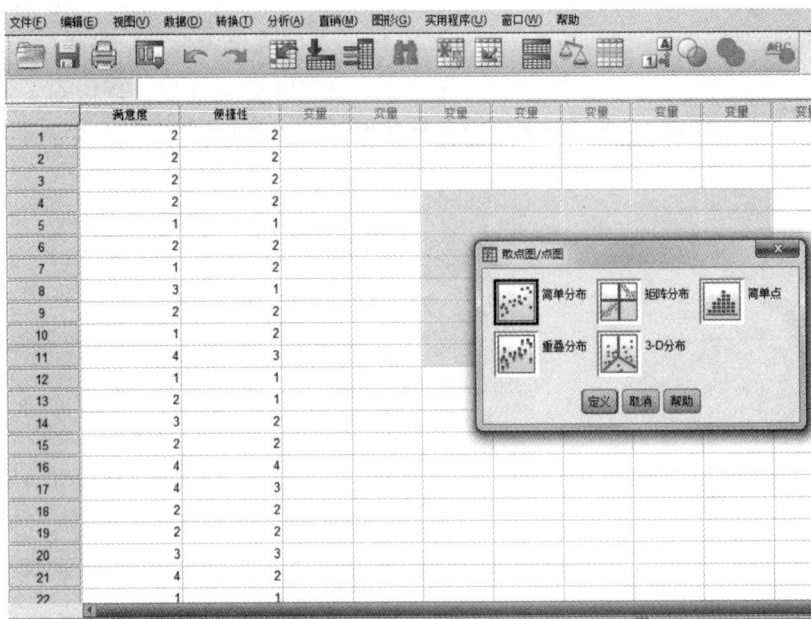

图 8-20　散点图制作步骤

第二步:选择"简单散点图",并将纵轴变量选入"Y 轴",将横轴变量选入"X 轴",将分组变量选入"设置标记":用该变量分组并在一张图上用不同颜色绘制若干个散点图,将标记变量选入"标注个案":将标记变量的各变量值标记在散点图相应点的旁边。如图 8-21所示。

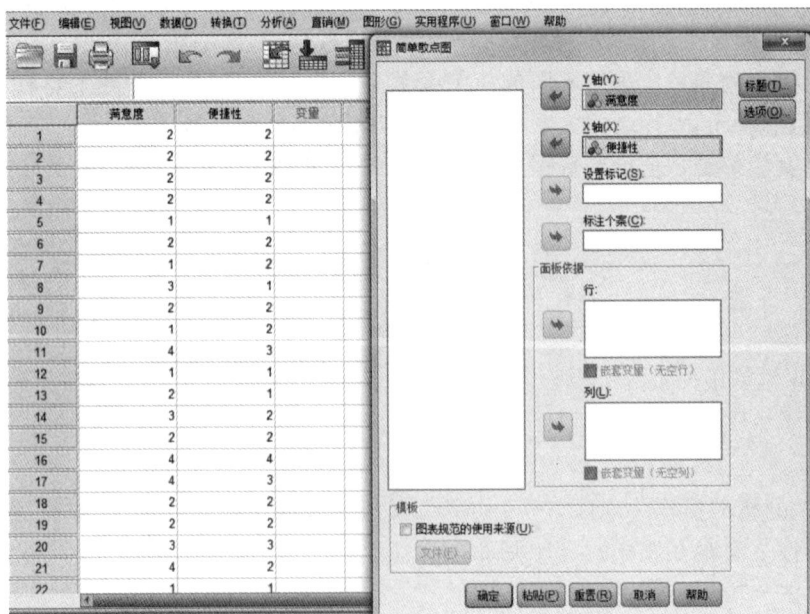

图 8-21　简单散点图

第三步:单击"确定"按钮,得到散点图,如图 8-22 所示。

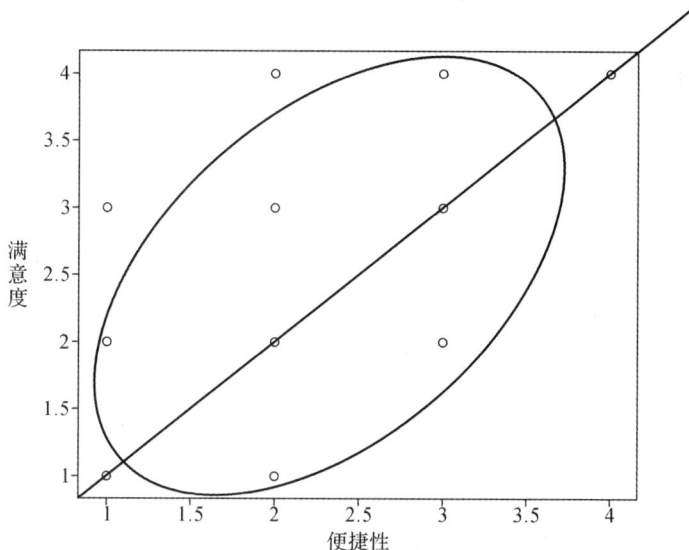

图 8-22　简单散点图结果

通过此散点图可得知便捷性与满意度之间存在一定的正相关关系,为了确定反映两者之间线性关系的强弱,采用计算相关系数的方法。由于这两个变量为定距变量,故采用 Pearson 相关系数。

②Pearson 相关系数分析。

第一步:打开数据文件,从 PASW 窗口菜单中选择"分析",选择"双变量相关",便出现了"双变量相关"的图形框,选择相应的数据放入右边的"变量",如图 8-23 所示。

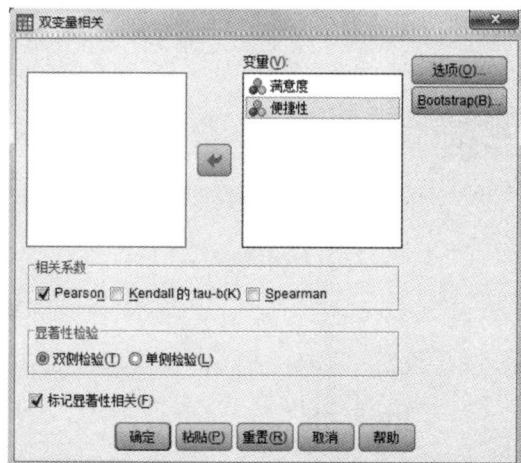

图 8-23　双变量相关

第二步:选择相关系数类型和显著性检验类型,单击"确定"按钮,得到相关性统计结果,如图 8-24 所示。相关性统计结果显示,$\rho=0.000<a(0.01)$,因此拒绝原假设,即拒绝零相关,同时由于相关系数为 0.622,意味着满意度和便捷性两者之间存在正相关关系。

相关性

		满意度	便捷性
满意度	Pearson 相关性	1	0.622**
	显著性（双侧）		0.000
	N	94	94
便捷性	Pearson 相关性	0.622**	1
	显著性（双侧）	0.000	
	N	94	94

**.在 0.01 水平（双侧）上显著相关。

图 8-24　相关性统计量

2.回归分析

回归分析是在掌握大量观察数据的基础上，利用数理统计方法建立因变量与自变量之间的回归关系函数表达式。回归分析运用十分广泛，按照涉及的自变量的多少可分为一元回归分析和多元回归分析；按照自变量和因变量之间的关系类型，可分为线性回归分析和非线性回归分析。

（1）回归分析的操作流程。回归分析的过程就是通过规定因变量和自变量来确定变量之间的因果关系，建立回归模型，并根据测数器来求解模型的各个参数，然后评价回归模型是否能够很好地拟合实测数，如果能够很好地拟合，则可以根据自变量做进一步预测。

上文通过相关分析得出共享单车满意度和便捷性之间存在相关关系，但两者之间到底谁是因、谁是果仍待检验。为了解共享单车满意度和便捷性的因果关系，可以进行回归分析。

第一步：在 PASW 中打开数据文件，从"窗口"菜单中选择"分析—回归—线性"，出现"线性回归"对话框，如图 8-25 所示。

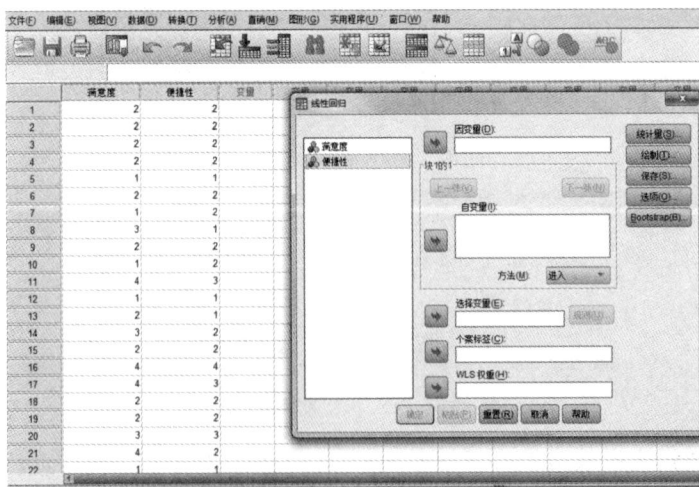

图 8-25　"线性回归"分析

第二步:选择好正确的因变量和自变量,点"确定",得出结果如图 8-26 所示。回归统计结果显示,常量和便捷性的 $Sig.$ 值均小于 a(0.01),因此拒绝原假设,同时可得出线性相关的结果,说明两者之间存在好的因果关系。

系数ª

模型		非标准化系数		标准系数	t	$Sig.$
		B	标准误差			
1	(常量)	0.624	0.197		3.170	0.002
	便捷性	0.717	0.094	0.622	7.611	0.000

a.因变量:满意度。

满意度 = 0.717 * 便捷性 + 0.624

图 8-26 线性回归结果

(2)相关分析和回归分析的区别。相关分析指的是现象之间是否相关、相关的方向和密切程度,一般不区别自变量或因变量。而回归分析则要分析现象之间相关的具体形式,确定其因果关系,并用数学模型来表现其具体关系。例如从相关分析中可以得知"满意度"和"便捷性"变量密切相关,但是这两个变量之间到底是哪个变量受另一个变量的影响以及影响程度如何,则需要通过回归分析方法来确定。

8.2.2 聚类分析

思考题 聚类与分类的区别是什么? 聚类分析如何操作?

在企业客户管理中,对人群进行分类时,要综合考虑其性别、年龄、收入、职业、兴趣、生活方式等相关信息,通过使用特定的方法,发现隐藏在这些信息背后的特征,将其分成几个类别,每一个类别具有一定的共性,进而做出进一步的探索研究。这个分类的过程,就是聚类分析。

微课视频:
聚类分析

1.聚类分析的特点

聚类分析就是按照个体的特征将其分类,目的在于让同一个类别内的个体之间具有较高的相似度,而不同类别之间具有较大的差异性。这样研究人员就能够根据不同类别的特征有的放矢地进行分析,并制定出适用于不同类别的解决方案或产品。

研究人员可以对变量进行聚类,但是更常见的是对个体进行聚类,也就是样本聚类,例如对用户、渠道、商品、员工等方面进行聚类。聚类主要应用在市场细分、用户细分等领域。

拓展知识:数据
分析方法和思维:
RFM 用户分群

新闻媒体客户群的聚类分析

新闻类媒体根据相关信息对个体进行聚类，把个体分为四类：第一类是年轻的已婚女性，更会玩，更生活化；第二类是低收入的年轻群体，喜欢与人沟通，善于捯饬自己的生活；第三类是成熟的商务男士，热爱智能硬件，爱好出行，工作努力，生活开心；第四类是年轻白领，很多是人工智能发烧友，关注体育和美食，追求高品质生活。

每个新闻类媒体都做好自己的主要细分市场，比如腾讯新闻比较迎合第一类消费群体，今日头条则注重第二类消费群体，搜狐新闻和网易新闻也是各占一块江山。

(1)聚类分析的特点主要体现在以下几点：

①聚类分析使用不同的方法，常常会得到不同的结论，所以聚类的结果是未知的。

②不同研究者对同一组数据进行聚类分析，所得到的聚类数未必一致。聚类分析的解完全依赖于研究者所选择的聚类变量，增加或删除一些变量对最终的解都可能产生实质性的影响。研究者在使用聚类分析时应特别注意可能影响结果的各个因素，其中异常值和特殊的变量对聚类有较大影响。

③不管实际数据中是否真正存在不同的类别，利用聚类分析都能得到分成若干类别的解。只要类别内相似性和类别间差异性都能得到合理的解释和判断，就认为聚类结果是可行的。

④聚类分析主要应用于探索性研究，其分析的结果可以提供多个可能的解，选择最终的解需要研究者的主观判断和后续的分析。

(2)在聚类分析过程中，要注意以下几点：

①聚类分析不会自动给出一个最佳聚类结果。

②期望通过聚类分析就能很清楚地找到大致相等的类或细分市场是不现实的。

③样本聚类、变量之间的关系需要研究者决定。

④聚类分析会自动发现和告诉研究者应该分成多少个类——属于无监督学习过程。

聚类分析属于探索性数据分析方法，没有一个所谓的标准流程和答案，不同的数据有不同的适用方法，即使相同的数据，应用不同的方法也可能会得到不同的结果，只要能有效解决实际业务问题即可。但是聚类可能会忽略掉一些小众群体的存在，或许那刚好是开拓新业务的一个商机。因此，在得到聚类结果后，还必须结合行业特点和实际业务发展情况，对结果进行综合分析和有前瞻性的解读。

聚类与分类的区别

聚类与分类的不同在于，聚类所要求划分的类是未知的。聚类是属于一种典型的无监督学习过程，而分类则是属于监督学习过程。

无监督学习过程是指不依赖预先定义的类或带类标记的训练实例，需要由聚类学习算法自动确定标记。所以在聚类的过程中，人们不必事先给出一个分类的标准，聚类分析能够从样本数据出发，自动进行分类。

监督学习过程则是事先给出分类标准，并且类别数已知。即分类是分析已有的数据，寻找其共同的属性，并根据分类模型将这些数据划分成不同的类别，赋予这些数据类标号。

这些类别是事先定义好的,并且类别数是已知的。

无监督学习不依赖预先定义的类或带类标记的训练实例,需要由聚类学习算法自动确定标记,而分类学习的实例或数据对象有类别标记。聚类是观察式学习,而不是示例式的学习。

从实际应用的角度看,聚类分析是数据挖掘的主要任务之一。而且聚类能够作为一个独立的工具获得数据的分布状况,观察每一簇数据的特征,集中对特定的聚簇集合做进一步的分析。聚类分析还可以作为其他算法(如分类和定性归纳算法)的预处理步骤。

2.聚类分析的应用

聚类分析如果在市场分析中得到恰当的应用,必将改善市场营销的效果,为企业决策提供有益的参考。其应用的步骤为:将市场分析中的问题转化为聚类分析可以解决的问题,利用相关软件求得结果,由专家解读结果,并转换为实际操作措施,从而提高企业利润,降低企业成本。(见图8-27)

图8-27 聚类分析应用领域

(1)在客户细分中的应用。消费同一种类的商品或服务时,不同的客户有不同的消费特点,通过研究这些特点,企业可以制定出不同的营销组合,从而获取最大的消费者剩余。这就是客户细分的主要目的。常用的客户分类方法主要有三类:①经验描述法,由决策者根据经验对客户进行类别划分;②传统统计法,根据客户属性特征的简单统计来划分客户类别;③非传统统计方法,即基于人工智能技术的非数值方法。聚类分析法兼有后两类方法的特点,能够有效完成客户细分的过程。例如,客户的购买动机一般由需要、认知、学习等内因和文化、社会、家庭、小群体、参考群体等外因共同决定。要按购买动机的不同来划分客户时,可以把前述因素作为分析变量,并将所有目标客户每一个分析变量的指标值量化出来,再运用聚类分析进行分类。

(2)在实验市场选择中的应用。市场测试就是通过小规模的实验性改变,观察客户对产品或服务的反应,从而分析该改变是否值得在大范围内推广。通过聚类分析,可将待选的实验市场(商场、居民区、城市等)分成同质的几类小组,在同一组内选择实施区域组和非实施区域组,这样便保证了这两个组之间具有了一定的可比性。聚类时,商店的规模、类型、设备状况、所处的地段、管理水平等就是聚类的分析变量。

(3)在销售片区确定中的应用。某公司在全国有20个子市场,每个市场在人口数量、人均可支配收入、地区零售总额、该公司某种商品的销售量等变量上有不同的指标值。以上变量都是决定市场需求量的主要因素。把这些变量作为聚类变量,结合决策者的主观愿望和相关统计软件提供的客观标准,就可以针对不同的片区制定合理的战略和策略,并任命合适的片区经理。

(4)在市场机会研究中的应用。企业制定市场营销战略时,弄清在同一市场中哪些企业是直接竞争者、哪些是间接竞争者是非常关键的一个环节。要解决这个问题,企业可以首先通过市场调研获取自己和所有主要竞争者在品牌方面的第一提及知名度、提示前知名度和提示后知名度的指标值,将它们作为聚类分析的变量,这样便可以将企业和竞争对手的产品或品牌归类。根据归类的结论,企业可以获得如下信息:企业的产品或品牌和哪些竞争对手形成了直接的竞争关系。通常,聚类以后属于同一类别的产品和品牌就是所分析企业的直接竞争对手,在制定战略时,可以更多地运用"红海战略";在聚类以后,结合每一产品或品牌的多种不同属性的研究,可以发现哪些属性组合目前还没有融入产品或品牌中,从而寻找企业在市场中的机会,为企业制定合理的"蓝海战略"提供基础性的资料。

3.聚类分析的操作

现以某公司员工相关信息及绩效评估得分为例,该得分由三个指标组成,分别是沟通能力、业务能力和领导能力(见图 8-28)。企业要求通过 PASW 软件对这三个指标进行聚类分析,将员工进行分类,从而对他们的发展方向进行合理的规划。

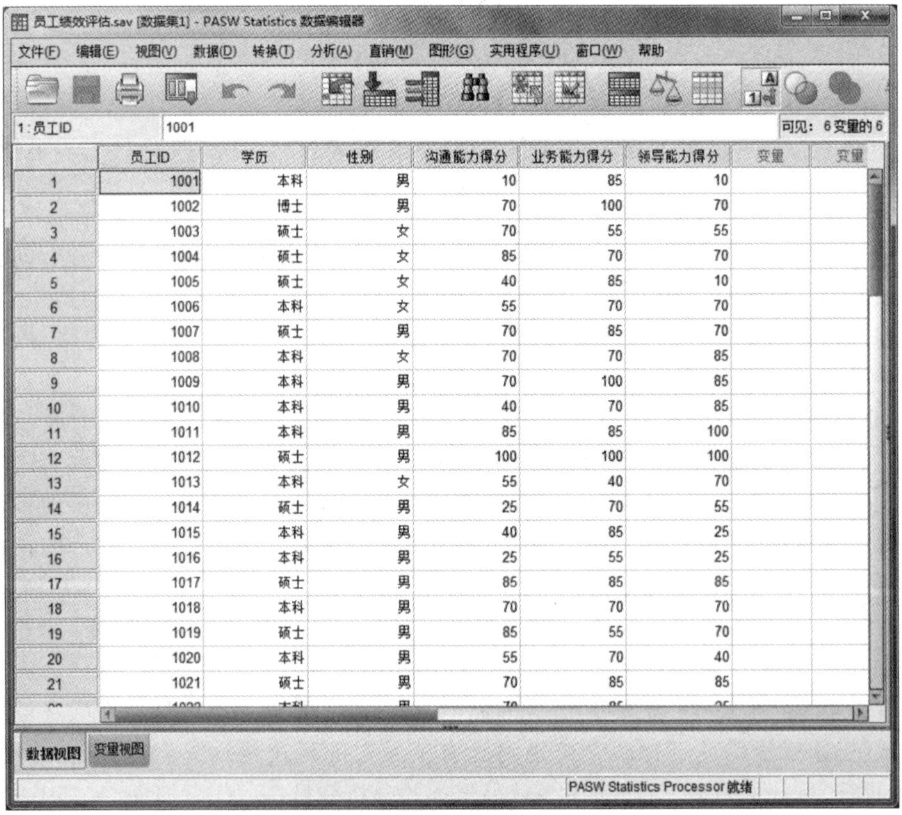

	员工ID	学历	性别	沟通能力得分	业务能力得分	领导能力得分	变量	变量
1	1001	本科	男	10	85	10		
2	1002	博士	男	70	100	70		
3	1003	硕士	女	70	55	55		
4	1004	硕士	女	85	70	70		
5	1005	硕士	女	40	85	10		
6	1006	本科	女	55	70	70		
7	1007	硕士	男	70	85	70		
8	1008	本科	女	70	70	85		
9	1009	本科	男	70	100	85		
10	1010	本科	男	40	70	85		
11	1011	本科	男	85	85	100		
12	1012	硕士	男	100	100	100		
13	1013	本科	女	55	40	70		
14	1014	硕士	男	25	70	55		
15	1015	本科	男	40	85	25		
16	1016	本科	男	25	55	25		
17	1017	硕士	男	85	85	85		
18	1018	本科	男	70	70	70		
19	1019	硕士	男	85	55	70		
20	1020	本科	男	55	70	40		
21	1021	硕士	男	70	85	85		

图 8-28 聚类分析数据示例

在快速聚类中,使用绩效评估得分的三个变量进行分析。由于绩效评估得分的单位及量级相当,所以采用原始数值进行聚类分析,不用进行数据标准化处理。如果变量间存在单位或量级的差异,就要先对数据进行标准化处理。

第一步:在 PASW 中打开"员工绩效评估.sav"数据文件,单击"分析"菜单,选择"分类",单击"K 均值聚类分析",弹出"K 均值聚类分析"对话框,如图 8-29 所示。

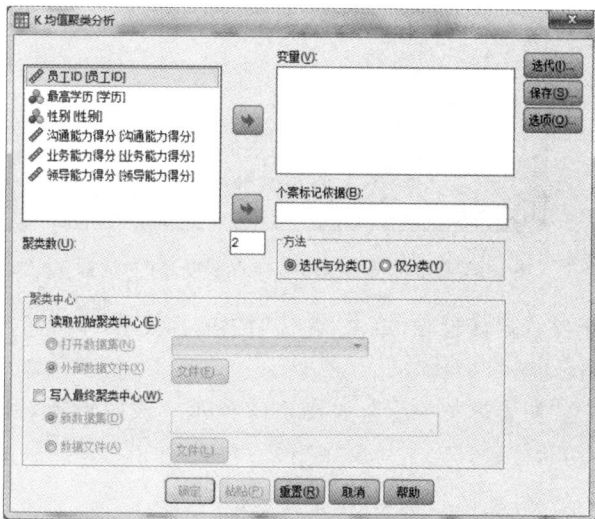

图 8-29 "K 均值聚类分析"对话框

第二步:将"沟通能力得分"、"业务能力得分"和"领导能力得分"这三个变量移至"变量"框中,将"员工 ID"移至"个案标注依据"框中,在"聚类数"中输入"3",如图 8-30 所示。聚类数是指期望的分类数,涉及数据分析人员对结果产出的一个预期。一般根据行业特点或者对研究事物的判断,会有一个预期的分类数,待结果产出后可以再做分析与修正。本案例中,根据预期将员工分成 3 组,因此输入"3"。

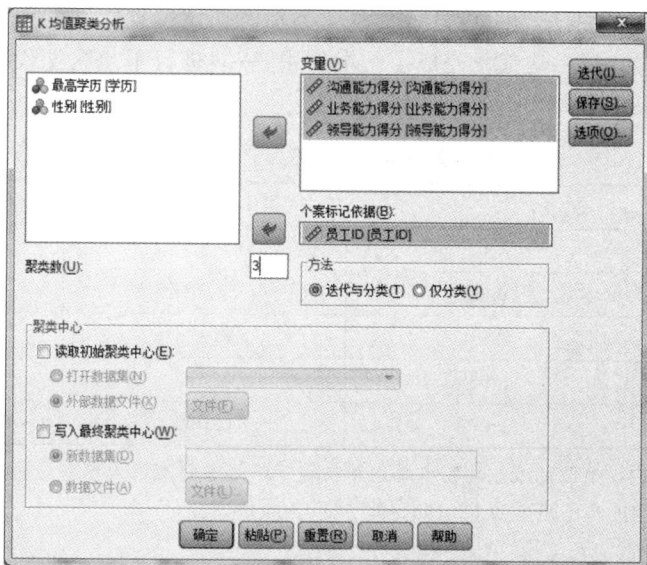

图 8-30 "K 均值聚类分析"对话框

第三步：单击右上角"保存"按钮，弹出"K-Means 群集：保存新变量"对话框，勾选"聚类成员"复选框，用以保存聚类的分组，如图 8-31 所示。单击"继续"按钮，返回"K 均值聚类分析"对话框。

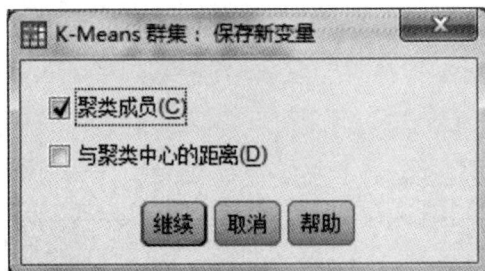

图 8-31 "K-Means 群集：保存新变量"对话框

第四步：其他选项保持默认设置，单击"确定"按钮，PASW 开始运行快速聚类分析。快速聚类分析结果如下：

第一个输出结果是"初始聚类中心"，如表 8-13 所示。该初始聚类中心是随机选择 3 个数据作为快速聚类的初始位置。

表 8-13 初始聚类中心

	聚类		
	1	2	3
沟通能力得分	10	100	25
业务能力得分	85	100	55
领导能力得分	10	100	85

第二个输出结果是"迭代历史记录"，如表 8-14 所示。该结果显示了本次快速聚类分析一共迭代的次数。迭代的过程可以理解为每个类别与初始位置之间的距离改变情况，当这个距离变动非常小的时候，迭代就完成了。本例中，一共进行了 4 次迭代，初始位置之间的最小距离为 82.158。

表 8-14 迭代历史记录[a]

迭代	聚类中心内的更改		
	1	2	3
1	39.074	34.015	31.347
2	4.910	2.276	0.842
3	4.939	1.577	2.469
4	0.000	0.000	0.000

a. 由于聚类中心内没有改动或改动较小而达到收敛。任何中心的最大绝对坐标更改为 0.000。当前迭代为 4。初始中心间的最小距离为 82.158。

第三个输出结果是"最终聚类中心"，如表 8-15 所示。该最终聚类中心和初始聚类中心相比,在数值上发生了变化,说明通过迭代的计算过程,每个类别的位置都发生了偏移。

表 8-15　最终聚类中心

	聚类		
	1	2	3
沟通能力得分	30	74	48
业务能力得分	54	87	55
领导能力得分	23	76	61

第四个输出结果是"每个聚类中的案例数",如表 8-16 所示。该结果显示了每个类别中所包含的数据量。本例中,类别 1 中包含了 12 名员工,类别 2 中包含了 28 名员工,类别 3 中包含了 19 名员工。

表 8-16　每个聚类中的案例数

聚类	1	12.000
	2	28.000
	3	19.000
有效		59.000
缺失		0.000

在快速聚类完成后,数据文件中也新生成了一个名为"QCL_1"的变量,如图 8-32 所示,

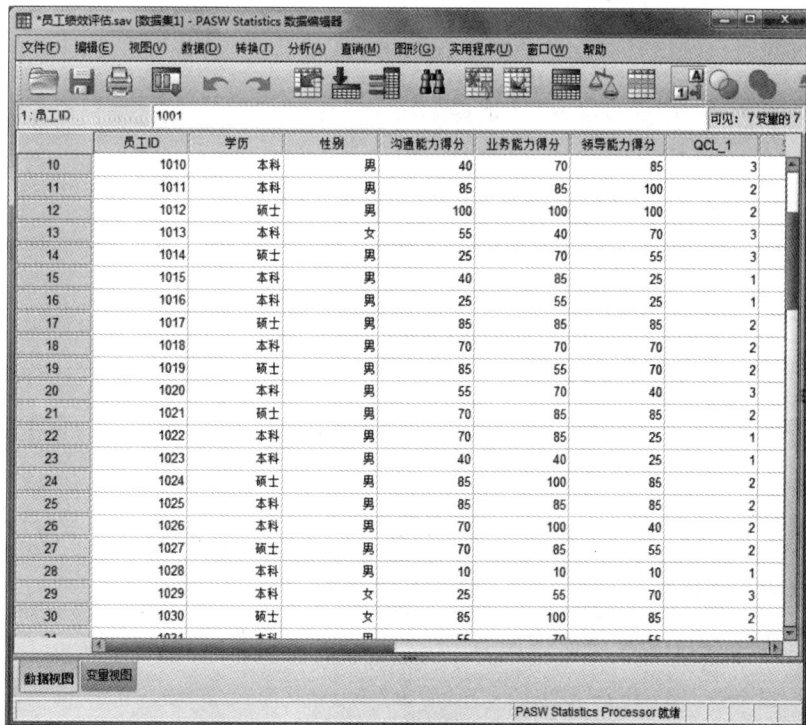

图 8-32　生成分类变量的数据文件

其中变量值表示每个个案所属的类别。接下来,还要将这个分类结果和参与聚类分析的变量制作交叉表,计算各个类别员工在沟通、业务、领导三方面能力的平均值,以便了解每一类别员工的特征。

第五步:单击"分析"菜单,选择"表",从弹出的菜单中选择"设定表格",在弹出的"设定表格"对话框中,将"QCL_1"拖动到右侧的"列"区域上,将"沟通能力得分"、"业务能力得分"和"领导能力得分"这三个变量拖动到右侧的"行"区域上,"摘要统计"中的汇总方式采用默认的平均值,如图 8-33 所示。单击"确定"按钮,即可生成交叉表,如表 8-17 所示。

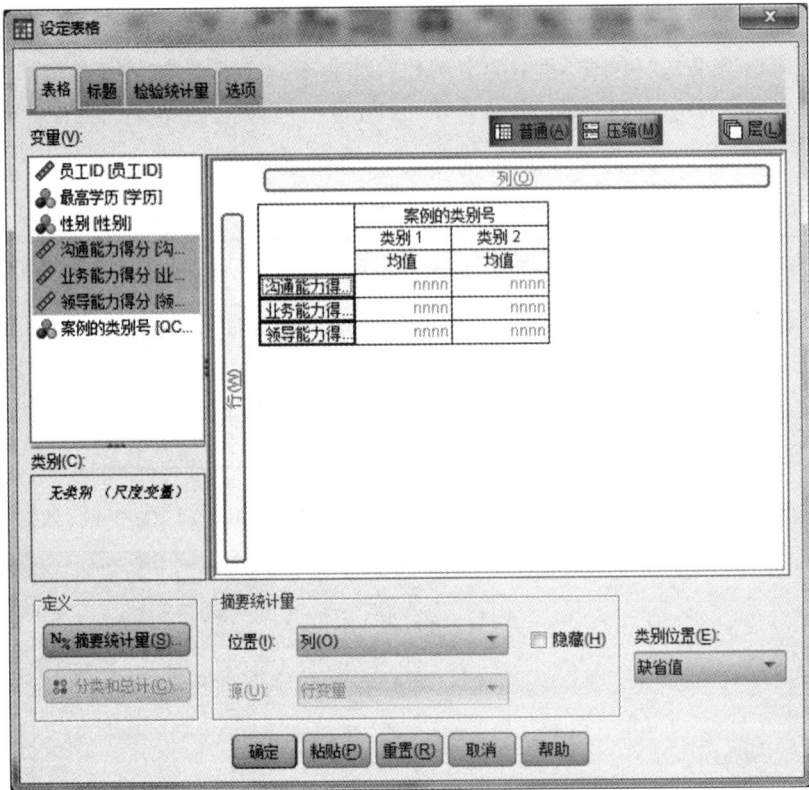

图 8-33 "设定表格"对话框

表 8-17 快速聚类结果交叉表

	案例的类别号		
	1	2	3
	均值	均值	均值
沟通能力得分	30	74	48
业务能力得分	54	87	55
领导能力得分	23	76	61

从表 8-17 可知：类别 1 的员工各绩效评估指标的平均得分都较低，可以认为是"工作表现较弱"的组别；类别 2 的员工各绩效评估指标的平均得分是最高的，可以认为是"工作表现较强"的组别；类别 3 的员工各绩效评估指标的平均得分处于中间水平，则认为是"工作表现中等"的组别。因此，公司就可以根据这三个类别的情况，有针对性地制定员工未来的工作发展方向和相应的激励政策。

8.3　选择市场预测方法

市场预测是指对影响市场供求变化的各种因素进行调查研究，分析和预测其发展趋势，掌握市场变化的规律，为企业经营决策提供可靠的依据。市场预测从确定预测目标、收集整理资料、选择预测方法到对预测对象未来的发展变化和前景进行分析判断，构成了一个完整的预测过程。市场预测的方法大体上可分为定性预测法、定量预测法和组合预测法三大类。

定性预测法是以市场调研为基础，采用少量的数据和直观材料，结合企业经营者、专家等预测人员的经验加以综合分析，并做出判断和预测。具体方法包括购买者意向调查法、消费水平预测法、德尔菲法、市场试销法等。定性预测法通常在无法获得供预测用的数据时使用。

定量预测法是依据市场调研所得的比较完备的统计资料，运用统计方法，建立数学模型，用以预测经济现象未来数量表现。定量预测法大致可分为定量调查、因果关系和时间序列三种。其中定量调查预测包括问卷调查、观察调查等方法，主要涉及店员、消费者、销售门店等调研；因果关系预测主要包括回归分析、零售引力模型、马尔柯夫市场占有率预测等方法；时间序列预测是指使用销售量等变量的预测，主要包括简单平均法、移动平均法、季节方差分析法等。

8.3.1　购买者意向调查法

购买者意向调查法，也称买主意向调查法，是指企业通过一定的调研方式选择一部分或全部的潜在购买者，直接向他们了解未来某一时期购买商品的意向，并在此基础上对商品需求或销售做出预测的方法。

微课视频：
购买者意向调查法

1. 适用范围

购买者意向调查法在满足以下三个条件的情况下使用比较有效：购买者的购买意向明确清晰、购买意向会转化为顾客购买行为、购买者愿意将其意向告诉调研人员。它常用于中高档耐用消费品的销售预测，准确率较高，但不太适合长期预测，因为由于时间长、市场变化大等因素，消费者可能不一定都按长期购买商品计划进行。

2. 操作步骤

购买者意向调查法的具体操作步骤如下：

第一步：将消费者的购买意向分为不同等级，并用相应的概率来描述其购买可能性的大小，如表 8-18 所示。

表8-18　消费者购买意向类型

购买意向类型	肯定购买	可能购买	未定	可能不买	肯定不买
概率描述(P)	100%	80%	50%	20%	0

第二步:向被调查者说明所要调研的商品的性能、特点、价格,以及市场上同类商品的性能、价格等情况,以便使其能准确地做出选择判断,并请被调查者明确其购买意向,即属于上表购买意向类型中的哪一类。

第三步:对购买意向调查资料进行综合,列出汇总表,如表8-19所示。

表8-19　消费者购买意向汇总表

购买意向	肯定购买	可能购买	未定	可能不买	肯定不买
概率描述(P)	100%	80%	50%	20%	0
人数(户数)X_i	X_1	X_2	X_3	X_4	X_5

第四步:先计算购买比例的期望值,再计算购买量的预测值。其中购买比例的期望值公式如下:

$$E = \frac{\sum P_i X_i}{\sum X_i}$$

公式中 P_i 表示不同购买意向的概率值,X_i 表示不同购买意向的人数(户数)。

购买量预测公式如下:

$$Y = E \cdot N$$

E 表示购买比例的期望值,N 表示预测范围内总人数(总户数)。

[例]　某农业企业要预测某市下半年香榧的销售量,对该市居民进行香榧购买意向调查。该市居民为12万户,样本为300户,购买数量为1千克。调查资料显示,肯定购买4户,可能购买10户,未定20户,可能不买110户,肯定不买156户。根据上述资料预测下半年香榧的销售量。

解:①计算购买比例期望值:

$$E = \frac{\sum P_i X_i}{\sum X_i} = \frac{4 \times 100\% + 10 \times 80\% + 20 \times 50\% + 110 \times 20\% + 156 \times 0}{300}$$

$$= \frac{4 + 8 + 10 + 22}{300} \approx 14.7\%$$

②计算下半年香榧销售量预测值:

$$Y = E \cdot N = 14.7\% \times 12 = 1.764(万千克)$$

该市下半年香榧销售量预测值为1.764万千克。

8.3.2　消费水平预测法

消费水平预测法是指利用对消费水平和消费总人数(或户数)的直观分析判断,辅以简单的数学推算来预测各类消费品的需求量的方法。根据消费品的消费特点不同,可分为非耐用消费品、一般耐用消费品和高档耐用消费品。因此,消费水平预测法可以分为三种对应形式的预测方法。

微课视频:
消费水平预测法

1. 非耐用消费品需求量预测

非耐用消费品主要是指消费者消耗较快、需要不断重复购买的商品,典型的非耐用消费品包括食品饮料、日用品类等。

非耐用消费品需求量预测就是把一定时期内消费的人口数(户数)与消费水平相乘,求得预测值。其计算公式如下:

$$S=j \cdot g$$

式中,S 表示预测期内需求量;j 表示人口数(户数);g 表示每人(户)单位时间内的消费量,即消费水平。

[例] 某市 2021 年白糖消费量为 140 万千克,全市年初人口为 60 万,年末人口为 62 万。据有关部门预测,2022 年白糖消费水平比 2021 年增加 5%,2022 年末人口也比 2021 年末增加 2%。根据上述资料预测该市 2022 年白糖需求量。

解:$S=j \cdot g$

$S_{2021}=j_{2021} \cdot g_{2021}=(60+62)/2 \cdot g_{2021}$

$g_{2021}=S_{2021}/j_{2021}=140/61 \approx 2.3$(千克)

$S_{2022}=j_{2022} \cdot g_{2022}=[62+62(1+2\%)]/2 \times 2.3(1+5\%) \approx 151$(万千克)。

答:预测该市 2022 年白糖需求量为 151 万千克。

2. 一般耐用消费品需求量预测

一般耐用消费品是使用时间较长,居民生活中不可缺少的、低价值、消费量大的商品,如脸盆、手提包、手机等。对这类商品的需求主要是来源于对原有消费品的更新,即更新量。因此,这类消费品的需求不仅与原拥有量有关,还与商品的年更新率,即年更新系数有关,年更新系数大,相对需求量大,反之相对需求量就小。其计算公式如下:

$$S=j \cdot g \cdot i$$

式中,S 表示预测期内需求量;j 表示人口数(户数);g 表示每人(户)单位时间内的消费量,即消费水平;i 表示年更新系数。

年更新系数

年更新系数是指现有保有量中每年废弃部分需要更新补充的比例系数,通常以百分率表示。耐用消费品被废弃有两种情况:

一是失效更新:商品完全失去使用价值,不能修理使用,只能废弃。年更新系数可根据耐用消费品的平均使用年限估计,如手机,使用年限为 4 年,年更新系数为 1/4,即 25%。

二是淘汰更新:商品本身具有一定的使用价值,但因花色、款式等陈旧而遭淘汰不再使用。这一更新系数可以通过抽样调查获得,如 2010 年更换手机频率调查,美国用户平均每 21.7 个月更换一部手机,印度则平均 93 个月才会更换一部手机。

若两种更新情况同时存在,可以一并通过抽样调查获得总的年更新系数;若两者的年更新系数都已分别得到,总的更新系数可直接把两者相加得到。

3.高档耐用消费品需求量预测

高档耐用消费品是价格较高、使用年限较长并且较能适应时代的需要的商品,如高级家具、汽车、房产等。由于这类商品价格高,因而一般情况下未达到饱和状态,故这类商品的需求量中包含两部分:一部分是更新量,这与一般耐用消费品是相类似的;另一部分是新增量,即某些家庭原来没有的,后需要新购部分,这部分与预测耐用消费品的新增普及速度有关。对高档耐用消费品需求量的预测比较复杂,它涉及饱和普及率、社会拥有量、年更新系数等多方面因素。其计算公式如下:

公式 ① $S=j\cdot(a_2-a_1)+j\cdot a_1\cdot i$

公式 ② $S=j\cdot(a_n-a_1)i_n+j\cdot a_1\cdot i$

式中,S 表示预测期内需求量;j 表示人口数(户数);g 表示每人(户)单位时间内的消费量,即消费水平;a_1 表示期初普及率;a_2 表示期末普及率;a_n 表示达到饱和的普及率;i_n 表示年购买系数;i 表示更新系数。

[例] 某地区有 56 万户家庭,现有汽车的普及率为 40%,据有关专家预测 5 年可达到饱和状态,饱和普及率为 80%。若汽车的使用寿命为 10 年,每年因款式、功能等原因更新为 5%,预测下一年度该地区汽车的需求量。

解:根据题意可得:$j=56$ 万户;预测期期初普及率 $a_1=40\%$;达到饱和时的普及率 $a_n=80\%$;年购买系数 $i_n=1/5$;年更新系数 $i=(1/10+5\%)=15\%$;

所以,下一年度该地区汽车的需求量为:

$$S=j\cdot(a_n-a_1)\cdot i_n+j\cdot a_1\cdot i$$
$$=56\times(80\%-40\%)\times(1/5)+56\times40\%\times15\%$$
$$=7.84(万台)$$

答:预测下一年度该地区汽车的需求量为 7.84 万台。

8.3.3 德尔菲法

微课视频:
德尔菲法

思考题 如何实施德尔菲法？德尔菲法有何优缺点？

德尔菲法是采用匿名的方式征询专家小组成员的预测意见,经过几轮征询,使专家小组的预测意见趋于集中,最后做出符合市场未来发展趋势的预测结论。它主要用于技术发展、重大工程项目、重要经济问题、长远规划、产业结构调整等问题的预测研究。

1.实施过程

德尔菲法预测的实施程序具体如下:

第一步:确定预测课题和预测内容,并成立预测负责小组;

第二步:设计函询调查表,准备有关材料;

第三步:选择与预测领域有关的专家,专家人数一般以 10～50 人为宜;

第四步:用函询调查表进行反馈调查,反复三至四轮后,专家们的预测意见趋于一致,即可停止反馈调查;

第五步:对预测结果进行统计处理,其处理方法按预测事件不同主要有:

[例] 某市计算机公司采用德尔菲法,选定31位专家对该市哪一年城镇居民家庭电脑普及率达到75%进行预测。经三轮反复后,专家提出的时间答案汇总如表8-20所示。

表8-20　城镇居民家用电脑普及率和需求量预测总表

普及率达到75%的年份	专家人数	2010年电脑需求量(万台)	专家人数
2008	3	3.0～3.5	3
2009	5	3.5～4.0	6
2010	11	4.0～4.5	12
2011	8	4.5～5.0	7
2012	4	5.0～5.5	3
合　计	31	合　计	31

(1)预测事件实现的时间。采用中位数来代表预测意见的集中度,用上、下四分位数之差表示预测意见的离散度。

中位数和上、下四分位数的计算公式为:

中位数:$M_e=\frac{(n+1)}{2}$　对应的年份

下四分位数:　$Q_1=\frac{(n+1)}{4}$　对应的年份

上四分位数:　$Q_2=\frac{(n+1)}{4}$　对应的年份

本例中的中位数为2010年,下四分位数为2009年,上四分位数为2011年,上、下四分位数之差为2年,说明专家的预测意见集中度大、离散度小。

(2)预测商品的需求量、销售量或生产量。可用算术平均法或主观概率法进行统计归纳,求出平均预测值来反映专家预测结果的集中度,用标准差和标准差系数来反映专家意见的离散度。

本例中专家对某市2010年电脑需求量的平均预测值为4.27万台,标准差为0.55万台,标准差系数为0.1288或12.88%,表明专家预测意见离散度较大。

(3)预测产品品种、花色、规格、质量、包装以及新产品开发。可采用比重法,即专家对某个意见赞成的人数占总人数的比率进行统计归纳;或者用评分法,如对不同品牌的商品质量给予评分,然后进行统计归纳。

2.德尔菲法的特点

德尔菲法是一种利用函询形式进行的集体匿名思想交流过程。它有三个明显区别于其他专家预测方法的特点,即匿名性、反馈性、统计性。

(1)匿名性。所有专家组成员不直接见面,只是通过函件交流,可以消除权威的影响。

(2)反馈性。在每次反馈中使调查组和专家组都可以进行深入研究,需要经过3～4轮的信息反馈,使得最终结果基本能够反映专家的基本想法和对信息的认识,所以结果较为客观、可信。小组成员的交流是通过回答组织者的问题来实现的。

（3）统计性。最典型的小组预测结果是反映多数人的观点，少数派的观点至多概括地提及一下，但是这并没有表示出小组的不同意见的状况。而德尔菲法使每种观点都包括在统计中，避免了专家会议法只反映多数人观点的缺点。

德尔菲法的主要缺点是：缺少思想沟通交流，可能存在一定的主观片面性；易忽视少数人的意见，可能导致预测的结果偏离实际；存在受组织者主观影响的情况。

8.3.4　马尔柯夫预测法

微课视频：
马尔柯夫预测法

思考题　产品市场占有率是如何预测的？

在市场中，产品市场占有率是指企业实际销售产品数量在同行业实际销售量中所占的百分比，是评价产品市场竞争能力的综合指标。市场占有率是产品竞争力的晴雨表，其发展趋势的变化反映企业的竞争态势和运营前景。马尔柯夫预测法是一种利用状态之间转移概率矩阵预测事件发生的状态及其发展变化趋势的方法，主要用于市场占有率的预测和销售期望利润的预测。

1.马尔柯夫链

（1）状态转移。状态转移是指事件的发展从一种状态转变为另一种状态。其中状态是指某一事件在某个时刻或时期出现的某种结果。

（2）马尔柯夫过程。某事件第 n 次实验的结果取决于第 $n-1$ 次实验的结果，且第 $n-1$ 次结果在向第 n 次结果的转移过程中存在一次转移概率，同时通过这一转移概率，第 n 次实验结果可依据第 $n-1$ 次结果推算得出，这样的状态转移过程，就是马尔柯夫过程。简单来说，在事件的发展过程中，每次状态的转移都仅与前一时刻的状态有关，而与过去的状态无关，或者说状态转移过程是无后效性的。

（3）马尔柯夫链。时间和状态都是离散的马尔柯夫过程称为马尔柯夫链，简记为 X_n，它是随机变量的一个数列。这些变量的范围，即它们所有可能取值的集合，被称为"状态空间"，而 X_n 的值则是在时间 n 的状态。

当事物的现在状态为已知时，就可以预测将来的状态而不需要知道事物过去的状态。例如本月企业产品是畅销的，下个月产品是继续畅销还是滞销，企业无法确定，由于事物状态转移是随机的，因此，必须用转移概率来描述事物状态转移的可能性大小。

2.转移概率矩阵

在事件发展变化的过程中，从某一种状态出发，下一时刻转移到其他状态的可能性，称为状态转移概率。只用统计特性描述随机过程的状态转移概率。矩阵各元素都是非负的，并且各行元素之和等于1，各元素用概率表示，在一定条件下是互相转移的。如用于市场决策时，矩阵中的元素是市场或顾客的保留、获得或失去的概率。应用马尔柯夫预测法的基本要求是状态转移概率矩阵必须具有一定的稳定性。

3.市场占有率预测

应用马尔柯夫预测法预测某品牌产品市场占有率的基本步骤如下：

第一步：计算某产品现有市场占有率向量 $A=(a\%,b\%)$

第二步:计算消费者转移概率矩阵

$$B = \begin{bmatrix} X_{11} & X_{12} \\ X_{21} & X_{22} \end{bmatrix}$$

第三步:计算下个月某品牌产品的市场占有率

$$AB = (a\%, b\%) \begin{bmatrix} X_{11} & X_{12} \\ X_{21} & X_{22} \end{bmatrix}$$

第四步:计算稳定后的市场占有率。设稳定后的市场占有率为 $X = (X_1, X_2)$,则:

$$XB = X = (X_1, X_2) \begin{bmatrix} X_{11} & X_{12} \\ X_{21} & X_{22} \end{bmatrix}$$

[例] 某农业企业生产的 X 牌的大米在市场上的占有率为 30%,该企业通过市场调研发现,目前该企业的顾客中有 15% 下个月转向购买其他牌子的产品,但原先购买其他牌子的消费者下个月有 10% 转向购买该企业的品牌产品。

请计算:(1)该企业下个月的市场占有率;(2)市场占有率变化趋于稳定后该企业的 X 牌产品的长期占有率。

解:(1)目前该企业 X 品牌产品的市场占有率向量:$A = (30\%, 70\%)$

消费者变动情况的转移概率矩阵:

$$B = \begin{bmatrix} 85\% & 15\% \\ 10\% & 90\% \end{bmatrix}$$

下个月该企业 X 品牌产品的市场占有率:

$$AB = (30\%, 70\%) \begin{bmatrix} 85\% & 15\% \\ 10\% & 90\% \end{bmatrix} = (32.5\%, 67.5\%)$$

(2)计算稳定后的市场占有率:

$$XB = X = (X_1, X_2) \begin{bmatrix} 85\% & 15\% \\ 10\% & 90\% \end{bmatrix} = (X_1, X_2)$$

即 $(0.85X_1 + 0.1X_2, 0.15X_1 + 0.9X_2) = (X_1, X_2)$,

又因为:$X_1 + X_2 = 1$

解得:$X_1 = 40\%, X_2 = 60\%$

答:该企业下个月的市场占有率为 32.5%,市场占有率变化趋于稳定后该企业的 X 牌产品的长期占有率为 40%。

8.3.5 时间序列预测法

时间序列预测法可用于短期、中期和长期预测。根据对资料分析方法的不同,又可分为简单平均法、加权平均法、移动平均法、趋势预测法、市场寿命周期预测法等。直线趋势预测法,又称线性趋势预测法,是对观察期的时间序列资料表现为接近于一条直线,表现为近似直线的上升和下降时采用的一种预测方法。关键是求得趋势直线,以利用趋势直线的延伸求得预测值。

1.简单平均法

简单平均法是直线趋势预测中最简单的一种预测方法，也是最简单的定量预测方法。它是以一定观察期的数据求得平均数，并以所求平均数为基础，预测未来时期的预测值。简单平均法又分为算术平均法和加权平均法两种。

（1）算术平均法。

算术平均法是将一定观察期内预测目标值的算术平均数作为下一期值的一种简便的预测方法。其计算公式为：

$$\overline{x} = \frac{x_1 + x_2 + x_3 + \cdots + x_n}{n} = \frac{\sum\limits_{i=1}^{n} x_i}{n}$$

式中，$\overline{x}$ 为观察期内预测目标的算术平均值，即下期的预测值；x_i 为预测目标在观察期内的实际值；n 为统计数据的个数。

[例] 某零售门店 2021 年 1 月份到 12 月份的商品销售额分别为 60 万元、50.4 万元、55 万元、49.6 万元、75 万元、76.9 万元、72 万元、68 万元、54.5 万元、44 万元、43.8 万元、47 万元。利用算术平均法，预测 2022 年 1 月份的销售额（分别按全年、下半年、第四季度三种情况预测）。

① 根据全年的销售额进行预测，为

$$\overline{x} = \frac{\sum x_i}{n}$$

$$= \frac{60 + 50.4 + 55 + 49.6 + 75 + 76.9 + 72 + 68 + 54.5 + 44 + 43.8 + 47}{12}$$

$$\approx 58(万元)$$

② 根据下半年的销售额进行预测，为

$$\overline{x} = \frac{\sum x_i}{n} = \frac{72 + 68 + 54.5 + 44 + 43.8 + 47}{6} \approx 54.9(万元)$$

③ 根据第四季度的销售额进行预测，为

$$\overline{x} = \frac{\sum x_i}{n} = \frac{44 + 43.8 + 47}{3} \approx 44.9(万元)$$

由此可以看出，由于观察期长短不同，得到的预测值也随之不同，观察期的长短对预测的结果影响较大。一般当数据的变化倾向较小时，观察期可以短些；当时间序列的变化倾向较大时，观察期应长些。

这种方法简单易行，适合比较稳定形态的商品需求、生产预测，即没有明显的增减倾向，又具有随机波动影响的市场现象的预测，常在市场的近期、短期预测中使用；但这种方法不能充分反映出趋势的季节变化。

（2）加权平均法。

算术平均法只反映一般的平均状态，因而不能体现重点数据的作用。在进行市场需求预测时，有些数据的影响程度不一样，所以不宜采用简单的算术平均法。加权平均法是为观察期内的每一个数据确定一个权数，并在此基础上，计算其加权平均数作为下一期的预测值。其计算公式为：

$$\bar{x} = \frac{\sum W_i x_i}{\sum W_i}$$

式中，$\bar{x}$ 为预测目标在观察期内的加权算数平均数，即下期的预测值；x_i 为预测目标在观察期内的实际值；W_i 为统计数据的个数。

使用加权平均法预测的关键就是确定权数。一般离预测值越近的数据对预测值影响越大，应确定较大的权数；离预测值较远的数据应确定较小的权数。

[例]　根据上例所给数据，采取加权平均法，利用 2021 年下半年数据预测 2022 年 1 月份的销售额。

$$\bar{x} = \frac{\sum W_i x_i}{\sum W_i} = \frac{1 \times 72 + 2 \times 68 + 3 \times 54.5 + 4 \times 44 + 5 \times 43.8 + 6 \times 47}{1 + 2 + 3 + 4 + 5 + 6} \approx 49.9 (万元)$$

2.移动平均法

移动平均法是将观察期内的数据由远及近按一定跨越期进行平均的一种预测方法。随着观察期的逐期推移，观察期内的数据也随着向前移动；每向前移动一期，就去掉去年最前面的一期数据，而新增原来观察期之后的数据，保证跨越期不变；然后再求出其算术平均数，将预测期最近的那一个平均数作为预测值。

移动平均法对于原观察期的时间序列数据进行移动平均，所求得的各移动平均值，不仅构成新的时间序列，而且新的时间序列与原时间序列数据相比较，具有明显的修匀效果。这主要是因为数据既保留了原时间序列的趋势变动，又削弱了原时间序列的季节变动、周期变动和不规则变动的影响。

（1）简单移动平均法。

简单移动平均法是指时间序列按一定的跨越期，移动计算数据的算术平均数，形成一组新的数据，以观察序列的平均值作为下一期的预测值。其计算公式为：

$$M_t = \frac{X_{t-1} + X_{t-2} + \cdots + X_{t-n}}{n}$$

式中，M_t 为第 $t-1$ 期到第 $t-n$ 期的平均数；$X_{t-1}, X_{t-2}, \cdots, X_{t-n}$ 为第 $t-1$ 期到第 $t-n$ 期的实际值；n 为跨越期。

当数据的随机因素较大时，宜选用较大的 n，这样有利于较大限度地使由随机性所带来的严重偏差变得平滑；反之，当数据的随机因素较小时，宜选用较小的 n，这有利于跟踪数据的变化，并且预测值滞后的期数也少。

[例]　某零售门店 1 月份到 12 月份的实际销售额如表 8-21 所示，分别对跨越期为 3 和 5 的情况进行预测。

将 $n=3$ 和 $n=5$ 代入移动平均法的公式中，计算结果如表 8-21 所示。

表 8-21　销售额和移动平均值表

月份 t	实际销售额 X_i/万元	3 个月的移动平均值 $M_t(n=3)$	5 个月的移动平均值 $M_t(n=5)$
1	350		

续表

月份 t	实际销售额 X_i/万元	3 个月的移动平均值 M_t($n=3$)	5 个月的移动平均值 M_t($n=5$)
2	400		
3	300		
4	450	350	
5	400	383.3	
6	460	383.3	380
7	500	436.7	402
8	600	453.3	422
9	550	520	482
10	520 ·	550	502
11	580	556.7	526
12	520	550	550

从表中数据可以看出，移动平均值的波动幅度要比实际的记录值小，因为采用移动平均法进行预测可以消除移动期内的数值波动，同时，这种方法也在一定程度上反映了发展的趋势。

简单移动平均法的结果主要取决于期数的选择，期数取值较小时，预测结果比较灵敏，能较好反映数据变动的趋势；期数较多时，则刚好相反。

（2）加权移动平均法。

加权移动平均法是将观察期内不同重要程度的数据乘以不同的权数，将这些乘积之和除以各权数之和，求得加权平均数，并以此来预测下一期的数据。加权移动平均法与简单移动平均法不同：前者根据对时间序列数据的具体分析，分别给予不同程度的重视，能较真实地反映时间序列长期发展趋势的规律；后者对预测的影响一视同仁，不能反映不同时期的数据对预测值在影响程度上的区别。

加权移动平均法的关键是合理确定各数据的权重，权重的确定是按照"近重远轻"的原则进行的，即越接近预测期的数据赋予较大的权重，而越远离预测期的数据则赋予较小的权重。通常情况下，若时间序列数据变动幅度不大，可采用等差级数的形式：$1,2,3,\cdots,n$，其公差为 1；若时间序列数据变动幅度较大，则可采用等比级数的形式：$1,2,4,\cdots,2^n$，其公比为 2；若时间序列数据波动不定，可视具体情况分别给予不同的权数，并使其权数之和等于 1。

加权移动平均法的公式为：

$$M_{t+1} = \frac{W_1 X_t + W_2 X_{t-1} + \cdots + W_n X_{t-n+1}}{W_1 + W_2 + \cdots + W_n}$$

式中，M_{t+1} 为时间为 t 的加权移动平均数，即 X_{t+1} 的预测值；X_t 为观察期内时间序列的各个数据，即预测目标在观察期内的实际值；$W_1,W_2,\cdots,W_n$ 为与观察期内时间序列各个数据相对应的权数。

[**例**] 利用表 8-21 的数据,令跨越期为 3,权数分别为 0.5、0.3、0.2,运用加权移动平均法预测来年 1 月份的销售额。

利用公式,计算结果如表 8-22 所示。

表 8-22 销售额和加权移动平均值表

月份 t	实际销售额 X_i/万元	加权移动平均值 M_t（$n=3$）	预测值
1	350		
2	400		
3	300		
4	450	$350\times0.5+400\times0.3+300\times0.2=355$	355
5	400	$400\times0.5+300\times0.3+450\times0.2=380$	380
6	460	$300\times0.5+450\times0.3+400\times0.2=365$	365
7	500	$450\times0.5+400\times0.3+460\times0.2=437$	437
8	600	$400\times0.5+460\times0.3+500\times0.2=438$	438
9	550	$460\times0.5+500\times0.3+600\times0.2=500$	500
10	520	$500\times0.5+600\times0.3+550\times0.2=540$	540
11	580	$600\times0.5+550\times0.3+520\times0.2=569$	569
12	520	$550\times0.5+520\times0.3+580\times0.2=547$	547
		$520\times0.5+580\times0.3+520\times0.2=538$	538

课程思政

中国广告真实性数据洞察

中国数字营销的二十年,是快速成长的二十年。我国是全球第二大互联网广告市场,同时也面临着虚假流量、不可见曝光及不安全的广告环境等全球共通的问题。在数字经济时代,随着流量转化变现的高速发展,基于流量的广告作弊也逐渐被地下投机者深挖成金钱和利益的黑洞,吞噬着企业的利润。虚高的数字堆砌出更大的泡沫,虚假的流量扰乱了正在蓬勃发展的数字产业,长久以往必定危及整个行业生态。

思政视频:
数据预测与分析——
基于《政府工作报告》
的解读

近年来频繁爆出的刷量营销事件,将营销黑产赤裸裸暴露在大家面前,这本质上是由无序的市场竞争导致的,严重影响了广告主对数字媒体的信心,给数字营销行业的发展带来负面影响。广告圈存疑流量事件频发。如 2019 年 2 月,央视新闻以"'惊人'数据的秘密"为题,详细揭露了娱乐圈里存在的假数据因素。从榜单的数据对比来看,不难发现八位流量明星的数据相当惊人,造假比例最高的居然达到了 80%。又如 2019 年 6 月,帮助某一线明星制造一亿微博转发量的幕后推手"星缘"APP 被

查封，该 APP 利用粉丝给"爱豆"刷流量的需求，疯狂牟利。

造成流量数据造假的原因主要是曝光率、点击率、购买率、留资率等 KPI 的不合理设定，单看前端基础指标的高低判断广告效果的固有思维模式，敏感的媒体开放度等。目前，国家对数据的管控已日渐完善，对广告欺诈、流量造假等方面出台法律法规。例如 2019 年 12 月，国家出台了《网络信息内容生态治理规定》，明确规定禁止人肉搜索、流量造假等。

在营销领域，逐渐消失的人口红利、趋于碎片化的消费触点，使常规广告投放在不同媒体上容易重复覆盖而造成流量浪费，"618""双十一""双十二"等销售旺季普遍缺量带来的流量造假层出不穷。随着数字时代到来，信息渠道越来越广，信息量和数据量变得非常庞大，逼迫着行业进行技术革新，朝大数据资产沉淀、人群资产 AIPL（Aware 认知、Interest 兴趣、Purchase 购买和 Loyalty 忠诚）链路化运营转化、精准化触达方向发展。

数字时代逐渐向时间碎片化、阅读移动化、品牌体验化的趋势发展，据调研，消费者的注意力已经从 10 年前的 12 秒下降到如今的 8 秒。利用技术赋予数字化营销精准性，在合适的时间、合适的地点找到合适的人，帮助品牌与消费者建立有效且高效的沟通并持续建立有意义的品牌体验已经成为当下最重要的事情，这样才能促进品牌数据资产经过沉淀、管理、深度挖掘和再提炼再触达，形成数据闭环，最大化数据的技术投入的商业价值。

（资料来源：电通安吉斯，经作者整理改编）

【反思与启示】

1. 从广告真实性数据分析，什么是增加消费者对企业品牌信任度的重要因素？
2. 为什么合法、透明是所有消费者及品牌商共同关注的焦点？

8.4　能力训练：数据分析预测

微课视频：
Web 数据分析

数据分析和预测是一个系统工程。数据分析是指用适当的分析方法及工具，对处理过的数据进行分析，提取有价值的信息，形成有效结论的过程。因此，数据分析工作直接影响到调研结论以及企业经营决策。数据分析的目的是把隐藏在一大批看似杂乱无章的数据背后的信息集中和提炼出来，总结出所研究对象的内在规律，帮助管理者进行有效的判断和决策。

8.4.1　训练内容

根据回收整理后的实际调研数据，结合研究目的，开展数据分析和预测工作。

8.4.2　训练步骤

1.确定分析思路

首先要学会如何确定分析思路，这是非常关键的一步。如果分析思路不明确或者错误，那么后续的数据分析工作也就无从开展。企业日常经营分析具体表现为现状分析、原因分析和预测分析三个方面。确定分析思路需要以营销、管理等理论作为数据分析方法论进行宏观指导。常用的数据分析方法论有 PEST 分析法、逻辑树分析法、4P 营销理论、用户行为理论、5W2H 分析法等,其中 PEST 分析法主要用于行业分析,逻辑树分析法可用于业务问题专题分析,4P 营销理论主要用于企业整体经营情况分析,用户行为理论用于用户行为研究分析,5W2H 分析法可用于用户行为分析、业务问题专题分析等。研究人员要根据实际情况灵活选择使用分析方法,才能指导数据分析工作有序开展。

2.选择分析方法

研究人员要根据分析思路以及数据类型选择合适的数据分析方法和工具。首先要了解数据分析有哪些基本方法,然后根据需要解决什么问题来选择采用什么样的分析方法。数据分析方法有描述性分析、趋势分析、个案分析及异常分析等具体方法,而数据挖掘技术有关联分析、聚类分析等,数据挖掘其实是一种高级的数据分析方法。市场预测方法又有定性预测和定量预测方法。描述性分析属于初级数据分析,常见的可供选择的分析方法有对比分析、平均分析、交叉分析等;探索性分析及验证性分析属于高级数据分析,常见的分析方法有相关分析、因子分析、回归分析等;数据分析预测常用的工具有 Excel、PASW 等。

3.实施分析预测

研究人员将具体数据导入数据分析工具并按照设定的分析方法和分析步骤实施数据分析预测。

8.4.3 训练要求

1.训练过程

通过小组协作、教师指导的方式完成训练任务。
(1)教师布置任务;
(2)学生小组团队确定本次项目任务的成员分工;
(3)准备需要分析的数据资料;
(4)讨论确定分析的具体思路并选择数据分析方法论;
(5)选择具体分析方法及分析工具;
(6)实施数据分析和预测。

2.训练课时

建议训练课时:课内 8 课时,课外 8 课时。

8.4.4 训练成果

数据分析输出结果(原始图表),分析报告 1 份。

本章测试

调研报告撰写

任务九目录

学习目标

知识目标

通过任务学习,你应该:

◆1.了解调研报告的作用

◆2.理解调研报告的特点

◆3.了解调研报告的类型和形式

◆4.理解调研报告的基本结构

◆5.了解图表的作用和形式

◆6.理解图表的基本类型

◆7.理解图表的构成要素

◆8.理解调研结果展示沟通的方式

技能目标

通过本任务学习,你应该:

◆1.能够根据实际情况设计调研报告的基本结构

◆2.能够熟练地掌握调研报告撰写的技巧

◆3.能够根据数据资料关系有效地选取合适的图表类型

◆4.能够熟练地掌握图表制作的要点和流程

◆5.能够熟练地掌握口头报告的展示沟通流程

◆6.能够熟练地设计口头汇报PPT

素养目标

通过本任务学习,你应该:

◆1.具备科学严谨的态度

◆2.具备良好的文字与语言表达能力

◆3.养成友善、协作、尊重的合作精神

◆4.养成整体性、前瞻性的战略思维

◆5.树立正确的审美观,形成健康的审美情趣

案例导入

2018 数字经济时代的人才流动报告

数字经济推动着中国经济转型升级,也带来了人才流动的趋势性变革。2018 年 8 月 9 日,中国信息通信研究院产业与规划研究所(下文简称信通院)联合中国领先的职业成长平台脉脉,发布《2018 数字经济时代的人才流动报告》,揭示出数字经济发展下中国城市间人才流动的特点。

在中国,数字经济发展正进入新的阶段。来自信通院的数据显示,2017 年,中国数字经济规模达 27.2 万亿元,同比增长 20.3%,占 GDP 的比重达到 32.9%,规模位居全球第二。人工智能、大数据、物联网、云计算等新一代信息技术取得重大进展,数字经济与传统产业加速融合,成为引领中国经济发展的强劲动能,显示出新时代的巨大活力。

报告分为数字经济开启人才就业新生态、数字经济下的人才流动、展望与建议三方面,围绕数字经济下的人才流动课题展开研究,基于对数字经济发展和人才流动数据的客观分析,挖掘数字经济中人才流动的特征和趋势,探究价值和意义,提出意见和建议。

报告建议,地方政府应该寻找数字经济比较优势,提升人才流动的有效性,避免盲目"追逐风口",并且尊重企业和个人在人才流动中的主体性地位。

(资料来源:中国信通院官网)

市场调研报告是整个市场调研过程中最重要的部分,也是整个市场调研活动的最终成果体现。无论调研过程的其他环节如何完备,如果调研人员不能把诸多调研资料组织成一份高质量的调研报告,那么就不能算是一次成功的市场调研,因为决策者或者项目委托者往往最后只看反映结果的调研报告。市场调研报告是通过文字、图表等形式将调研的结果表现出来,以使阅读者对所调研的市场现象或问题有一个全面系统的了解和认识。因此,一份完整的、高质量的调研报告有赖于之前的一系列调研与分析工作,调研结果的应用具体详见流程图(见图 9-1)。

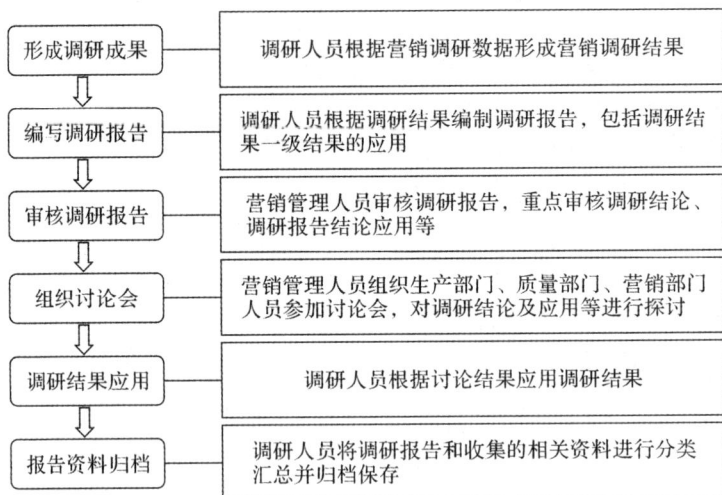

图 9-1　调研结果应用流程

成语典故

春华秋实

春华秋实是指春天开花，秋天结果，比喻人的文采和德行，也比喻学习有成果。出自晋代陈寿的《三国志》："采庶子之春华，忘家丞之秋实。"南朝范晔的《后汉书》："春发其华，秋收其实，有始有极，爰登其质。"

春华秋实，没有那浩荡的春风，又哪里会有满野秋色和大好的收成呢？只有付出才有收获。

在本任务学习中，调研报告是我们经过一整个教学周期形成的最终学习成果，只有一步步按照调研过程的步骤组织下来，投入时间和精力，才能有一份优秀的调研报告。

9.1　设计调研报告结构

市场调研报告是调研人员对特定市场的某一方面的问题进行深入细致的调研后，通过书面的形式表达市场调研结果的书面报告，是市场调研活动的最终成果。

微课视频：设计
调研报告结构

思考题　调研报告应采取什么样的结构体系？

9.1.1　调研报告的作用和特点

一份优秀的市场调研报告，能够通过调研对象的现象看本质，能够使市场主体更加深入而系统地了解市场，分析市场现象，制定正确的市场决策；反之，一份拙劣的市场调研报告会使好的调研资料黯然失色,甚至可能使得整个调研工作前功尽弃。

1.调研报告的作用

市场调研报告的作用主要体现在以下三个方面:

(1)市场调研结果的集中体现。市场调研报告是市场调研所有活动的综合体现,是调研过程的历史记录和总结。通过阅读调研报告,阅读者能够了解调研活动的整个过程。

(2)管理决策的重要依据。一份好的市场调研报告,能对企业的市场活动提供有效的导向作用。调研项目之所以得以确立,就是因为企业在管理决策过程中遇到了新问题,调研报告必须能够针对这些问题提供有价值的信息,从而指导企业更好地工作。通过调研收集到的资料是零散的,而调研报告是这些零散资料的概况总结,使感性认识上升到理性认识,便于用户阅读和理解。

拓展知识:调研报告的评价标准

(3)评价调研活动的重要指标。委托人对调研活动的了解绝大部分是通过市场调研报告,如果调研活动前期的各个步骤都做得很认真,唯独没有认真撰写市场调研报告,委托人对这次调研活动的评价也不会很高。

2.调研报告的特点

市场调研报告是针对市场情况进行的调研、分析与研究的最终成果体现。

(1)针对性。针对性是调研报告的灵魂,包括选题上的针对性和阅读对象的明确性。第一,在选题上必须强调针对性,做到目的明确、有的放矢,围绕主题展开论述,这样才能发挥市场调研应有的作用。第二,必须明确阅读对象。不同的阅读对象,所关注的侧重点就会有所不同。如果调研报告的阅读者是企业总经理,那么他主要关心的是调研的结论和建议部分,而不是大量的数字分析;如果阅读的对象是市场研究人员,他们所需要了解的是这些结论是怎么得来的,是否科学、合理,更关心的是调研所采用的方式、方法,数据的来源等方面的问题。

(2)新颖性。市场调研报告应结合市场活动的新动向、新问题,从全新的视角去发现问题,用全新的观点去看待问题,通过调研得到新发现,提出新观点,形成新结论。

(3)时效性。市场信息千变万化,企业的机遇也是稍纵即逝。市场调研滞后,就失去其存在的意义。因此,要顺应瞬息万变的市场形势,市场调研报告必须讲究时间效益,做到及时反馈,以供决策者抓住机会,在竞争中取胜。

(4)科学性。市场调研报告不是单纯报告市场客观情况,还要通过对事实做分析研究,寻找市场发展变化规律。这就需要撰写者掌握科学的分析方法,以得出科学的结论以及解决问题的方法、建议等。

9.1.2　调研报告的类型和形式

1.调研报告的类型

一般来说,市场调研报告分为综合报告、专题报告、研究性报告、说明性报告等不同类型。

(1)综合报告。这是提供给阅读者的最基本的报告。它的目的在于反映整个调研活动的全貌,详细地给出调研的基本结果和主要发现。如关于农产品安全问题的市场调研,研究人员可以从消费者对名特优农产品和安全农产品的认知能力、愿意支付的价格水平、购买渠道、品牌重视程度、农产品消费观念等需求和购买行为特点等多个方面进行分析,为农业企业提出相应的对策建议,为企业的发展提供借鉴。

拓展知识:我国智慧农业发展报告

(2)专题报告。专题报告是针对某个问题或侧面撰写的。例如,聚焦女性创业者群体,以中国新经济领域女性创业者生存状态为主要内容,完成一个有关中国女性创业者的专题报告。

(3)研究性报告。研究性报告实际上也可以看成是某种类型的专题报告,但是学术性较强,需要继续深入分析研究,并要求从中提炼出观点、结论或理论性的内容。例如,对中国区域性银行信用卡业务进行研究,主要围绕区域性银行信用卡业务的发展背景、发展现状、发展必要性、优秀案例和发展建议等方面进行深入研究,最后形成一个完整的研究性报告。

拓展知识:中国网民的春节网络消费力报告

(4)说明性报告。说明性报告,也叫作技术报告,即对调研中的许多技术性问题进行说明,例如抽样方法、调研方法、抽样误差的计算、样本的加权处理方法等,通过说明调研方法的科学性来肯定调研结果的客观性与可靠性。

2.调研报告的形式

调研报告是为了将调研结果、战略性建议或者其他结论传递给管理层或具体受众而进行的书面陈述或口头表达。因此,调研报告的形式基本分为书面报告和口头陈述两种。一个大型调研项目所需要的最终报告,可能涉及很多书面文件、内部报告和一份最终的详细书面报告以及大量的口头陈述,而一个小型项目可能只需要一份关于结果的很短的口头或书面报告。

9.1.3 调研报告的结构和格式

市场调研报告的结构不是固定不变的,其具体结构、格式、风格、体例因调研项目的需要、调研人员及调研性质的差异而不同。但是,大多数正规的调研报告通常有一个基本的结构,即介绍部分、主体部分和附录部分。

调研报告结构形式

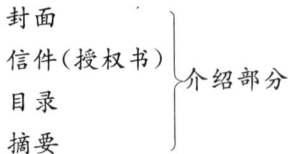

```
封面
信件(授权书)
          介绍部分
目录
摘要
```

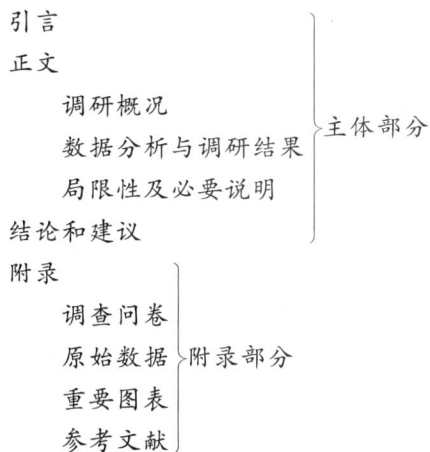

引言
正文
    调研概况
    数据分析与调研结果   }主体部分
    局限性及必要说明
结论和建议
附录
    调查问卷
    原始数据 }附录部分
    重要图表
    参考文献

1.介绍部分

市场调研报告的介绍部分一般包括封面、信件、目录、摘要。

(1)封面。市场调研报告的封面是整个报告的"脸面",是委托者对整个市场调研工作的第一印象。封面一般包括调研报告的标题、市场调研单位、呈送单位、市场调研日期等,也有些市场调研报告的封面做了简化、艺术化处理,只注明了报告标题和市场调研单位等,如图 9-2 所示。

图 9-2　市场调研报告封面示例

思考题 *如何选择合适的标题形式？*

不管选择哪种形式的封面，标题是市场调研报告封面必不可少的元素。市场调研报告的标题必须准确揭示调研报告的主题思想，做到题文相符，必须高度概括，具有较强的吸引力。在具体确定标题时，可以采用下面几种形式。

①直叙式标题，即反映调研意向或调研项目、地点的标题，多数由事由和文种构成，平实沉稳，通常用来说明某一种社会现象的专题调研。例如"关于2011年杭州消费者购房需求的调研报告"，这种标题简明、客观，但风格比较板正，不太容易引发读者的兴趣。一般调研报告多采用这种标题。

②表明观点式标题，也称为判断式标题，即直接阐明调研报告的观点、看法，或对事物进行判断、评价。与直叙式标题比起来，表明观点式标题的风格稍微活泼一点，能够体现出研究者对社会现象的态度。采用表明观点式标题的调研报告通常用来总结优秀的经验、倡导某种政策、支持良好的新生事物。例如"京二手房成交量创34个月来新低""当代青年创业的新探索"等，这种标题既表明了作者的态度，又揭示了主题，具有较强的吸引力。

③提问式标题，即以设问、反问等形式在标题里抛出一个问题，突出问题的焦点和尖锐性。例如"民间借贷，良药还是毒品？""如何破解快递小哥的职业发展瓶颈？"采用这种标题的调研报告通常是用来揭露问题、探讨问题的，并不急于在标题里展示自己的结论。其特点是能吸引阅读者，促使阅读者思考。这是典型调研报告常用的标题写法。

④抒情式标题。抒情式标题能够反映出研究者强烈的情感态度，文字风格也显得更有声色。但这种标题看起来比较抽象，读者很难一眼判断出报告的具体内容。采用这种标题的调研报告通常带有明确的表彰、批判等价值取向，例如"倾听流水线上的呼声"等。

⑤单双标题。市场调研报告标题按其表现形式又可以分为单标题与双标题。单标题只有一行标题，即通过标题把被调研对象和调研内容明确而具体地表现出来，一般是由调研对象及内容加上"调研报告"组成，例如"杭州名特优农产品需求和购买行为调研报告"。而双标题包含主标题和副标题，一般主标题表达调研主题，副标题用于补充说明调研对象和主要内容，可以采用表明观点式、提问式或抒情式的主标题，吸引读者的注意，再加上一个直叙式的副标题，说明报告的内容，例如"菜价涨跌之间，钱入谁家腰包——基于北京地区农产品流通渠道市场调研""结婚是否一定要买房？——青年住房对婚姻的影响研究"。特别是典型经验的调研报告和新事物的调研报告，常用这种写法。一般直叙式标题采用单标题，提出问题式标题采用双标题。双标题可以综合前面几种标题的优点，但在采用双标题时要注意控制标题的长度。

一般来说，标题长度的上限在20个字左右。简洁的标题更加一目了然，也更容易让读者抓住报告的重点。

（2）信件。信件包括致项目委托人的信和项目委托人的授权信两部分。

①致项目委托人的信。正式的调研报告一般应有一封给用户的信，简要地总结受委托项目的执行全过程（不提调研结果）。信中还应建议需要用户方所做的进一步行动，例如对调研中的发现制定一些相应的措施、某些问题要做进一步的研究探讨等。

②项目委托人的授权信复印件。这封信是在项目开始之前用户给调研者（机构）的授权信，规定了项目的范围以及合同中的一些项目。很多时候只需在"致项目委托人的信"中

提一下这封授权信就可以了,不过有时将授权信的复印件附在报告中也是必要的。

(3)目录。目录是整份调研报告的检索部分,便于阅读者了解报告结构。当市场调研报告的页数较多时,应使用目录或索引形式列出主要纲目及页码。在多数报告中,目录部分只需包含大标题和小标题。

<h2 style="text-align:center">市场调研报告目录举例</h2>

(4)摘要。摘要是市场调研报告中最重要的内容,是整个报告的精华。一般来说,高层领导或高层管理人员因为工作繁忙,往往只有时间阅读摘要部分,然后根据摘要,从正文中寻找需要进一步阅读的内容。因此,摘要应以较小的篇幅对调研报告中最重要的内容进行高度概括。摘要主要包括以下四方面内容:本次调研的目标;调研的时间、地点、对象、范围以及调研的主要项目;调研实施的方法、手段以及对调研结果的影响;调研中的主要发现或结论性内容。摘要一般在完成报告主体部分后写。

拓展知识:
全国县域数字农业
农村电子商务发展
报告(2020)

2.主体部分

主体部分是市场调研报告的主要部分,应依据调研提纲设定的内容充分展开。正文的写作要求言之有据，简练准确。每层意思可以用另起一段的方式处理，而不需刻意注意文字的华丽与承接关系，但逻辑性要强，要把整个报告作为一个整体来处理。主体部分一般包括引言、正文、调研概况、数据分析与调研结果、局限性及必要说明、结论和建议等。

（1）引言。又称导语，是市场调研报告正文的前置部分，要说清楚三个问题：为什么做调研？调研了什么？调研是怎么做的？因此，应简洁明了地介绍有关调研的情况，或提出全文的引子，为正文写作做好铺垫。一般应简要地叙述调研的目的、时间、地点、对象与范围、方法等情况，也可概括市场调研报告的基本观点或结论，以便使阅读者对全文内容、意义等获得初步了解；然后用一句过渡句承上启下，引出主体部分。

调研报告开头的方法很多，如引起读者注意、采用设问手法、开门见山、承上启下、画龙点睛等多种，没有固定形式，但一般要求紧扣主旨，为主体部分做展开准备，文字要简练，概括性要强。常见的引言有：简介式引言，对调研的课题、对象、时间、地点、方式、经过等做简明的介绍；概括式引言，对调研报告的内容（包括课题、对象、调研内容、调研结果和分析的结论等）做概括的说明；交代式引言，即对课题产生的由来做简明的介绍和说明。

（2）正文。主体是调研报告的主干和核心，也可称为正文，它是在调查中收集到的经过筛选的事实资料以及对这些资料的分析、归纳和论证，是引言的引申，是结论的依据。一般来说，调研报告主体的结构大约有三种形式：

①横式结构。即把调研的内容，加以综合分析，紧紧围绕主旨，按照不同的类别分别归纳成几个问题来写，每个问题可加上小标题，而且每个问题里往往还有着若干个小问题。典型经验性质的调研报告的格式一般多采用这样的结构。这种调研报告形式观点鲜明，中心突出，使人一目了然。

②纵式结构。有两种形式：一是按调研事件的起因、发展和先后次序进行叙述和议论。一般情况的调研报告和揭露问题的调研报告的写法多使用这种结构方式，有助于阅读者对事物发展有深入全面的了解。二是按成绩、原因、结论层层递进的方式安排结构。一般综合性质的调研报告多采用这种形式。

③综合式结构。这种调研报告形式兼有纵式和横式两种特点，互相穿插配合，组织安排材料。采用这种调研报告写法，一般是在叙述和议论发展过程时用纵式结构，而写收获、认识和经验教训时采用横式结构。

调研报告的主体部分不论采取什么结构方式，都应该做到先后有序，主次分明，详略得当，联系紧密，层层深入，为更好地表达主题服务。

正文部分主要写明事实的真相、收获、经验和教训，即介绍调研的主要内容是什么，为什么会是这样的。

（3）调研概况。这一部分应该比较详细地描述执行调研的过程，具体包括调研的时间、地点、对象、范围等，也可以描述调研方法，说明所选用的具体调研方法是正确的。

（4）数据分析与调研结果。这部分一般是用统计分析方法对调研数据进行分析，并用图表等形式进行展示，最后提出调研发现或得出结论，包括基本结果、分组结果和关联性结果分析等。这是市场调研报告中最长的一部分，不但要逐题给出结果，还要按照市场细分或按调研对象特征（如性别、年龄、收入、职业等）给出分类的结果，以及项目间的相关关系结果。

（5）局限性及必要说明。由于时间、预算、调研方法以及其他组织上的各种因素的限制,任何市场调研都会存在局限性,比如抽样误差是不可避免的。所以在这一部分,应持公开坦率的态度,指出调研存在的局限性,并简要讨论这些问题对结果的可能影响,目的是使报告的阅读者和使用者能够对调研结果做出自己的判断。

(6)结论和建议。即结尾部分,是调研报告分析问题、得出结论、解决问题的必然结果。结论和建议应采用简明扼要的语言。好的结束语,可使阅读者明确题旨,加深认识,启发阅读者思考和联想。结论一般包括以下几个方面内容:

①概括全文。经过层层剖析后,综合说明调研报告的主要观点,深化文章的主题。

②形成结论。在对真实资料进行深入细致的科学分析的基础上,得出报告的结论。

③提出看法和建议。通过分析,形成对事物的看法,在此基础上,提出建议和可行性方案。

④展望未来、说明意义。通过调研分析展望未来前景。

总之,调研报告结尾要简洁有力,有话则长,无话则短,没有必要也可以不写。

3.附录部分

附录是指调研报告正文包含不了或对正文结论的说明,是正文报告的补充或更为详细的专题性说明。附录作为市场调研报告正文的补充部分,并不是必需的,可以写,也可以不写,要视具体情况而定。可以作为附录编入市场调研报告中的内容包括:

①为了市场调研报告的完整需要编入,但编入正文又有损于正文的处理和逻辑性。这一类资料包括比正文更为详细的对信息研究方法和技术的叙述,对于了解正文内容具有重要的补充意义。

②由于篇幅过大或取材于复制品而不便编入正文的材料。

③某些重要的原始数据、数据整理表格、数据分析表格等。

市场调研报告附录一般包括调查问卷样卷、部分原始资料、少数典型个案资料、调研统计图表的诠释和说明,正文中有关材料的出处、参考文献、旁证材料,以及其他必须说明的问题或情况。

9.1.4　调研报告的撰写技巧

思考题　撰写调研报告时有哪些具体技巧以及注意点?

1.语言运用的原则

调研报告不是文学作品,具有较强的应用性,因此,它的语言应该遵循严谨、简明和通俗的原则。

(1)严谨。在调研报告中尽量不使用如"可能""也许""大概"等含糊的词语;在选择使用表示程度的副词或形容词时,要把握词语的程度差异,比如"有所反应"与"有反应"、"较大反应"与"反应强烈"、"显著变化"与"很大变化"之间的差别。为确保用词精确,最好用数字来反映。

(2)简明。在叙述事实情况时,力争以较少的文字清楚地表达较多的内容。要使语言简明,重要的是训练调研报告撰写者的思维。只有思维清晰、深刻,才能抓住事物的本质和关键,用最简练的语言概括和表述。

(3)通俗。调研报告的语言应力求朴实严肃,平易近人,通俗易懂才能发挥其应有的作用。但通俗、严肃并非平淡无味,撰写者要加强各方面的修养和语言文字表达的训练,提高驾驭语言文字的能力，最终写出语言生动、通俗易懂的高水平的调研报告。

2.数字运用的原则

拓展知识：
数字经济篇 CHO
人才战略调研
报告（2022）

较多地使用数字、图表是调研报告的主要特征。调研报告中的数字既要准确，又要讲求技巧，力求把数字用活、用得恰到好处。因此，在数字运用上要遵循以下几个原则：

（1）要防止数字文学化。数字文学化表现为在调研报告中到处都是数字。在大量使用数字时，要注意使用方式。一般应该使用图表来说明数字。

（2）运用比较法表达数字。这是基本的数字加工方法，可以纵向比较和横向比较。纵向比较可反映事物自身的发展变化，横向比较可以反映事物间的差距，对比可形成强烈的反差，增强数字的鲜明性。

（3）运用化小法表达数字。有时由于数字太大，不易理解和记忆，如果把大数字换算成小数字则便于记忆。例如把企业年产电视机 536400 台换算成每分钟生产 1 台，这样表达效果好并更容易记忆。

（4）运用推算法表达数字。有时由于数字个体数量较小，不易引起人们的重视，但由此推算出的整体数量却大得惊人。

（5）运用形象法表达数字。这种方法并不使用事物本身的具体数字，而是用人们熟悉的数字表示代替，以增强生动感，更具有吸引力。

（6）使用的汉字与数字应统一。可用阿拉伯数字的地方，均应使用阿拉伯数字。公历世纪、年代、年、月、日和时间应使用阿拉伯数字，星期几则一律用汉字，年份一般不用简写；计数与计量应使用阿拉伯数字，不具有统计意义的一位数可以使用汉字；数字作为词素构成定型的词、词组、惯用语或具有修辞色彩的语句应当用汉字；邻近的两个数并列连用表示概数时应当用汉字。

3.应注意的问题

一篇高质量的调研报告，除了符合调研报告一般格式以及很强的逻辑结构外，写作手法是多样的，在报告撰写过程中应注意以下两点：

（1）调研报告不是流水账或数据的堆积。数据在于为理论分析提供客观依据，市场调研报告需要概括评价整个调研活动的过程，需要说明这些方案执行落实的情况；尤其是实际完成的情况对于调研结果的影响，需要认真分析清楚。

（2）调研报告必须真实、准确。调研报告要从事实出发，而不是从某人观点出发，先入为主地做出主观判断。调研前所设计的理论模型或先行的工作假设，应毫不例外地接受调研资料的检验。与事实不符的观点应该坚决舍弃，暂时还拿不准的应如实写明或放在附录中加以讨论。

9.2　制作报告数据图表

在调研报告撰写过程中，数据图表是非常重要的。如果数据图表不能清晰地展示出数据,则难以展现出调研结果,不能很好地诠释数据,不易把调研结果传达给企业决策者或者报告阅读者。在市场分析专业领域,流行一句话:文不如字,字不如表,表不如图。正文和图表都可以用来表述高质量的信息,但图表具有更好的效果。图表能将数据图形化,能帮助我们更直观地显示数据,使数据对比和变化一目了然,对提高信息整理价值,更准确直观地表达信息和观点具有重要意义。

微课视频:制作
报告数据图表

思考题　什么样的方式能有效地表达数据的含义?

9.2.1　图表的作用

最直观呈现数据分析的过程和结果的方法是采取图表的形式,图表直观有冲击力。图表泛指在屏幕中显示的,可直观展示统计信息属性(时间性、数量性等),对知识挖掘和信息直观生动感受起关键作用的图形结构,是一种很好的将对象属性数据直观、形象地可视化的手段。使用图表来展示数据主要有三个作用:

1.可读性

调研报告使用图表可以化复杂、冗长为简洁,化抽象为具体,化深奥为形象,使阅读者更容易理解主题和观点。

2.突出重点

通过对图表中数据的颜色和字体等信息进行特别设置,可以把调研报告中研究问题的重点有效地传递给阅读者。

3.艺术性

图表是通过视觉的传递来显示的,必须考虑到阅读者的欣赏习惯和审美情趣,这也是区别于文字表达的艺术特性。恰当、得体的图表传递着制图者专业、敬业、值得信赖的职业形象。

9.2.2　图表的形式

图表有两种基本形式:展示数量的图表、展示地理位置的地图。

1.展示数量的图表

统计图是展示数量的图表,是以几何图形或其他图形的形式表达统计数量关系的重要工具。它把统计资料直观形象、生动具体地表现出来,使人一目了然。它还能准确地表现统计资料,有助于对统计资料进行比较、对照、分析和研究。常用的统计图可按形状划分为饼图、条形图、线形图、直方图、多边图、散点图等。

(1)饼图。仅排列在工作表的一列或一行中的数据可以绘制到饼图中。饼图显示一个数据系列各项的大小与各项总和的比例,饼图中的数据点显示为整个饼图的百分比(见图9-3)。饼图适用于离散型数据和持续性数据,所展示的数据是比例,不是精细的数据,饼图中会把重要的内容放在时钟12点位置附近。尤其是在描述相关大小或强调比较时特别有效。使用饼图的情况:仅有一个要绘制的数据系列,要绘制的数值没有负值,要绘制的数值几乎没有零值,类别数目不多,各类别分别代表整个饼图的一部分。

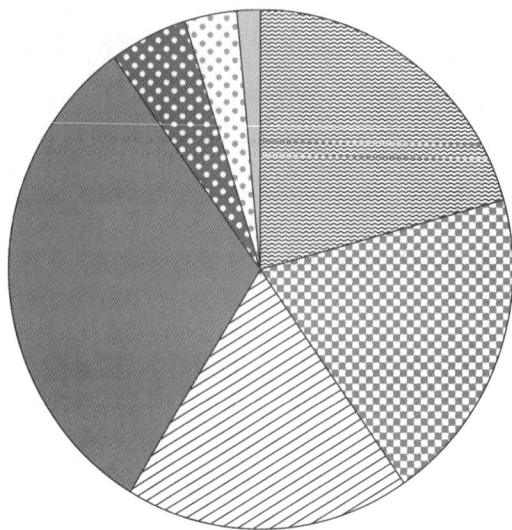

图 9-3　饼图

(2)条形图。排列在工作表的列或行中的数据可以绘制到条形图中(见图 9-4)。条形图常用于对比两类事物在不同特征项目的数据情况,显示各个项目之间的比较情况,能够清晰、直观地表示数据。使用条形图的情况:轴标签过长,显示的数值是持续型的。绘画条形图时,不同组之间是有空隙的;而绘画直方图时,不同组之间是没有空隙的。条形图的适用对象是分类变量,而连续变量适用对象是直方图。条形图的不连续正是分类变量离散特性的反映。

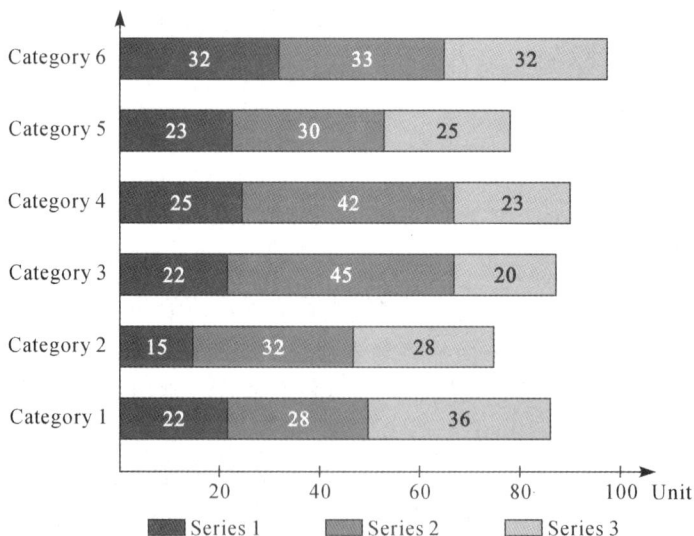

图 9-4　条形图

(3)线形图。线形图是一个二维图(见图 9-5),在描述动态变化时特别有效,例如一个或几个数列的时间序列波动。

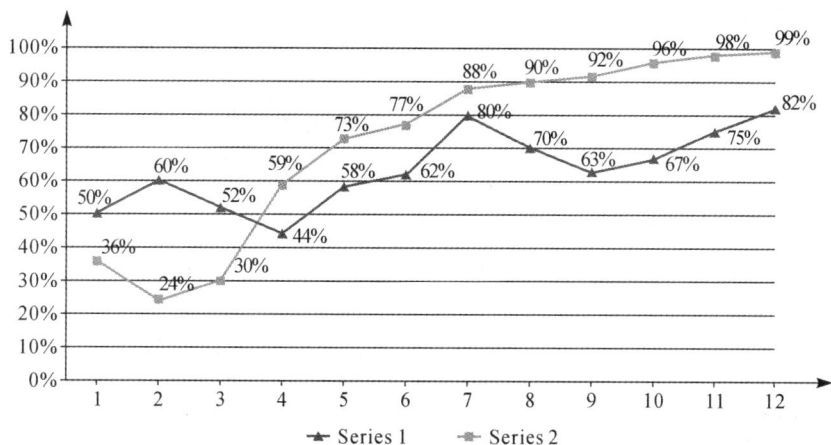

图 9-5　线形图

（4）直方图。又称质量分布图,由一系列高度不等的纵向条纹或线段表示数据分布的情况,一般用横轴表示数据类型,纵轴表示分布情况(见图 9-6)。直方图是数值数据分布的精确图形表示。用直方图可以解析出资料的规则性,比较直观地看出产品质量特性的分布状态,对于资料分布状况一目了然,便于判断其总体质量分布情况。做直方图的目的就是通过观察图的形状,判断生产过程是否稳定,预测生产过程的质量。

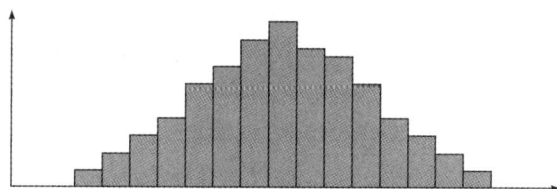

图 9-6　直方图

（5）柱形图。它是一种以长方形的长度为变量的表达图形的统计报告图,由一系列高度不等的纵向条纹表示数据分布的情况,用来展示各数据间的变化或者各数据间的比较情况(见图 9-7)。柱形图只有一个变量,并通常仅限于较小的数据集分析,因为数据过多会导

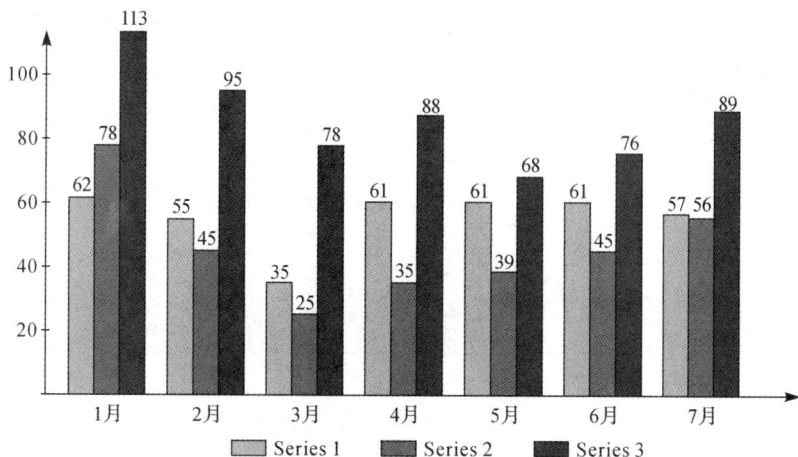

图 9-7　柱形图

致柱间空隙很小，影响数据的展示和分析。柱形图亦可横向排列，或用多维方式表达。

（6）面积图。又称区域图，它能够表示数据的时间序列关系，是一种随着时间变化的图表（见图9-8）。它强调数量随时间而变化的程度，也可用于引起人们对总值趋势的注意。其中堆积面积图和百分比堆积面积图还可以显示部分与整体的关系。它适用于简单的占比比例图，如果是要求数据精细的情况则不适用。

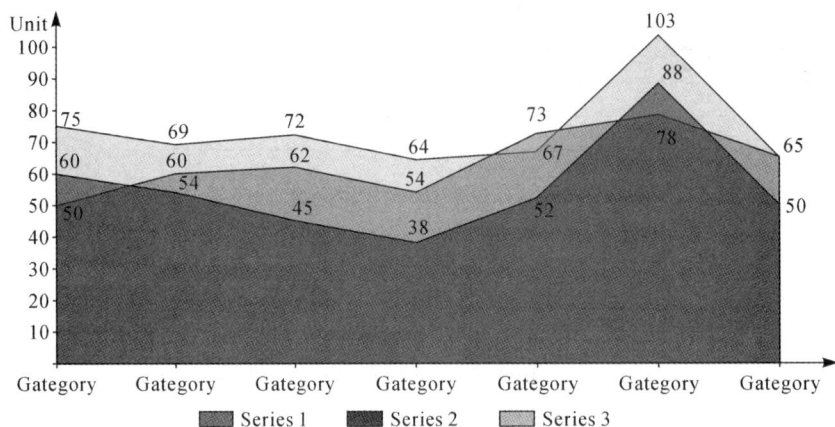

图9-8　面积图

（7）散点图。它是指在回归分析中，数据点在直角坐标系平面上的分布图。散点图表示因变量随自变量而变化的大致趋势，据此可以选择合适的函数对数据点进行拟合。散点图将序列显示为一组点，值由点在图表中的位置表示，类别由图表中的不同标记表示（见图9-9）。散点图可以用两组数据构成多个坐标点，考察坐标点的分布，判断两变量之间是否存在某种关联或总结坐标点的分布模式。通常用于比较跨类别的聚合数据，对于绘制多变量数据非常有用。

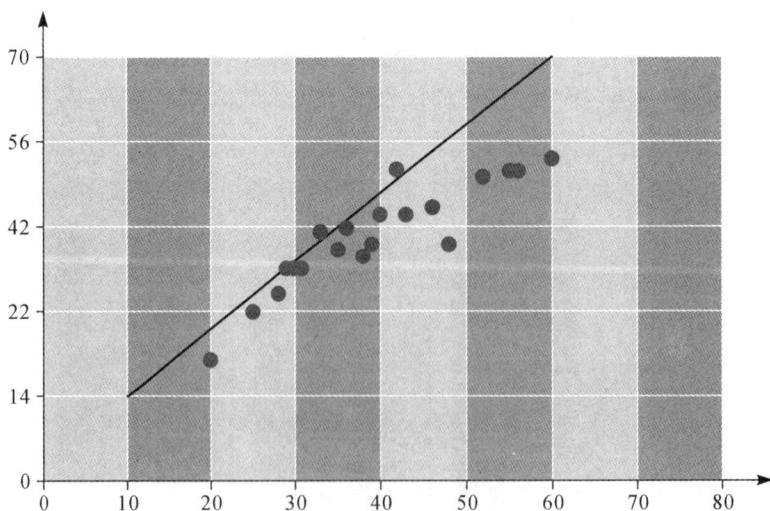

图9-9　散点图

（8）气泡图。可以理解为气泡图是散点图的升级版，绘制时将一个变量放在横轴，另一个变量放在纵轴，而第三个变量则用气泡的大小来表示。排列在工作表的列中的数据（第一列中列出 x 值，在相邻列中列出相应的 y 值和气泡大小的值）可以绘制在气泡图中（见图 9-10）。与散点图不同之处在于，气泡图允许在图表中额外加入一个表示大小的变量进行对比，可用于展示三个变量之间的关系。

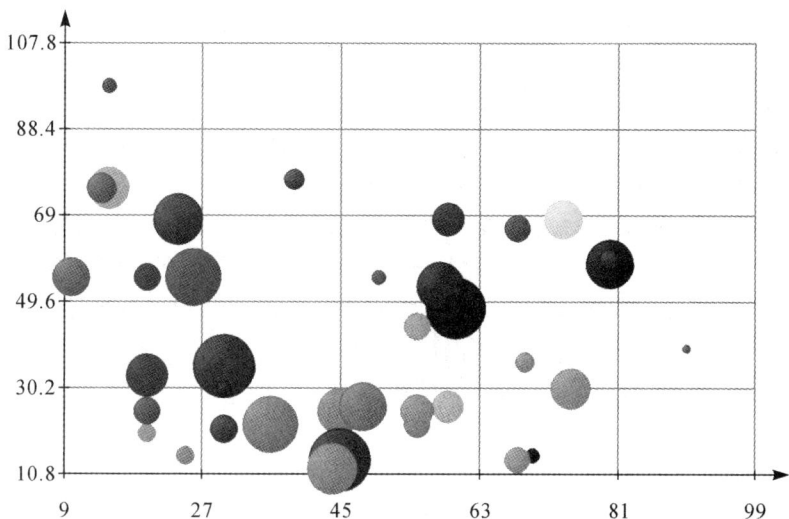

图 9-10　气泡图

（9）雷达图。又称为蜘蛛网图，是一个典型的用来显示对象在各种指标上的强弱的图。在每个维度单位、范围相同的情况下，雷达图比传统的条形图更具视觉冲击力，能给单调的数据增色不少。雷达图主要应用于企业经营状况如收益性、生产性、流动性、安全性、成长性等的评价。

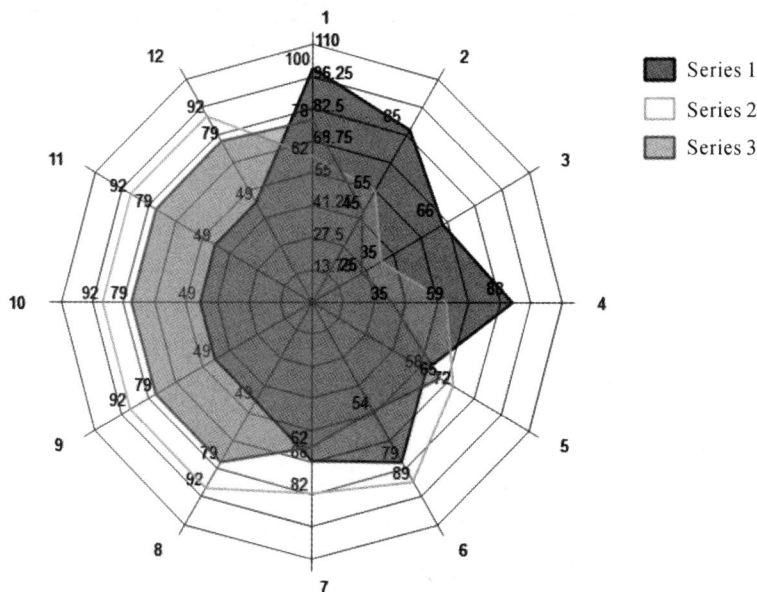

图 9-11　雷达图

2.展示地理位置的地图

地图主要用于地理区域的表述上。数据地图特别适合用于地域的比例、比率、频率分布的表示。数据地图将与地理位置有关的属性、指标等直观地反映在地图上，是一种比较好的数据呈现方式，能帮助阅读者直观地、感性地、快速地理解数据，从而制定出色的决策。在制作数据地图时，数量表述被分为很多组，用阴影及颜色的方式来表示不同地区所属的不同组。地图数据在比较不同时期的市场之间或市场之内的数据时较有效。

从商业案例看，数据地图的常用形式有以下几种：

（1）用不同颜色反映地区的属性分类。根据各地理位置的分类属性的不同，使用不同颜色予以标记，也可以改用图钉、红旗、圆点、五角星等图形标记。

（2）用颜色深浅反映地区的指标值大小。有时对一些评价性指标，如各分公司的客户流失率，将某阈值定为红色，然后通过线性比率计算，为不同的流失率填充不同深浅的红色。这种形式的数据地图应用比较多，但制作要困难些，需要软件的支持才方便。

（3）在各地区上放置小的柱形图/饼图反映指标值。需要比较好的软件支持，由于地图空间有限，显示图表并不合适，不推荐这种做法。

（4）将地图与图表联系起来。

（5）用地图做图表的背景/衬底，为图表增加一些附加值。

（6）在地图上标签数据。这种形式基本上就是图解范畴，制作比较容易。

9.2.3 图表的选取

思考题 *在撰写报告时，应如何选取合适的图表类型？*

在日常工作中，有时候会需要绘制各种图表，将数据用一些可视化的图表来展示，这越来越成为一种趋势。数据图表化就是通过数据间的关系来选择图表，只有掌握了选择图表的原则，才可以用图表清晰地表达所要表达的主题和内容。很多时候你的图表没有让领导满意，并非是因为数据处理不当，而是在展示数据方面忽略了某些细节，可能是选错了图表，或者只是在配色方面没有很好地突出图表的重要信息。

每种图表的展示方法都有其自身的着重点，在绘图之前，一定要考虑清楚所选择的这种方式是要传达出数据的什么信息，哪种图表才能要让阅读者一眼看出你想表达的数据信息。大部分数据间的关系可以归纳为以下六种类型：成分、排序、时间序列、频率分布、相关性和多重数据比较。图表类型是需要根据所要表达的内容来加以选择的，例如表示构成比时，用饼图和柱形图；表示时间变迁时，用折线图；表示两种数值的关系时，用散点图；表示三个以上的数值的平衡时，用雷达图；对数值进行横排比较时，用柱形图；等等。

1.成分关系

成分又称为构成或占比，是各个部分占整体百分比的大小，用于表示整体的一部分。成分一般情况下用饼图来表示。例如某产品的消费群体中，男性占 93.13%，女性占 6.87%，这样的部分与总体的关系用一个饼图表示，简单、清晰。

除了饼图,柱形图也可以表示成分关系。有一种百分比堆积柱形图可以表示数据间的成分关系,如图 9-12 所示。

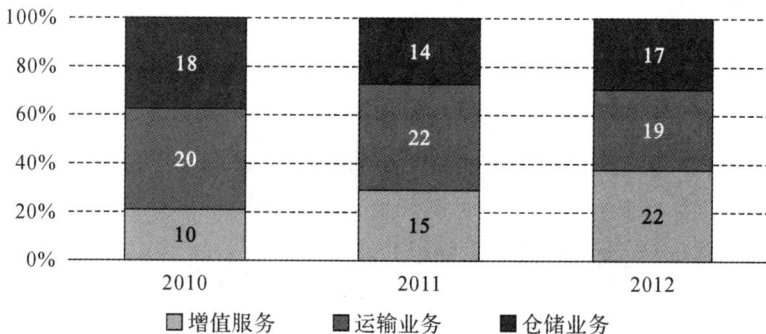

图 9-12 百分比堆积柱形图

成分关系的图表选择注意事项:

(1)表示成分最好使用饼图,并在使用中不宜多于六种成分;

(2)如果使用超过六种,那么就选择六种最重要的,并将未选中的列为"其他";

(3)因为人的眼睛比较习惯于按顺时针方向进行观察,所以应该将最重要的部分放在紧靠 12 点钟的位置,并且使用强烈的颜色对比以显示突出(比如在黑色背景下使用黄色),或者在黑白图中使用最强烈的阴影效果,或者将此部分与其他部分分离开(见图 9-13);

(4)如果没有哪一个部分比其他部分更加重要,那么就应该考虑让它们以从大到小的顺序排列,并且以同一种颜色或者干脆不使用阴影来绘制图表的每一个部分。

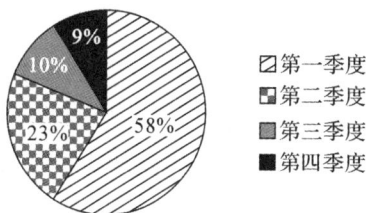

黑色标注突出数据并放置在12点方向

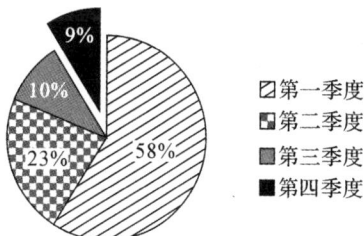

分离出来单独显示

图 9-13 饼图

2.排序关系

排序用于不同项目、类别间数据的比较,一般按数值大小顺序来排列,也就是可以按数值从大到小降序排列或者从小到大升序排列,这取决于所要表达的主题。通常用柱形图或条形图表示。如图 9-14 所示,对 2016 年某集团各分公司年度业绩进行升序排序,就很容易看到该集团 2016 年业绩前三名是 G、F、E 三个分公司,当然从图中也能知道最后三名,甚至随意指定某个分公司,其业绩与排名也是非常容易得知的。

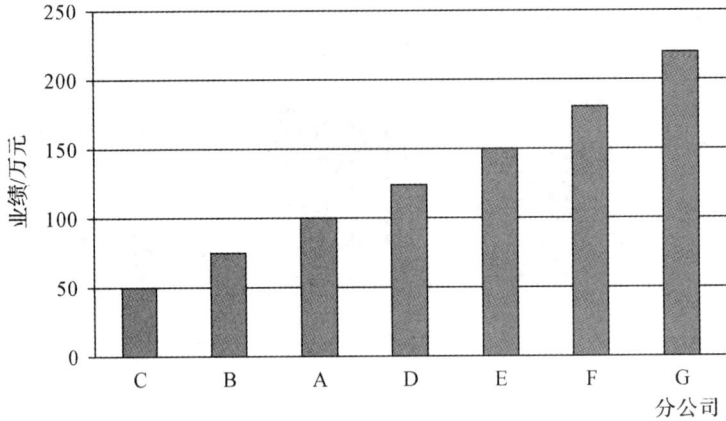

图 9-14 柱形图

除了柱形图,条形图也能表示数据间的排序关系,如图 9-15 所示。

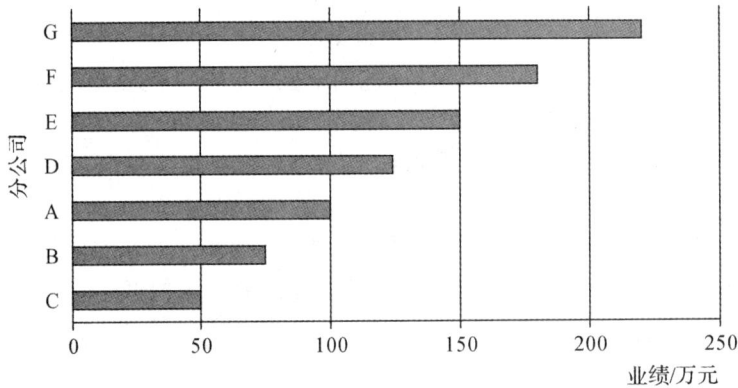

图 9-15 条形图

排序关系的图表选择注意事项:

(1)在条形图中,要做到保持条形图之间的距离比条的宽度小;

(2)使用最能形成对比的颜色及阴影来强调重要的项目,以此来强调信息的标题(见图 9-16);

(3)为了突显数值,可在顶端或在底端使用一个刻度尺,或者在条形末尾标注数字,但是注意不要两者同时使用;

(4)如果只是想简单标示项目间的关联,可用刻度尺;

(5)如果数字很重要,那么就是用数字;

(6)有时,使用刻度尺的同时标示一个需要特殊强调的数值,也是个好办法。

图 9-16 排序关系的图表

柱形图、直方图、条形图的区别：

柱形图使用垂直或水平的柱子显示类别之间的数值比较，用于描述分类数据，并统计每一个分类中的数量。柱形图最适合对分类的数据进行比较，尤其是当数值比较接近时，因为柱形图最核心的功能是比较，而比较的核心是高度。在使用柱状图时，要注意 y 轴的取值，从 0 开始。

条形图是柱形图另一种形式，即横向柱状图。条形图矩形块高度一定，宽度代表数值大小。

直方图用于表示数据的分布情况，一般用横轴表示数据区间，纵轴表示分布情况，柱子越高，则落在该区间的数量越大。构建直方图时，首先要确定组距，对数值的范围进行分区，然后对落在每个区间的数值进行频次计算，最后就是绘制矩形，高度由频数决定。如图 9-17 所示。

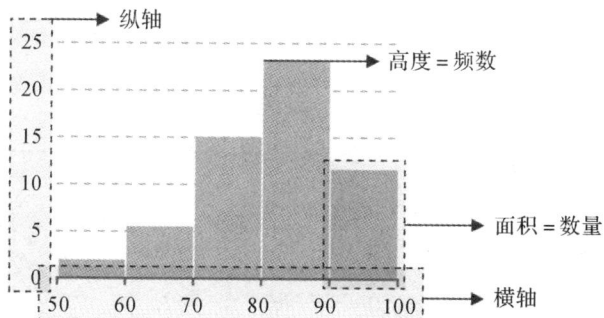

图 9-17 直方图构建

直方图与柱形图看似相像,实则完全不同。直方图反映数据分布情况,柱形图则不具备此功能,只能对数值进行比较。从数据结构来说,柱形图要求至少一个分类变量,它们之间是离散的,绘制为柱形图时,柱子与柱子之间有间隔。如果是连续型变量,则应当使用直方图,绘制出每个区间的数值,柱子之间是连续的、没有间隔,有时为了美观会留出间隔,但间隔极小。如图 9-18 所示。

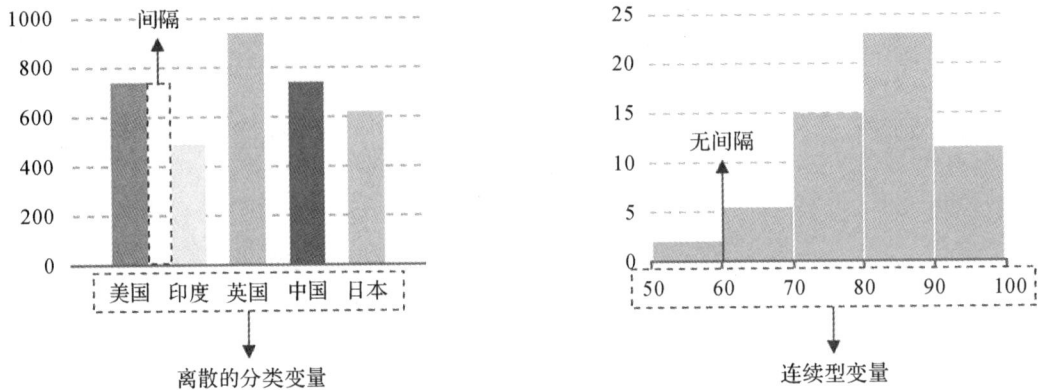

图 9-18　柱形图与直方图对比

3.时间序列

时间序列用于表示某事按一定的时间顺序发展的趋势,通常采用柱形图、折线图、面积图。例如,想要知道 2014 年某公司业绩的每月发展情况,这时就不能按照业绩大小进行排序,可以按照时间顺序做一个柱形图(见图 9-19),看出其发展趋势;当然也可以做折线图(见图 9-20),折线图是最直观的趋势图。但是注意,不要用同样的数据在同一张图中既做柱形图又做折线图。

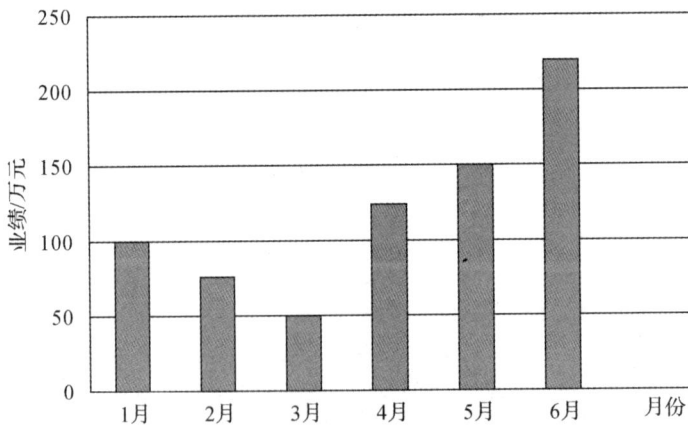

图 9-19　柱形图

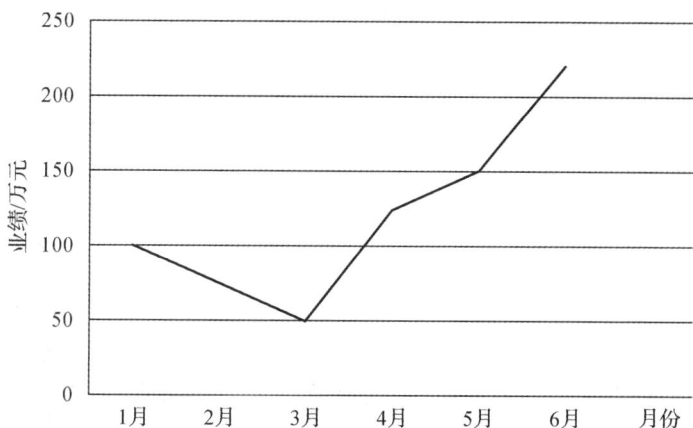

图 9-20　折线图

可以表示时间序列的还有面积图(见图 9-21)。但是面积图有个缺点,就是上面各数据系列之间可能会出现相互遮挡的情况,尤其是有两组数据做比较时。

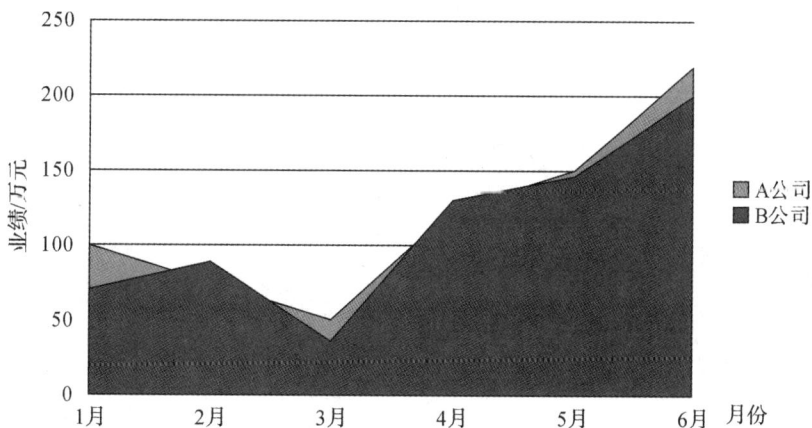

图 9-21　面积图

时间序列的图表选择注意事项:

(1)选择柱形图还是折线图取决于用哪一个比较方便。如果图表中只有少的几个点(如七八个),那么就是用柱形图;如果必须在图中展示较多的数据,最好还是使用折线图;

(2)趋势线要比底线粗、底线要比坐标轴粗;

(3)预测的线要使用虚线。

4.频率分布

频率分布是指在渐进数列中的数量分布。频率分布与排序一样,都用于表示各项目、类别间的比较,当然这一类比较也可用频数分布表示,只是单位不同,使用者可根据需要选择。频率分布是一种特殊的排序类图形,因为它只能按照指定的横轴来排序。例如,要做图表示某集团 2016 年产品不同价格区间的销量,那么横轴只能按惯例采用价格从低到高排,而不能按商品的销量从高到低排,如图 9-22 所示。

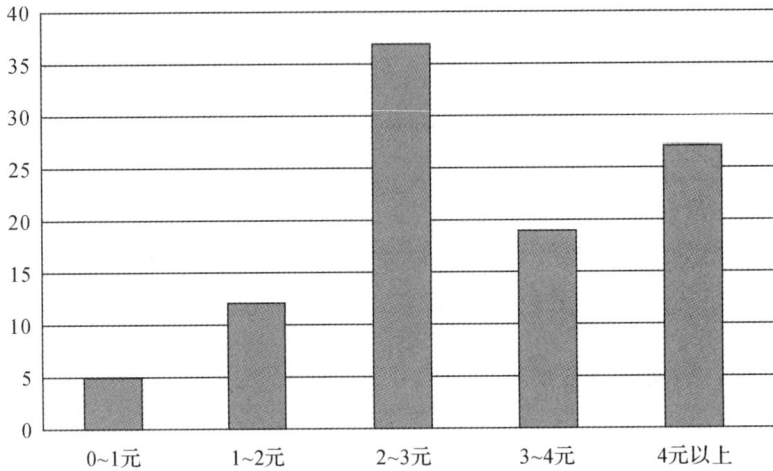

图 9-22　柱形图

除了柱形图，条形图也能表示频率分布。条形图相比较柱形图，适用于多分类项目的比较，特别是项目名称特别长的时候。未分组或分组数量众多的情况则适合使用折线图。

5.相关性

相关性用于衡量两大类中各项目间的关系，即观察其中一类的项目大小是否随着另一类项目的大小有规律地变化。数据量较大时，将数据转换为散点图即可直观呈现近似于函数曲线般的效果；数据量较少时，若使用散点图很难看出效果的话，可改用对称式条形图。

用于衡量数据间的相关性的图表有柱形图、散点图（见图 9-23）、对称条形图（旋风图）（见图 9-24）等。

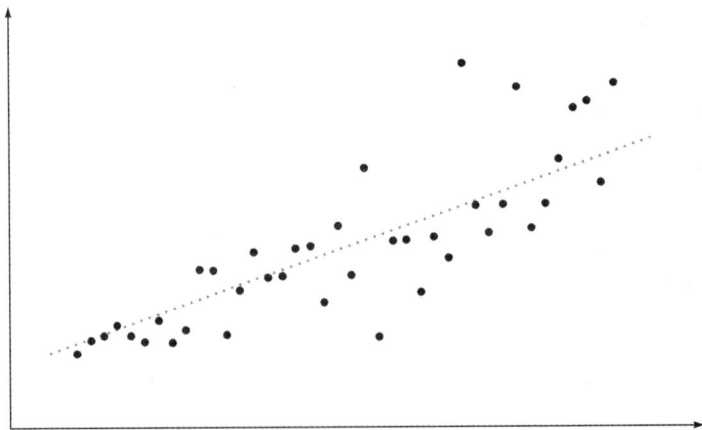

图 9-23　散点图

广告投放对促销有促进作用

永辉超市2016年广告投放与月销售额统计（单位：万元）

■ 月销售额
■ 月广告投放金额

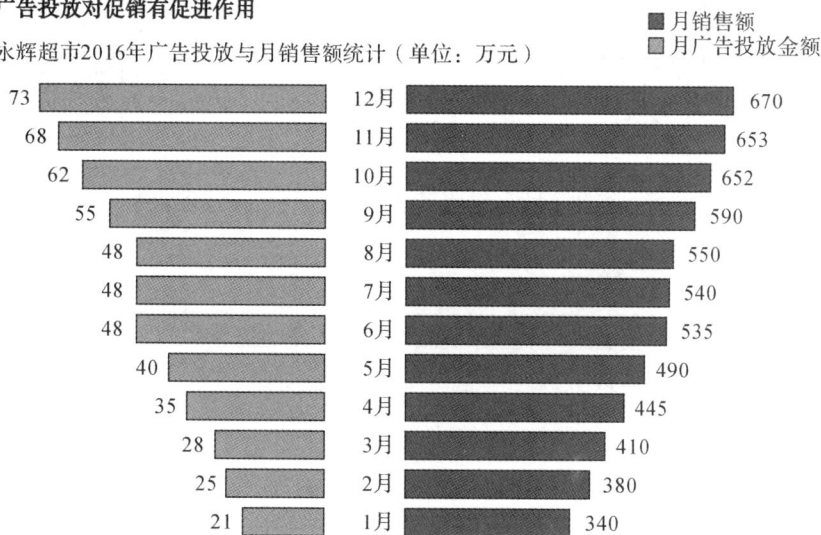

图 9-24　对称条形图

6.多重数据比较

多重数据比较就是指数据类型多于两个的数据进行分析比较,强调不同对象、不同变量数值的综合对比,可以用雷达图来表示。例如,要比较用户1和用户2两位用户分别在最近购买时间、购买频率、平均每次交易额、单次最高交易额、购买商品种类五项指标的评分情况,其雷达图如图 9-25 所示。

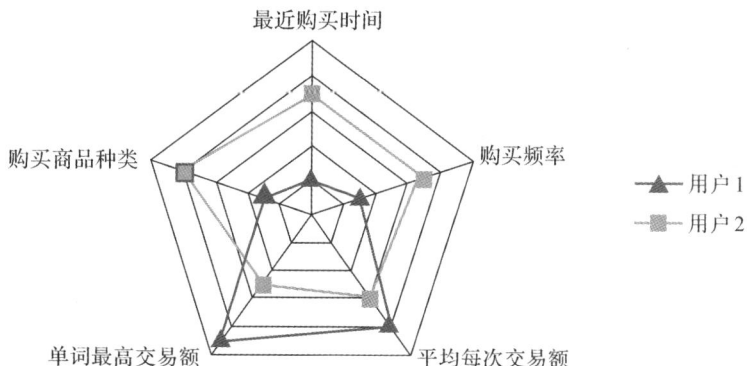

图 9-25　雷达图

图表里除了以上最常用的几种图形外,还有很重要的表格。表格以纵横向量为线索,对数据内容进行罗列。有些数据很重要,需要完整展现时,表格就比较适用。有时也会将图形和表格结合起来表现数据,如图 9-26 所示。

总之,在实际工作中可根据具体需要选择图表。条形图是应用范围最广的类型,而柱形图是用得最多的另一种类型,这两种图表基本占整个报告中图表总数的半数左右;而线形图和饼图的使用则相对较少,更多的是将各种图综合运用,如线形图加上柱形图,或饼图

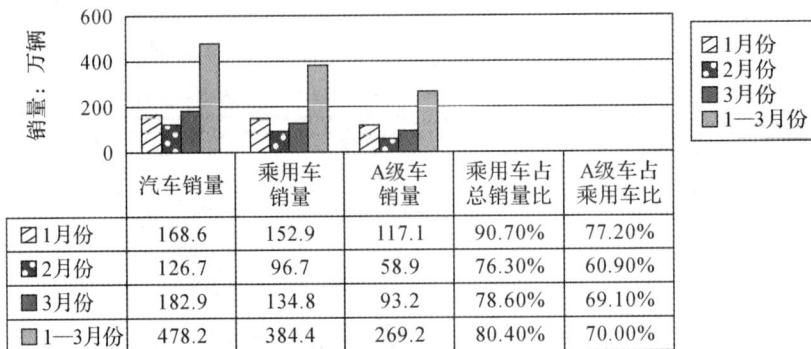

图 9-26　图和表相结合

	汽车销量	乘用车销量	A级车销量	乘用车占总销量比	A级车占乘用车比
1月份	168.6	152.9	117.1	90.70%	77.20%
2月份	126.7	96.7	58.9	76.30%	60.90%
3月份	182.9	134.8	93.2	78.60%	69.10%
1—3月份	478.2	384.4	269.2	80.40%	70.00%

加上条形图。

　　在用图表表达数据的同时，还应注意一些细节的处理。比如，使用柱形图和条形图时，柱体之间的距离应小于柱体本身；在说明文字较多时，用条形图表示更清晰，便于阅读者辨认；在使用饼图时，应在标明数据的同时，突出数据的标识，即同时使用数值与数据标识。

　　选择和使用图表不是一个绝对精确的科学，你会注意到一些比较自由的限定词，例如"总的来说""大多数情况""绝大多数""少数情况"等，这些都说明必须由你判断怎样设计出最好的图表。另外，要完成一份合格的报告不能只单纯地使用图形，还应根据实际情况尽可能地使用一些表格来丰富整个报告的形式，使其不致太过单一。

9.2.4　图表的制作

思考题　*如何有效地制作图表？*

拓展知识：数据分析图的十大错误

　　在确定所要表达的信息和关系之后，接下来就是制图工作。

1.图表的构成要素

　　图表设计隶属于视觉传达设计范畴，是通过图示、表格来表示某种事物的现象或抽象观念。图表设计有着自身的表达特性，尤其是对时间、空间等概念和一些抽象思维的表达具有文字和言辞无法取代的传达效果。

　　图表设计的构成要素包括三部分，具象的要素、抽象的要素以及文字与数字。其中具象要素包括图形与符号，抽象的要素就是几何意义上的点、线、面（用来表示位置、长度、单位、面积等变化），色彩要素就是在图表设计中用色块表示一些文字不易表达的抽象概念，同时对一些同形不同义的事物用不同色彩加以区分，减轻文字和图形对图表信息传达的荷载。简单而言，图表的基本构成要素包括标题、刻度、图例、主体、色彩等。

2.图表制作的要点

　　(1)根据表达的目的恰当选择图表的类型。例如比较构成比时，与其用几个饼图，不如用柱形图，这样更加容易表现出差异性。

（2）明确图表所要表达的内容。必须在每张图表上清楚地注明标题、凡例（书前给出的全书用语、符号的通例）、数值的单位、样本量、数据出处等。

（3）恰当地设定数值坐标轴的值。根据数值坐标轴的设定，可以看出较大的差异，也可以看出较小的差异。数值坐标轴的最小值和最大值的幅度越小，差异也就越容易看出来，如果过于夸张则会招致误解。

（4）表示时间变迁的图表要注意其原点。例如用图表表示不同商品的销售额的变迁时，是在把某年度的值假定为100的基础上按不同商品表示增长率的变迁，还是按不同的商品表示销售额本身的变迁，这两种情况是完全不一样的。

（5）原则上同时记录数值。同时记录数值，可以增加用图表表示的数据的可靠性。

（6）明确凡例的区分。如果凡例的区分不明确，会导致分析错误。

3.图表制作的流程

图表制作流程分五个步骤（见图9-27）：第一，确定图表要表达的目的和主题；第二，选择最适合自己主题的图表；第三，选择合适的数据制作图表；第四，确认数据是否被有效地、真实地展示；第五，检查图表是否表达了自己的观点。最重要的是第一步，如果第一步的主题和目的不明确，后续的步骤也会让阅读者无法准确、清楚地理解图表所要表达的内容。

拓展知识：制作高端的3D立体图表

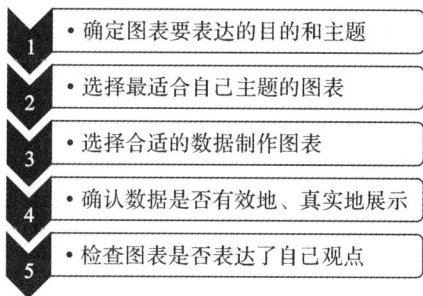

1. • 确定图表要表达的目的和主题
2. • 选择最适合自己主题的图表
3. • 选择合适的数据制作图表
4. • 确认数据是否有效地、真实地展示
5. • 检查图表是否表达了自己观点

图9-27　图表制作五步法

9.3　展示沟通调研结果

市场调研报告初稿完成后，调研人员要针对内容、结构、用词等方面进行多次审核和修改，征询多方面的意见，确认报告观点明确、逻辑合理、表达准确后，予以定稿并提交，最后以书面报告或口头报告形式进行展示沟通。调研结果展示沟通是指市场调研人员与项目委托者、使用者以及其他人员就市场调研结果进行的一种信息交换活动。其意义在于它是调研结果实际应用的前提条件，有利于委托者及使用者更好地接受有关信息，做出正确的营销决策，发挥调研结果的效用。

微课视频：展示沟通调研结果

9.3.1 展示沟通的方式

一般而言,市场调研报告是以书面方式提交,并辅以口头报告。

拓展知识:
中国数字经济发展
研究报告（2022）

1.书面报告

书面报告要求页面设计及文章编排大方、美观,能引起阅读者的兴趣及有助于阅读。撰写者需要知道,许多阅读者并不真正了解研究的技术细节,也不能判断这个研究是否是一个高质量的研究,然而他们可以判断这个研究的表现形式是否是专业的、是否具有启发性、是否组织得好。

拓展知识:
2017年90后单身
人群调查报告
（口头报告）

2.口头报告

除了书面报告外,许多营销研究要求进行口头报告,有时可能会要求有中期报告。为了使口头报告更加生动、富有吸引力,提高报告效果,一般需要准备一份市场调研口头汇报PPT。口头报告是市场调研的主持人或报告撰写者以口头陈述的形式向委托方汇报调研方法、报告结果以及结论与建议的活动。它是一种直接沟通方式,更能突出强调市场调研的结论,使相关人员对市场调研的主题意义、论证过程有一个清晰的认识。在很多情况下,需要将调研报告的结果向管理层或委托者做口头报告。口头报告具有以下几个方面的优点:

(1)能够用较短时间阐述调研报告的核心内容,节省决策者的时间与精力;

(2)听取者对报告的印象深刻,可以帮助委托方理解书面调研报告的内容并认同书面调研报告;

(3)可以直接进行相互沟通和交流,针对委托人提出的问题及时做出解答,有利于澄清困惑和强调需要特别注意的问题,对于有关人员迅速掌握和理解报告内容具有重要的意义。

9.3.2 展示沟通的流程

思考题 *如何有效地将调研结果进行展示沟通?*

下面主要介绍口头报告的主要工作流程和相关技巧。口头报告所具有的优点能否发挥作用,还取决于许多因素:是否进行了充分的准备、是否进行了充分的练习、是否进行了适时演讲等等。

1.口头报告的准备

(1)选择陈述结构形式。口头报告的陈述一般有两种常见的结构形式,都以阐明研究的一般目的和具体目标开始,区别在于结论何时引出。最常见的结构是在所有证据提出后再给出结论;另一种结构是在目的和目标阐明之后,就引入结论,然后给出证据。采取何种结构形式取决于企业文化和陈述者的舒适度。

(2)准备汇报提要。为每位听众提供一份关于汇报流程和主要结论的汇报提要。提要应留出足够的空白,以利于听众做临时记录或评述。

（3）准备视觉辅助。使用手提电脑、投影设备，并制作演示稿。具体内容包括摘要、调研方案、调研结果和建议的概要性内容。

（4）准备调研报告的复印件。报告是调研结果的一种实物凭证，鉴于调研人员在介绍中省略了报告中的许多细节，要为委托者及感兴趣者准备报告复印件，让他们在听取介绍前就能思考所要提出的问题、仔细阅读感兴趣的环节等。

（5）强调介绍的技巧。注意对介绍现场的选择、布置；语言要生动，注意语调、语速等；注意表情和形体语言的使用。

准备有效表述文件的技巧

1. 保持简单。

2. 每一张幻灯片用一分钟时间，用少量的文字表述一个主要观点。

3. 在你陈述之前，给听众发幻灯片的打印稿。

4. 标注页码以方便提问及讨论。

5. 用大号字体。

6. 如何表述复杂概念：从基础开始，并且用三四张幻灯片逐步展开。

7. 在写陈述词时，选择你平常使用的可以自然说出的语言。

有效的口头报告还可以考虑活动挂图、白板等可视化工具，确保内容可以被后排的受众看到。使用图表展示信息比用文字显得更有效、更具说服力，而且调研委托方一般都指明报告应以图表为基础，要求尽量少地使用文字。

（1）演示软件选择。为寻求更有效地沟通调研结果，目前市场调研人员通常使用PPT进行演示，汇报人员可以利用其优势进行下述工作：

①利用多种字体和字号创建项目图表，并且可以进行字体加粗、变斜体、添加下划线的操作；

拓展知识：
2022—2023年中国
小吃产业发展报告

②可以创建出多种不同类型的、可用于展示特定调研发现的图形（饼图、柱形图、线形图等），而且只需点击鼠标就可以对这些图形进行修改和测试；

③在演示及切换幻灯片时，有多种动画效果，还可以在幻灯片中插入声音、视频（项目组分析的现场录像）。

（2）汇报PPT设计。

①目的分析。设计PPT之前就要有一个明确的目标，最好用一句话将目标表达出来。比如，一个融资类的PPT，你的目标就是顺利拿到融资，所以你就要在项目和团队的优势上多花些时间；如果你是去参加广告提案，那你就要把重点放在策略和创意上。

②框架构建。为整个内容构建起一个框架，并在框架之上填充想要表达的内容；选择一个好的版式，注意风格的统一；找出调研的中心引出引言，总结出相对应的主题；找到论点，寻找相应的论据进行论述；最后找到呼应主题的结论。在整个逻辑组织的过程中，要简洁、明了、规范化，并且到达一定的高度。其内容和风格要与听众的特点相吻合。这就首先要了解听众的情况：他们的专业技术水平怎样？他们想了解的核心问题是什么？他们的兴

趣是什么？等等。

③关注点、状况和问题分析。

④内容准备。收集内容资料，并对所收集的材料进行梳理，寻找模板素材等，确认重点。

⑤内容组织。搭建平面架构，罗列清楚汇报提纲，逻辑架构要完善，最后再次确认重点。

⑥内容展现。从模板的选择到逻辑展现、结构化布局以及美化，尽可能用数据图表来增强效果。数据具有精准的说服力，权威数据体现调研真实性，简单为主，直击重点，有效地传达数据信息。

拓展知识：
中国白酒消费
白皮书（2023）

在做口头汇报时，要善于采用图表来辅助和支持讲话，增加效果。注意的要点有：要使制作的图表显得十分重要和有权威性；保证图表都是清晰易懂的；对图表要有选择，不要有太多的图表，一张图表上也不要挤太多的内容；可用不同的颜色来使图表更鲜明，但不要太复杂；图表可借助黑板、幻灯、录像和计算机等可视物加以表现，选择何种可视物可根据听众的情况和设施而定，但要保证使人都能看清。

2.口头报告的陈述

（1）陈述的基本原则。

①遵守会议的时间限制。用较少的时间进行正式表述，不超过全部时间的 1/3 或 1/2。口头汇报常有一定的时间限制，在有限的时间内讲完报告是最基本的要求。滔滔不绝的汇报不仅浪费时间，也影响报告的效果。

②在陈述时不要着急，因此不要提供太多的幻灯片。

③如果听众第一次听这个报告，留些时间提问和讨论。

④陈述要简单明了，以便听众随着陈述者所说的问题去思考。

（2）陈述的基本要素。

①充分练习。在汇报时，经常会出现紧张的情绪，为减少紧张情绪，可以采取深呼吸、穿着舒适贴身的服装等方法加以缓解，但更重要的是先做充分的练习，真正掌握汇报资料是减少紧张情绪的有效途径。汇报中最紧张的时刻常发生在报告开始时，尤其要注意练习汇报的开头部分。

②充满自信。有些人常在汇报开始时对其所讲的话道歉，这实际上是不明智的，是不自信的表现。一方面，暗示自己没有付出足够的努力准备汇报；另一方面，无谓的道歉浪费了宝贵的时间。

③目光接触。汇报时要尽量看着听众，不要低头看着讲稿或看着别处。与听众保持目光接触，有助于判断他们对汇报的喜欢或厌烦情绪和对内容的理解程度。

④通俗易懂。由于听比讲更难集中注意力，故要求语言简洁明了、通俗易懂，要有趣味性和说服力。如果有一个十分复杂的问题需要说明，可先做简要概括的介绍并运用声音、眼神和手势等变化来加深听众的印象。

⑤把握时机。在汇报过程中最好不要回答问题，有关演讲清晰性问题除外，以免出现讲话思路被打断、听众游离报告主题之外或时间不够等现象。在汇报开始前可告之在报告结束后回答问题或进行个别交流。

⑥口头汇报结束后，还要请用户或有关人士仔细阅读书面报告。

汉服产业数据调查报告

汉服,顾名思义,汉民族的传统服饰。汉服又称汉衣冠、汉装、华服,是以"华夏—汉"文化为背景和主导思想,以华夏礼仪文化为中心,通过自然演化形成的具有独特汉民族风貌特征,明显区别于其他民族的传统服装和配饰体系,是中国"衣冠上国""礼仪之邦""锦绣中华"的体现,承载了汉族的染、织、绣等杰出工艺和美学,是中国传统文化的一种象征。

思政视频:穿汉代服,画当代像——穿越古今的文化

1. 产业市场规模

如今国潮已经迈入 3.0 时代,中国品牌、中国文化、中国科技全面崛起,此时的国潮除了国货之外,更体现在对民族文化、民族科技的追捧。数据显示,从市场整体规模来看,2015—2020 年中国汉服市场销售规模实现了由 1.9 亿元到 63.6 亿元的激增,在政府大力弘扬传统文化、资本入场和汉服认可度提高等因素助推下,未来仍有较大的上行空间;从汉服区域分布来看,山东曹县为我国汉服生产的主要来源地,原创汉服销售额占全国同类市场的三分之一;从品牌分布来看,主要有明华堂、重回汉唐、汉尚华莲、十三余、兰若庭、织羽集、华裳九州、池夏、都城南庄、花朝记等品牌。截至 2020 年底,淘宝汉服商家数量已超过 1500 家,未来将吸引更多商家入局。

2. 消费需求人群

随着国人文化认同感的不断增强,国潮将成为一种趋势。作为国潮主力的年轻一代,对彰显传统文化的汉服越来越认可,汉服在年轻消费群体中得到迅速推广。数据统计显示,从汉服消费者的购买动机来看,有 47.2% 的人是喜欢汉服文化,有 40.3% 的人是出于对流行时尚的追求,说明汉服文化的魅力对消费者的吸引力是最大的;而影视剧等网络宣传所定义的流行时尚也是年轻人购买汉服的一大影响因素。从消费人群的性别和年龄结构来看,女性消费群体的比例逐年升高,19～24 岁年龄段占比最高。从购买频率来看,33% 的人购买汉服的频率为 6～10 次/年,28.3% 的人购买频率为 1～2 次/年,一个月购买多次的消费者占比仅为 9.1%;由于受汉服价格较高、频繁穿着容易变旧、不便日常出行等因素影响,目前消费者汉服购买频次并不高;从大众接触途径和地域来看,了解汉服的主要途径依次为社交媒体、影视作品、汉服文化社团、历史文献、博物馆等,其中社交媒体特别是短视频平台以及古装题材的影视作品能够形象生动地展示汉服之美,是推动汉服走向大众化的重要途径;而关注汉服的网民地域分布前三为四川、浙江和广东,分别占比 12.71%、12.02% 和 9.3%。

3. 影响产业发展因素

汉服的产业链还处于较初级的阶段,当前汉服市场整体规模仍较小,主要受到以下因素的限制:汉服品牌局限于自产自销,缺乏专业的市场运作进行大规模推广;由于市场的受众范围较小,汉服生产尚未形成规模效应,商家通常采取"预售＋尾款"的销售模式;汉服通常要求工艺以及成品精良,制作周期较长,导致汉服的制作成本较高,加上体量小加大了运营成本和风险,行业利润不高;由于品牌、原创性等原因,汉服的价格参差不齐,缺乏统一定价标准;汉服产业涵盖文化、婚庆、会展、饰品等范围,但缺乏权威的行业标准,不利于汉服产业化、品牌化的推进。

4.产业发展趋势与机遇

一是传统文化升温。传统文化热将会是汉服相关产业发展壮大的良好契机。随着中国社会进步与发展,国人文化自信逐步回归,许多传统文化相关的影视节目、文博节目、考古事件不断出圈。比如2016年1月在央视首播的纪录片《我在故宫修文物》,在哔哩哔哩上爆红,在豆瓣上的评价也相当高;2017年文博探索类综艺《国家宝藏》上线后,收视以及口碑一路飙升,受到不少"90后"以及"00后"的追捧。这种文化类影视作品的热播,反映了年轻人对于传统文化的热爱升温。

二是个性化消费到来。越来越多的年轻人为了追求个性,对定制汉服的需求越来越高,这将不断地拉动汉服市场规模增长。企业应该采取柔性的差异化生产方式,这也是与同行业竞争者迅速拉开差距的契机。

三是传统与现代融合。虽然汉服形制的考据和复原是汉服产业发展的一个重要因素,但将汉服的服装元素与现代服饰的元素相融合,能激发出蓬勃的商业机会,也更有利于汉服产业的发展。对汉服款式的调研数据显示,约62.1%的人更倾向于在保持基本形制不变的前提下把汉服设计得更漂亮,19.7%的人倾向于不需要限制于形制,汉服应融合一些现代元素。这表明企业要在传承和重视汉服形制等传统元素的基础上,适度融入现代服饰理念和元素。

四是消费大众化。在近几年汉服市场井喷式增长、认可度和普及度提高后,越来越多消费者关注汉服市场和文化,中低端产品数量增加,产品价格呈现下降趋势,也降低了消费者的尝鲜成本,汉服消费将走向大众化。

五是产业周边延伸。由于一些正版汉服价格较昂贵,加之定制时间较长,因此就催生了汉服体验馆等颇受欢迎的商业模式,包含汉服租赁、化妆及造型服务、摄影服务等,让消费者全面地体验汉服文化。此外,由于部分汉服产量小,热门款式在上新后很快售罄,由此变成了限量版,甚至具备了收藏价值,从而衍生出庞大的二手交易市场。

(资料来源:艾媒网等,经作者整理改编)

【反思与启示】

1.对一个产业进行整体调查分析应包括哪些方面内容?

2.汉服的兴起体现了当代年轻消费者怎样的审美标准?

9.4　能力训练:撰写调研报告

市场调研报告是整个市场调研活动的最终体现,也是衡量市场调研活动质量的最直观表现。

9.4.1 训练内容

通过前面的能力训练任务后,现在进入市场调研的最后一项任务,即撰写提交市场调研报告以及展示沟通市场调研结果。

9.4.2 训练步骤

撰写一份完整的市场调研报告,首先要构思市场调研报告的框架,落实写作材料,最终以电子稿及纸质稿形式提交调研报告,一般还需要准备一份口头汇报 PPT。为了撰写出一份高质量的市场调研报告,根据实际业务活动顺序,可以按准备调研报告、撰写调研报告与提交调研报告三个阶段来进行:

1.准备调研报告

市场调研成果主要是通过市场调研报告来体现。在正式撰写市场调研报告之前,研究人员要先确定市场调研报告类型。一般来说,市场调研报告分为综合报告、专题报告、研究性报告、说明性报告等几种不同的类型。由于每种报告的侧重点不同,所以其具体要求、风格、内容都会有所不同。如消费者对名特优农产品的需求和购买行为影响因素的调研报告,一般情况下,是属于综合报告。这种报告要求内容简单明了,对调研方法、资料分析整理过程、资料目录等做简单说明,结论和建议可以适当多一些。其次,还要落实写作材料,这是撰写市场调研报告的基础和中心准备工作。一份市场调研报告是否具有较高的决策参考价值,很大程度上取决于它在写作时拥有的材料的数量和质量。市场调研报告材料的选择要十分严格,特别要注意材料的真实性和数据的准确性。

2.撰写调研报告

撰写市场调研报告是体现调研质量的关键环节。市场调研报告的结构没有统一的标准,会因为各种原因而有所不同,但是所有市场调研报告的目的都是把市场信息尽量准确地传递给决策者,帮助其分析市场,做出相应的决策。因此,基本的、合理而恰当的内容对于市场调研报告而言是必需的。一份完整的市场调研报告,一般包括介绍、主体及附录等部分,每个部分又包括若干具体内容。介绍部分是向阅读者说明报告主要内容,主要包括报告封面、信件、目录及摘要。对于不需要深入研究报告的人来说,看介绍部分就能了解到调研的概况。主体部分是整份市场调研报告的核心,一般包括引言、正文、调研概况、数据分析与调研结果、局限性及必要说明、结论和建议等几个部分。附录部分是指调研报告正文包含不了或没有提及,但是与正文有关、附加说明的部分。如消费者对名特优农产品的需求和购买行为影响因素的调研报告附录,一般包括调研的调研方案、调查问卷、数据整理表格、数据分析表格及其他支持型材料等。

3.提交调研报告

市场调研报告初稿完成后,研究人员要针对内容、结构、用词等方面进行多次审核和修改,征询多方面的意见,确认报告观点明确、逻辑合理、表达准确后,最后予以定稿并提交。

最后,就是展示沟通调研结果。设计准备一份市场调研口头报告,向企业管理层或委

拓展知识：
关于消费者农产品
质量安全意识的
调研报告

拓展知识：2018
中国城市商圈出行
及消费分析报告

托方进行口头陈述。

9.4.3　训练要求

1.训练过程

通过小组协作、教师指导的方式完成训练任务。

(1)教师布置任务；

(2)学生小组团队确定本次项目任务的成员分工；

(3)准备调研报告撰写的相关材料；

(4)撰写调研报告内容；

(5)讨论修改调研报告；

(6)提交汇报调研报告。

2.训练课时

建议训练课时：课内 8 课时，课外 8 课时。

9.4.4　训练成果

书面调研报告 1 份，口头报告(PPT)1 份。

本章测试

参考文献

[1] 乔金森.参与观察法[M].龙筱红,张小山,译.重庆:重庆大学出版社,2009.

[2] 苏尔李.数据分析方法五种[M].吴晓刚,译.上海:格致出版社,上海人民出版社,2011.

[3] 芬克.如何设计调查问题[M].黄斌,译.北京:中国劳动社会保障出版社,2004.

[4] 福勒.调查问卷的设计与评估[M].蒋逸民,等,译.重庆:重庆大学出版社,2010.

[5] 邓津,林肯.定性研究:经验资料收集与分析的方法:第3卷[M].风笑天,等,译.重庆:重庆大学出版社,2007.

[6] 吴晓刚,贝里.因果关系模型[M].上海:格致出版社,上海人民出版社,2011.

[7] 约克奇.SPSS其实很简单[M].刘超,吴铮,译.北京:中国人民大学出版社,2010.

[8] 布拉德伯恩,萨德曼,万辛克.问卷设计手册:市场研究、民意调查、社会调查、健康调查指南[M].赵锋,沈崇麟,译.重庆:重庆大学出版社,2011.

[9] 伯恩斯,布什.营销调研[M].于洪彦,金钰,译.第7版.北京:中国人民大学出版社,2015.

[10] 酒井隆.图解市场调查指南[M].郑文艺,陈菲,译.广州:中山大学出版社,2008.

[11] 张西华,吴国予,潘茜茜,等.市场分析技术[M].杭州:浙江工商大学出版社,2012.

[12] 程淑丽.市场营销管理职位工作手册[M].北京:人民邮电出版社,2009.

[13] 杨吉华.销售部作业指导手册[M].广州:广东经济出版社,2010.

[14] 刘永炬.销售部[M].北京:机械工业出版社,2011.

[15] 牛霖,江美亮.市场部作业指导手册[M].广州:广东经济出版社,2010.

[16] 刘永炬.市场部[M].北京:机械工业出版社,2011.

[17] 张少科.暗访调查实务[M].北京:中国传媒大学出版社,2006.

[18] 达文波特,哈里斯.数据分析竞争法:企业赢之道[M].康蓉,吴越,译.北京:商务印书馆,2009.

[19] 黄引敏,等.商业情报战:企业竞争情报搜集与应用[M].广州:羊城晚报出版社,2011.

[20] 延静,董力,班丽冬.调查技能与分析[M].北京:清华大学出版社,2006.

[21] 胡祖光,王俊豪,吕筱萍.市场调研与预测[M].北京:中国发展出版社,2006.

[22] 赵轶.市场调查与分析[M].北京:北京交通大学出版社,2008.

[23] 郑聪玲,徐盈群.市场调查与分析实训[M].大连:东北财经大学出版社,2008.

[24] 狄松,祝迎春,张文霖,等.谁说菜鸟不会数据分析(SPSS 篇).北京:电子工业出版社,2016.

[25] Nathan Yau.鲜活的数据:数据可视化指南[M].向怡宁,译.北京:人民邮电出版社,2012.

[26] 亚瑟.大数据营销:如何让营销更具吸引力[M].姜欣,任东英,温天宁,等,译.北京:中信出版社,2014.

[27] Daniel T. Larose,Chantal D. Larose.数据挖掘与预测分析[M].王念滨,宋敏,裴大铭,译.第 2 版.北京:清华大学出版社,2017.

[28] 布莱斯,琼克.图分析与可视化:在关联数据中发现商业机会[M].赵利通,译.北京:机械工业出版社,2016.

[29] 尼尔森,https://www.nielsen.com/cn/.

[30] 中国商业技师协会,http://www.cmarn.org/.

[31] 问卷星,http://www.sojump.com/.

[32] 第一调查网,http://www.1diaocha.com/.

[33] 时尚品牌网,http://www.chinasspp.com/.

[34] 市场调查与研究网,http://www.cmrc.cn/.

[35] 中国市场调查网,http://www.cnscdc.com/.

[36] 中国调研网,http://www.gdpok.com /.

[37] 中国数据分析行业网,http://www.chinacpda.org/.

[38] 中国消费者协会,http://www.cca.org.cn/.

[39] 第一财经商业数据中心,https://www.cbndata.com/.

[40] 德勤咨询,https://hy.chnmc.com/s/deloitte.

[41] 199IT 数据,http://www.199it.com/.

[42] 国家统计局,http://www.stats.gov.cn.

[43] 艾瑞咨询,https://www.iresearch.com.cn.

[44] 麦肯锡中国,https://www.mckinsey.com.cn.

[45] 京东消费及产业发展研究院,https://research.jd.com.

[46] 前瞻产业研究院,https://bg.qianzhan.com.

[47] 经济管理文库,https://hy.chnmc.com.

[48] 浙江省高等学校在线开放课程共享平台,http://www.zjooc.cn.

[49] 学堂在线,https://next.xuetangx.com.

[50] 百校千课共享联盟,http://www.courshare.cn.